LOS MEJORES CUENTOS MEXICANOS
EDICIÓN 2001

LOS MEJORES CUENTOS MEXICANOS

Edición 2001

Selección e introducción de
BÁRBARA JACOBS

con la colaboración de
ALBERTO ARRIAGA

Diseño de colección: Jorge Evia
Realización de portada: Natalia Gurovich

DERECHOS RESERVADOS
© 2001, Editorial Joaquín Mortiz, S.A. de C.V.
Editorial Planeta Mexicana, S.A. de C.V.
Avenida Insurgentes Sur 1162
Colonia del Valle, 03100 México, D.F.

Primera edición: julio del 2001
ISBN: 968-27-0805-2

Introducción

Para que esta selección de *Los mejores cuentos mexicanos. Edición 2001* tuviera algo de autoridad, se me ocurrió ir comparando cada cuento que leía con el titulado "Tachas", de Efrén Hernández, y según se acercaran a él, seleccionarlos. Escogí "Tachas" de referencia por ser un clásico de México y porque leerlo me introduce a un ambiente abierto y siempre nuevo sin dejar de ser el mismo. Quiero decir que aunque podría haber elegido de modelo otros cuentos de autores clásicos mexicanos, "Tachas" me llama con más fuerza que ninguno, y releerlo, o a veces con sólo recordarlo, me deshace más, de veras me instala en su nostalgia y, en pocas palabras, me oprime el corazón.

Pero aparte de que lo haga porque me provoca tristeza, también lo hace simplemente porque es bello. Además, él solo me pinta a su autor, me dice cómo ha de haber sido Efrén Hernández, y cómo ha de haber sido la vida que vivió, aquí, en México. Nació en Guanajuato en 1904 y murió en el D.F. en 1958, no tan encumbrado, por suerte, pues a esas alturas publicó todavía un relato en edición de autor.

Internamente, lo que yo iba pidiendo a los cuentos que leía era que lo que contaran me diera mucho y me dijera mucho, hasta más de lo que dijeran en sí. Les pedía que me hablaran de la vida y que, sin que su autor

7

se diera cuenta, me hablaran también de él mismo. Dénme la vida que él recogió a su modo antes de que se le fuera, casi como las nubes en "Tachas", y se le esfumara, como si no hubiera tenido lugar. Sean bellos, les pedía; sean capaces de conmover.

En "Tachas" no se menciona una sola vez la ubicación del relato, y sin embargo el ambiente que transmite a mí invariablemente me habla de un México, de las tardes en ese México, de lo que es ser estudiante en este país y, sobre todo, de lo que es ser soñador. Yo quería que los cuentos que seleccionara se me prendieran como se me prendió "Tachas", y que me pintaran ambientes que recordar. Me gusta estar acompañada de experiencias diferentes de las mías, o que me recuerden las mías, y que estén bien contadas, no retocables aunque tengan imperfecciones.

Diría que la selección se hizo sola, porque la mayoría de los cuentos se me desprendían solos, y los que fueron quedando se me iban prendiendo solos. Si un cuento no te oprime el corazón, mejor no termines de leerlo. Pedí a los cuentos, a medida que los leía, que me dieran algo, que me dieran lo que tuvieran que darme, que se parecieran en algo a "Tachas", en lo que fuera, pero que no me dieran vergüenza por mal hechos. Los que me producían esto se caían solos de mis manos. Me limitaba a cerrar los ojos, para que se fueran a esconder lejos de mí, del alcance de mis manos.

Quería y quiero cuentos bien hechos, aunque tengan imperfecciones. Me dejé llevar por la lectura, y mi tarea de seleccionadora se desenvolvía sola. A ver qué resultaba de la lectura por intuición. Una de las cosas que resultaron fue que buena parte de los autores seleccionados no son conocidos, o no lo son como cuentistas. Efrén Hernández hizo de todo, desde mozo hasta boticario y zapatero. Abandonó los estudios de Derecho porque le parecieron vacíos, o con un meollo desustanciado. Mejor el contacto con los hombres de carne y hueso, con los buenos libros y con el mundo, escribió casi al final de su vida, y de esto se permeó su obra.

Algunos de los autores seleccionados en este volumen son ingenieros o biólogos o matemáticos, de otros no se sabe gran cosa, no han publicado libros ni más cuento que el que publicaron en una revista muchas veces desconocida. Escribieron cuentos que metieron en una botella que lanzaron al mar. No sé por qué, pero estos cuentos me hicieron sentir que querían ser contados a como diera lugar, como si llevaran un buen tiempo agazapados y a la espera. Me pareció que los autores tuvieron que ocultar y callar su vocación mientras hacían toda clase de concesiones al mundo. Pero la vocación literaria, o cuentística a secas, pudo más y cobró forma y pugnó por hacerse escribir y leer.

Luego me pareció que el total había pintado un diseño conjunto, que resultó muy interesante por variado en todos sentidos, experiencias diversas y tratamientos diversos, verdades de dentro que por suerte dieron la batalla por ser atendidas y tratadas, para que no pasaran por la ventana y desaparecieran como desaparecen las nubes de "Tachas", por fortuna sólo una vez que han sido atrapadas en su fuga por la mirada y la ensoñación del narrador distraído precisamente con ellas.

Los cuentos seleccionados tienen también la rareza de haber sido contados como si su autor no hubiera sabido bien cómo contarlos. No que se les hubieran ido de las manos, pero sí que se les impusieron. Los cuentos guiaron las manos de sus autores para tratarlos como debían ser tratados. Lo muy bien pensado se nota, y no hay nada tan duro y rechazable como lo que se nota, por lo menos en esto de la literatura, o en pocas palabras, de los cuentos que han de despertar alguna de las cuerdas que toca y despierta la lectura de "Tachas", y que van del absurdo a la melancolía, pasando por el humor aunque un poco desesperado, por el desánimo que se apodera de todo soñador cuando cae la tarde.

Llega el momento en que el autor hasta deja de pensar, y si no se cruza de brazos es porque sabe que si lo hiciera el cuento se le iría, se le esfumaría al no haber manos con que atraparlo y darle forma, la forma que él debe tener, que suele ser como de nube, cambiante, sugestiva, amenazante por la prontitud con la que puede evaporarse y desaparecer. Tienes lo que se repartió en partes desiguales pero entre tu corazón y tu cabeza, o no tienes nada. Luego sale lo que quiere, en un orden que tú no esperabas, pero así es, informe, como las nubes de "Tachas".

No hay cuentos mejores ni cuentos peores, hay los que se prenden del lector, y los que se le desprenden. El imán que me guió en esta selección fue "Tachas". De "Tachas" se me han prendido a lo largo de los años, de las relecturas y del simple recuerdo, muchas cosas, pero hay una muy especial, que lucha por ser contada, y es que me presenta, con una vitalidad que me alarma, una experiencia ajena a mí y, sin embargo, como incorporada a mis propias entrañas. Se trata de algo que mamá me cuenta a veces, de cómo se asomaba por la ventana del Colegio Francés cuando era niña, por la calle de Puebla, en la ciudad de México, al caer la tarde, y veía pasar a la gente, cruzarse, sin que nunca hubiera sucedido en realidad nada extraordinario, y cómo sin embargo añora volver a asomarse por esa ventana, y cómo lamenta que el Colegio Francés ya no esté en esa esquina. Es todo, por más que me oprima el corazón. Imagino que me preguntan, "Y a ti, ¿qué te dio tu mamá?", y que yo me resisto a contestar que la vida, porque me parece tonto por obvio, o cursi por obvio. O apenas aproximado. Porque lo que me dio fue México. Y me lo dio en recuerdos como el de ella asomándose por la ventana de su colegio para ver pasar a la gente. Sucede que mamá se ha convertido para mí en el narrador de "Tachas", llena de sueños que la distraen de lo que sucede a su alrededor porque lo que sucede a su alrededor no es nube, como las nubes de "Tachas", y no cambia ni se mueve con la gracia con que se transforman en nada las nubes al moverse para desaparecer.

Quiero que el lector de esta selección de cuentos se deje prender por ellos como me dejé yo, porque se va a sentir acompañado por experiencias ajenas a la suya, llevado por ellas, como sobre una nube, a territorios diversos. Y quiero que los autores incluidos en esta antología, no se desprendan nunca de la nube en la que los acogió Efrén Hernández cuando escribió "Tachas", para que se prendieran de él y no desaparecieran como si ellos mismos fueran la nube en la que viajan.

Pero he puesto punto final a estas páginas tantas veces, para después encontrar que todavía me quedaba algo que decir, que no renuncio a esta vuelta. Retomo la pluma para agradecer a los editores de Planeta, René Solís, Jesús Anaya y Patricia Mazón, haberme invitado a preparar esta antología. De las ganancias que alcancé al hacerlo, desde la oportunidad de hablar a mi modo del cuento, hasta la de conocer mejor a los cuentistas de México, ninguna como la de haber contado con la colaboración de Alberto Arriaga, obsesivo recopilador de todos los cuentos y excelente amigo.

Bárbara Jacobs

José Joaquín Blanco
Las increíbles aventuras de la China Poblana

Don Felipe de Beaumont, más castizo que las alubias a pesar de su apellido y su peluca franceses, llegó con mal y peor paso a la Nueva España en 1720. Al parecer, venía en misión oficial a recabar ciertos informes de contabilidad y minería, ¿pero acaso todos esos informes no estaban ya en la corte de Madrid? ¿Para qué sufrir los gastos y tomarse el trabajo de tan largo viaje?, se preguntaron los novohispanos.

Algo grave y reservadísimo debía traerse entre manos, sospecharon, sobre todo cuando se supo que tanto el virrey como el arzobispo y los inquisidores lo recibieron con la mayor dignidad, y le organizaron juntas secretísimas así en la ciudad de México como en Puebla.

Como se sabe, se habían abatido tiempos malos sobre la "colonia", como novedosamente decía el ilustrado y moderno Beaumont, palabra que escocía a los criollos que consideraban a la Nueva España como todo un "reino": sequías, inundaciones, motines, piratas, epidemias... Pero tales desastres no interesaban tanto al linajudo visitante, se decía, sino las riquezas de los jesuitas.

Pronto corrió la voz de que se trataba de un espía del rey y de Roma para perjudicar a la Compañía de Jesús. ¿Pero acaso desde hacía buen tiempo, casi un siglo, desde el escándalo de la excomunión que lanzó alegremente el obispo de Puebla, don Juan de Palafox, contra todos los jesuitas, no estaban atiborrados los archivos de Roma y de Madrid de innumerables denuncias contra los jesuitas de la Nueva España? ¿Para qué sufrir el gasto y tomarse el trabajo de tan largo viaje, en lugar de despacharse cómodamente unos cuantos legajos reiterativos en Europa?

Medio siglo después (cuando la expulsión de los jesuitas de todos los dominios de España) se develó el secreto, y se publicaron fragmentos de la correspondencia de don Felipe de Beaumont con las autoridades peninsulares y papales.

Resultó que ni Madrid ni Roma podían creer ya en los informes que oficialmente recibían. Parecían cosa de broma, o de farsa, como si todos los novohispanos conspirasen para burlarse de las autoridades supremas, las cuales recibían todo tipo de noticias y relatos fabulosos y extravagantes, como para morirse de risa. ¿A quién se le quería tomar el pelo?

Los obispos, provinciales y funcionarios españoles, por su parte, lo desestimaban todo de un plumazo: "Engreimiento, ignorancia y tontería de criollos visionudos a fuerza de ociosos; se diría que los mitos seudocristianos que inventan ahora superan en descabellados a los de los indios de su gentilidad. Llamarían a espanto y a ejemplar escarmiento si no se tratase de boberías y ostentaciones pueriles. Todos los días se les aparece un Cristo o una Virgen de palo (verdes, amarillos o rojos) dentro de cualquier maguey."

La política del papa y del rey hacia los novohispanos había sido hasta entonces severa y sucinta: no creerles casi nada y prohibirles casi todo. Pero incluso el ridículo tenía sus límites, aunque proviniera de los cuenteros mexicanos, los "entes" más cuenteros del mundo (¿dejaban

14

acaso de fastidiar un instante con "su" Virgen de Guadalupe, autorretratista notable?); y ahora tanto el rey como el papa estaban al mismo tiempo estupefactos e indignados frente a la campaña jesuítica de canonización de una... ¡China *pero poblana*!

¿Por ventura se proponía la Compañía de Jesús convertir el santoral católico en un sueño de burlas de don Francisco de Quevedo? Ya existían antecedentes. Los jesuitas querían llenarse de santos provenientes de sus dominios mundiales, desde África y el Japón hasta la Nueva España. Y entre más extravagantes e inverosímiles, mejor: más celestiales. Las "prodigiosas relaciones" de varias docenas de nuevos "santos" jesuíticos al año atacaban de risa a los cardenales. Existía, según su decir, un aborigen del Mar del Sur, parcialmente evangelizado pero chimuelo por completo, a quien le reaparecían *todos* los dientes, macizos y formidables, cuando rezaba el credo en latín: de modo que aprovechaba la oración para comer: versículo y mordida, versículo y mordida...

Beaumont informó que la tal "china" había sido una indigente esquelética, baldada y delirante, con sueños "místicos" desde sus harapos en una pocilga de la ciudad de Puebla. (Pocilga que al día de hoy ostenta un letrero: "Aquí vivió la China Poblana.")

Había muerto, muy anciana, en 1688. Y ni tardos ni perezosos, los jesuitas, sus confesores y padrinos, la habían proclamado de inmediato la Gran Santa de los Gentiles, pues al parecer provenía de algún litoral o isla de Asia, donde en su juventud la habían capturado unos piratas; y después de variadas peripecias, había sido finalmente vendida como esclava en la Nueva España —por conducto de la Nao de China, por supuesto— a unos potentados poblanos, deseosos de lucir una criada "china".

Le aparecieron dos exaltados biógrafos, los dos confesores suyos: el jesuita Alonso Ramos, quien en tres volúmenes (1689-1692) divulgó *Los prodigios de la omnipotencia y milagros de la Gracia en la vida de la venerable sierva de Dios Catharina de San Juan, natural del Gran Mogor, difunta en esta imperial ciudad de la Puebla de los Ángeles de la Nueva España*; y el bachiller José del Castillo Grajeda, autor del *Compendio de la vida y virtudes de la venerable Catarina de San Juan* (1692).

Aquélla, decía Beaumont, la monumental de Ramos, tuvo demasiada suerte: tanta, que la prohibió el Santo Oficio "por contenerse [en ella] revelaciones, visiones y apariciones inútiles, inverosímiles", a la vez que se perseguían los retratos, grabados en madera, de la beata (desde 1691): el exceso de celo y la ortodoxia desorbitada, risibles en la vida religiosa, volvían a la sociedad novohispana un tanto herética de puro disparatada, opinaba Beaumont; la segunda, de Grajeda, que no pretendía ser sino un resumen cauto de la primera, fue tolerada. Y hasta reeditada un siglo después.

No se trataba propiamente de una "china", puntualizó Beaumont, sino más bien de una mujer proveniente de alguna zona del norte de la India. Se hablaba en los libros del Gran Mogor como su patria de origen y de Cochín como el punto intermedio, antes de llegar a Manila, donde fue bautizada por los misioneros jesuitas que ponían nombres de santos a los esclavos que vendían los piratas. Pues no era muy cristiano eso de vender ni comprar esclavos que no fuesen previamente bautizados.

Para mejorar su hagiografía, los jesuitas la consideraron "hija de reyes" de algún reino asiático, pero lo maravilloso residía en que desde sus grandes tiempos de "princesa" oriental soñaba que la Virgen se les aparecía a ella y a su madre para hacerles beneficios, y profetizarles que la traería a un reino cristiano a gozar de su verdadera, única y santa religión. Y la "princesa china" añoraba el momento de ser atrapada, esclavizada y vendida, para morir finalmente en la santa indigencia.

A la muerte de su amo-potentado, Catarina pasó a manos de un clérigo, quien la casó con otro esclavo "chino": todas las potencias celestiales conjuraron para que no perdiera la castidad la nueva casada, quien logró mantenerse virgen en el lecho de su esposo, con el poderoso recurso de instalar un crucifijo en las sábanas, entre ambos. De algún modo desconocido, recobró la libertad poco después, cuando murieron oportunamente tanto su amo clérigo como su marido.

Si hubiese que creerles a los jesuitas, Catarina de San Juan ayudaba a los pobres y a los enfermos, desde su absoluta indigencia; y hasta admitir que llegó a liberar de la esclavitud en los obrajes a algún desdichado, misericordia costosa para los potentados.

Azotaba y castigaba sus carnes. Ayunaba y se cubría de una montaña de harapos para no ver ni que la vieran, ni tocar ni que la tocaran, ni siquiera sus ancianos confesores, cuando ella ya era una vieja ciega y paralítica.

Pero lo realmente importante eran sus visiones y su muy particular trato con Dios, con la Virgen y los santos, continuaba Beaumont. Los veía a cada rato y obtenía de ellos cualquier cosa que quisiera.

Alguna vez la Virgen del Socorro la vio tan desnutrida y castigada por los ayunos, que le ofreció, sin más trámite, sus propios pechos sagrados para alimentarla. Hemos de suponer que al menos en esta ocasión se alimentó muy bien.

Otra vez vio a los ángeles distribuirse por las nubes en una especie de bailables o procesiones a todo lujo, con banquetes e iluminaciones de fiesta de gala en un palacio real, sólo para su delectación.

Le era concedido ver en sus sueños "místicos" a otros seres, vivos o muertos, salvos o condenados, y sobre todo en el purgatorio. Por lo demás, Jesucristo la usaba de mandadera, a ella, que ni siquiera alcanzaba a dominar el castellano, para que transmitiera secretos y terminantes mensajes *en latín* a ciertos clérigos descarriados.

Se peleaba de bulto, de a de veras, con todos los demonios, y terminaba arañada, azotada, apedreada, pateada. Sufría además de una permanente comezón en todo el cuerpo, que ni rascándose con "olotes bien secos" se le quitaba.

También ejercía, prosigue Beaumont, los milagros relativamente modestos de hacer aparecer monedas en los bolsillos necesitados y los más espectaculares de salvar de los piratas —o al menos presenciar, en visión santa, el salvamento— a las flotas españolas que tan azarosamente llegaban a Veracruz o Acapulco.

Cristo se le presentaba hermoso o rumbo al calvario, en apuesta forma varonil o sudando sangre sobre la manta de una estatua del crucificado.

Poseía entre sus no tan escasos trebejos un célebre "fragmento de unicornio", buenísimo para otro tipo de milagros. Fue muy estimada su intercesión tanto para producir lluvias como para detenerlas.

Malvivía de cocinar hostias para los jesuitas, y el resto de su tiempo apenas le alcanzaba para atender a su Cristo y a su Virgen y a sus ángeles. Era la más pobre y humilde del reino, y por su extrema bajeza había sido escogida como la única comadre poblana de todas las potencias celestiales.

Esta "aunque indina bestia caballo", cita Beaumont las palabras recogidas por sus biógrafos: esta que se dice:

"¿Qué soy sino un terra, un polvos, un muladar, un basura?", una perra y demás linduras, viajaba al firmamento más que ningún otro viajero del cielo y la tierra, y con más facilidades.

Hablaba el bachiller Grajeda, informa Beaumont, a ratos citándola como quien desconoce el castellano, y a ratos como canónigo que se luce en el púlpito: "Y así estoy entendiendo que, a causa de remontarse tanto en esta virtud [de la fe], le hizo el Señor muchos favores, especialmente una noche que habiéndose recostado en su camilla en prosecución de los actos heroicos de fe que estaba continuando [o sea, repitiendo toda la noche jaculatorias de dos o tres palabras: '¡Jesús, María y José!'], la asió Cristo de un brazo y la colocó en el cielo, mostrándole toda su gloria y desde ella manifestándole todo el mundo. Así me lo refirió esta sierva del Señor diciéndome:

—Una noche, Padris, que con muy buen fe hablaba yo para mi Dios, llevó Cristo para mí en el celo, y vi todo acá y allá.

"Como si dijera: Una noche que estaba mi alma toda embebida en tiernos y continuos actos de fe y en dulces coloquios que yo repetía a mi Dios y mi Señor, vi de repente que me asió Cristo de un brazo y me llevó al cielo, haciéndome patente toda la gloria, y desde él me enseñó y me manifestó toda la redondez de la tierra.

"Absorta pues Catarina de tan grande maravilla y postrada ante el supremo juez del cielo y tierra, embebida toda el alma ante tal presencia, estaba cuando la dijo Cristo: 'Ea, vuélvete Catarina', a lo cual respondió con la sinceridad que siempre le hablaba:

"*—Eso no, Señor, vuélveme tú, que has traído para mí, que está muy hondos de aquí a mi cama y podré caer y lastimar para mí.*

"Como si dijera: Yo le respondí a su Divina Majestad: Señor, de aquí a mi lecho hay mucha distancia: vuélveme tú pues que tú me has traído, que yo si me quiero ir sola podré caer y podré lastimarme, siendo como ves la profundidad que hay de aquí a mi aposentillo tanta."

Santa santa pero nada tonta la China Poblana.

"A esta su sencilla respuesta, sonriéndose Cristo la volvió a coger del mismo brazo dejándola en el puesto donde la había arrebatado..."

A su muerte, concluye don Felipe de Beaumont, se llenaron todos los templos de Puebla, y se celebraron oficios en todas las iglesias y colegios de jesuitas de toda la Nueva España.

"De modo que nadie ha querido burlarse de los grandes ministros del rey ni del papa en los informes y relatos oficiales que se envían a Madrid y a Roma", concluía Beaumont en 1720. "En la Nueva España proliferan mitos como estos. He escuchado incluso algunos bastante peores. En esta colonia no abunda el ingenio: cualquier barbaridad se cree ciegamente. Y tales burradas no privan sólo entre la plebe, *sino sobre todo* entre la gente más alzada y orgullosa de esta tierra, que suele ser de jesuitas o de personas formadas o avecindadas con jesuitas. ¡Que Dios nos libre de la soberbia y de la ignorancia de un mexicano con dinero y ciertos tratos con la Compañía de Jesús!"

*

Un siglo después de su muerte, pese a los desdenes de Roma y de Madrid, y a las prohibiciones del Santo Oficio, seguían publicándose biografías e imágenes de la China Poblana. Con total descaro, se le rezaba y se le rendía culto público.

Se ignora en qué momento preciso (entre la expulsión de los jesuitas a mediados del siglo XVIII y las guerras de Independencia) abandonó Catarina de San Juan sus ilegales altares, permanentemente prohibidos por la inquisición y (al parecer) permanentemente tolerados, para transformarse en un tipo de zarzuela *avant la lettre*: imaginemos *La verbena de la Poblana*:

> *¿Dónde vas con enaguas zanconas,*
> *dónde vas zarandeando los pies?*
> *Yo me voy a bailar el jarabe*
> *con un payo que sepa beber.*

Pues lo que nunca intuyó el linajudo don Felipe de Beaumont, ni los jesuitas, ni los novohispanos, ni Madrid, ni Roma, fue el último milagro de esta asiática indigente: convertirse ella, la fea, la apestosa, la beata, en una trigarante mestiza de cascos ligeros en la época independentista. Compañera de soldados al bailar el jarabe, ataviada con tricolores enaguas profusamente bordadas en lentejuelas y con una blusa de algodón muy escotada, además de un rebozo que la tapaba menos de lo que le servía para farolear y contonearse en las festejadas civiles o militares. Y con las trenzas llenas de listones, como arbolito de navidad.

Quizás a esta última, más que "china", habría que llamarla la chinaca poblana, pareja del charro. Y nada jesuítica.

Sin duda el ilustrado Beaumont la hubiera encontrado más simpática; aunque su recargado vestido regional algo herede de lo visionudo de su lóbrega antecesora, habría añadido su esposa, la madama Beaumont, muy estricta en cuanto a la moda se refiere.

Publicado en *Crónica Dominical*

Eduardo Boné
Viajeros

Le beau est plus utile que l'utile
What dungeon so dark and so deep
As one's own heart, what jailer
So inexorable as one's itself!

Asaltante

—Buenas tardes, amables pasajeros. ¡Buenas tardes amables pasajeros! —una voz ronca se confunde con el motor del camión, de nuevo—; ¡¡buenas tardes, amables pasajeros!! —ya algunas miradas acuden al tercer llamado curiosas. La voz se hace más fuerte y clara—: ¡¡Muy buenas tardes, amables pasajeros!! —con tono insistente. Esta vez todos los ojos miran un tanto desconcertados al hombre que está parado enfrente del pasillo, inmóvil como ellos—. ¡¡¡Señores pasajeros, vengo a robarles un poco de su atención!!!! —comienza a pasearse sostenido de los tubos, mirando a los que lo miran. Un silencio que parece detener el tiempo y el motor, las caras dudosas y ansiosas esperan a que aquel hombre hable. Más silencio. Algunos dejan asomar una mueca que puede confundirse con una sonrisa, otros se miran, otros buscan cómplices de aquel extraño silencio. El hombre sigue paseando los ojos por los rostros que no entienden nada, cerciorándose de no dejar a ninguno. La voz se

23

vuelve a escuchar—: ¡Muchas gracias, amables pasajeros! El asaltante da la media vuelta y bajándose del camión se aleja con su botín.

Héroe

El andén se vacía de nuevo, pero la señora sigue allí, esperando, sin mirar a los que suben y bajan, sólo espera. Alguien más espera como ella, vestido con un suéter verde, pantalones grises y una camisa blanca, apoyando la espalda y una suela negra contra la pared, mirando hacia los lados, con una mochila en el suelo junto a él. Llegan más trenes con más gente, y se van igual que los anteriores, de nuevo se vacía el andén. El niño se dirige a la señora, arrastrando la mochila y silbando. —¿A quién espera, señora? —la señora, con una sonrisa apagada en la cara, voltea para ver al niño que había soltado la mochila y había dejado de silbar. —Voy a la calle Nezahualcóyotl, que me tengo que ir a la estación Hidalgo porque que está cerca de allí, y que ya mero pasa el tren que va para allá, que a las tres y media pasa, me dijeron unos niños como tú ya hace un rato —al mismo tiempo que habla le da un papel arrugado al niño, que dice: "Se solicita señora para hacer la limpieza calle Nezahualcóyotl 53, Centro, cerca metro Hidalgo." El niño lee el papel al mismo tiempo que oye a la mujer que está enfrente de él; puede ver sus manos tan arrugadas como el papel, y las marcas del cansancio en todo su rostro, y sus ojos pequeños y negros. Voltea a ver a los lados de nuevo, se queda mirando el letrero que dice: "Dirección Observatorio" y el otro que dice "Tacubaya", se queda pensando un instante. —¿Sabe qué, señora?, se la vacilaron re gacho, el que va a Hidalgo ya pasó hace una hora y el próximo sale hasta las cinco —el andén se empieza a llenar con el aire que viene empujando el siguiente tren, el muchacho se aleja silbando y arrastrando su mochila, con una sonrisa enorme llena de esa malicia que hace reír, mientras que la señora sigue esperando.

Abstracto

La primera línea va retorciéndose hasta quedar hecha una curva que marea, que se hace espiral y luego explota, dejando fragmentos prismáticos danzando alrededor del primer trazo. El punto se aburre y viaja para dar forma a un cuboide, para luego rebotar contra el límite y transformarse en una fugaz esfera, que por su propio peso cae en un charco de contornos secos, salpicando con cruces y esqueletos de asteriscos despeinados la superficie que chilla ante tanto movimiento. Allí va de nuevo la línea traviesa que desfigura los jeroglíficos, los taladra, los pule y los hace entendibles. Tal vez un ojo, o un tentáculo, que mira y envuelve las figuras, oscilando sin voluntad, despierta, rozando el sueño con el metal, alimentando la más primordial de todas las necesidades, la única, crear. Más abajo puede leerse: "Metro a metro, el metro es de todos, no lo rayes."

Arenas

Por la ventana se ve cómo el viento consuela al desierto, afuera se puede ver el calor, incrustado en la arena. Nos detenemos para comer. Todos bajan del camión, el sol es insoportable y entramos a la única casa para escapar de los rayos. El hombre que viaja junto a mí, no lo he visto comer, ni dormir, mucho menos hablar, no está en la casa, sigue afuera. Acabamos de comer y subimos de nuevo al camión; por la ventana puedo verlo pateando un montón de arena, sacudiendo sus piernas y dándose manotazos por todo el cuerpo, en la cabeza, como un loco. Los asientos están llenos y vuelve a sentarse junto a mí. Mientras duermo me despiertan unas voces y unos golpes, no hay nadie en el otro asiento. El chofer golpea la puerta del baño: —¡Ya te dije que aquí no se puede fumar! —un hombre sale con un cigarrillo en la boca, el chofer toma el cigarrillo y, apagándolo en el lavabo, amenaza con dejar a su suerte a aquel hombre a la mitad de la nada si lo vuelve a sorprender fumando—. ¡Mira, allí está escrito, no se puede fumar!, ¡¿qué no sabes leer ni hablar?! —el hombre se quita del paso del que le gritaba y viene a sentarse junto a mí sin pronunciar una sola palabra, mientras el resto del pasaje me observa a mí, como si yo tuviera la culpa del retraso y de su silencio. Volvemos a detenernos para comer, de nuevo no está con el resto, salgo a buscarlo y lo encuentro un poco alejado, encima de otro montón de arena, pateándolo y arrojando piedras; me doy cuenta de que es un hormiguero y de que sus pantalones están llenos con manchas rojas que se mueven; voltea a verme y comienza a sacudirse los insectos como un demente. No quiero seguir viajando con ese loco a mi lado, encuentro un lugar junto al baño, en el piso, lo prefiero a estar sentado con él. Antes de subir hablo con el chofer, y el hombre es obligado a quitarse las ropas para verificar que no tuviera más hormigas sobre él. Seguimos nuestro camino, poco después me vuelven a despertar los gritos y los golpes, esta vez el chofer arrastra al hombre afuera del baño, quien suelta una última bocanada de humo; lo lleva hasta la puerta para bajarlo, abre el maletero sacando unos paquetes y arrojándolos al suelo, es de noche y el chofer arranca dejando a aquel hombre a la mitad de la nada. Regreso a mi asiento y no logro dormir, veo las siluetas de las arenas que parecen murmurar algo allá afuera, hasta que caigo en el sueño. Las voces me vuelven a despertar, miro a mi alrededor y todos están de pie gritando; al principio no entiendo, y es entonces que siento las pequeñas mordeduras en toda la piel; los demás y yo estamos cubiertos con hormigas.

Epílogo (el peatón)

Voy caminando cargando mi morral, hace frío y es de noche. En la calle no hay nadie, no hay sonidos ni luz. Detrás de mí empieza a oírse un golpeteo, minúsculo, imperceptible, es más bien un goteo. Sigo caminando mirando hacia atrás y a mi morral; el goteo sigue y sigue detrás de mí, apresuro el paso y llego a la casa. Me quito el abrigo y voy a la cocina, preparo un café y voy a sentarme, tomo mi morral y saco mi cuaderno de notas, qué buenas ideas había tenido, tantas que tuve que escribirlas. Con ansiedad busco la última página, no la encuentro, ni esa ni la primera ni ninguna, el morral está roto, tiene un hoyo; ¡chale, otra vez se me vinieron escurriendo las ideas en el camino!

Publicado en *Opción*

Noé Cárdenas
Planta baja

En el departamento de la planta baja vive un matrimonio joven con dos perros y una niña. He visto al matrimonio y a los perros pero jamás, en los meses que llevo
aquí, a la niña. Sé, sin embargo, que existe porque la he
oído lloriquear o entonar cantitos algunas tardes calmas
y soleadas en las que el ámbito se imanta y los ruidos de
la calle quedan suspendidos largos minutos, como si un
recuerdo de edades campestres le sobreviniera al terreno.

He alcanzado a advertir los insomnios de la niña, o
del infante que yo figuraba femenino: la pobra suda y se
revuelve entre las cobijas intentando escapar de alguna
resinosa pesadilla. Y luego, para serenarse ella sola: el
hilito de su canción, apenas perceptible, como si viniera
de abajo de la tierra.

En cambio, los perros se la pasan jugueteando buena
parte del día: una gama muy variada que va desde los francos ladridos hasta aullidos entrecortados domina los ruidos que entran por las ventilas siempre abiertas de mi
estudio provenientes del patio del departamento de abajo; también los tintineos de las cadenas en sus pescuezos
y los rasguños sobre el piso durante corretizas dan cuenta sonora de su presencia.

La niña no juega con los perros. He notado que la
cancioncilla apenas audible ocurre, si acaso, cuando han

sacado a pasear a los animales. Tal vez la niña padezca alguna afección que no le permita estar en contacto con éstos o, incluso, ni siquiera permanecer demasiado tiempo en el patio de la planta baja. La humedad provocada por las constantes lloviznas deben afectarla. Es sabido que el sur de esta ciudad se distingue por lo extremoso de las lluvias, en temporada. Pero en algunos puntos selváticos de esta zona la humedad del ambiente no decrece, como si lloviera todos los días del año. No es raro, por aquí pasaba un río de caudal considerable, y como las aguas vuelven a encauzarse según el orden natural, de vez en cuando en algunas partes de este sur rebrotan surtidores, aun venciendo al pavimento. Curioso espectáculo el de toparse con límpidos arroyuelos, que hasta su arena sedimentan, corriendo junto al borde de la banqueta: dan ganas de agacharse y beber del cuenco de la mano.

El hombre del matrimonio trabaja en el patio algunas mañanas y tardes de la semana. Utiliza sierras, esmeriles y taladros, además de otras herramientas menos aparatosas. He oído que lija durante largos ratos y también cincela, aunque estas tareas las ejecuta en una de las habitaciones: los ruidos llegan ahogados a mis oídos.

La disposición de los cuartos del departamento de la planta baja es idéntica a la del departamento que habito y que también es mi lugar de trabajo, el cual me obliga a permanecer la mayor parte del tiempo recluido y más o menos desocupado, situación que me permite observar lo que sucede en el resto de la casa, porque en realidad esto no es un edificio de departamentos concebido como tal: se trata de una casa grande dividida posteriormente en cinco secciones independientes. Tres de éstas corresponden a la parte delantera, cuya fachada blanca da directamente a la calle. En la parte trasera —separada de la anterior por el patio y a la cual se llega por un largo corredor que comienza en la puerta angosta del extremo izquierdo de la fachada— se hallan el departamento donde vive la niña y el mío en la planta alta.

El fragmento de paisaje que se puede ver a través de las ventanas está dominado por las frondas de algunos sauces al fondo y por la recia jacaranda del jardín de la casa vecina. Una bugambilia techa casi por completo el patio de abajo, del que sólo se distingue el límite con el muro de enfrente. Así que nunca he logrado ver a la niña a través de la ventana cuando escucho su voz.

Comencé en vano a espiar a los vecinos cada vez que advertía los ruidos de su puerta al abrirse o cerrarse con el objeto de conocer a la niña. Tras varios intentos que consistieron en salir al zaguán del descanso de la escalera dizque a regar las plantas en el momento preciso, coseché únicamente miradas de desconfianza por parte del matrimonio o de alguno de los cónyuges, la mayoría de las veces jaloneados por los perros ávidos de paseo. De la niña, nada.

La tarde de un día frío en el que había estado lloviznando vi que un hombre de bata blanca visitó el departamento de abajo. La conjetura de que la niña nunca salía porque alguna enfermedad la asolaba pareció la más convincente. Sin embargo, por las voces y aullidos provenientes del patio, supe que el de blanco había venido a enyesarle una pata fracturada a uno de los perros, que no cesó de quejarse hasta avanzada la noche.

Ya de madrugada, un chubasco repercutió largo rato en las ventanas. Insomne, decidí que al día siguiente preguntaría a la pareja por la niña. Me tengo por un defensor absoluto de la privacidad. El saludo mecánico es lo único que me parece tolerable. Así que traicionaría mis principios para saciar mi curiosidad.

No hizo falta. El chubasco arremetió hasta convertirse en tormenta. Al ensordecedor acorde del muro de agua, pronto se le fue incorporando el coro de los ríos caudalosos. El agua comenzó a filtrarse por las orillas de las ventanas. Fue necesario colocar trapos en todas éstas y, sobre todo, en la puerta de la cocina que da al perímetro donde está el lavadero. Hubo que hacerlo bajo el haz de una lámpara sorda, pues se había ido la luz desde hacía rato.

De entre el arpa de la tormenta —cuando me acerqué a taponar la ventana de la sala por donde el escurrimiento ya formaba varios hilos que habían alcanzado la alfombra— me llegaron voces humanas y caninas del departamento de abajo. Salí al minúsculo zaguán. Un relámpago tomó la foto del instante: cubierto con una capa de lona reluciente de agua, el vecino me daba la espalda dirigiéndose hacia la puerta, el agua casi hasta las rodillas. Desde lo alto de la escalera, la casa se veía sumergida como casco de buque. Alcancé a ver que el hombre llevaba en brazos un bulto. Tuve la esperanza de que se tratara de la niña, pero la cola colgante reveló otra naturaleza.

De súbito, los gritos de la mujer, urgiéndome desde abajo:

—Por favor, ayúdeme a buscarla. ¡Pronto!

Bajé. Los tres últimos peldaños de la escalera estaban completamente sumergidos.

Con el agua hasta los muslos resultaba muy difícil moverse. Dentro, la sala del departamento de la planta baja se iba revelando bajo el haz de la linterna. Flotaban trastos como de utilería fílmica de una carabela en pleno naufragio. Un choque de mi espinilla contra un filo macizo me avisó de la presencia de una mesa de centro metálica. Viré hacia el pasillo que lleva a los cuartos. La mujer, tras de mí, gritaba "¡Emilia, Emilia!", al tiempo que rebuscaba agitadamente con los brazos metidos en el agua. Así que buscábamos a Emilia.

Al entrar a la habitación que equivalía a mi dormitorio, el cuerpo blanquísimo de una niña desnuda apareció recortada por el círculo luminoso de la linterna, sobre una mesa de madera burda que tampoco flotaba. Era de mármol y, mejor observada, la figura no representaba a una niña precisamente: fue captada por el escultor en el momento justo en el que había dejado de serlo: los pezones estaban ligeramente alzados por leves montículos que ya anunciaban la consistencia de unas tetas adultas, su cabellera rebasaba apenas los hombros, las caderas y los muslos ya comenzaban a abandonar la asexuada rectitud infantil. Era una nínfula. En su rostro, los ojos aparecían entrecerrados como sólo los entrecierran las mujeres gozosas; su sonrisa aún conservaba el viso de la inocencia.

De pronto el roce de unas uñas en mi antebrazo me provocó escalofrío. Aparecieron en el círculo de luz cuatro patas de perro volteadas hacia arriba. Una de éstas estaba más rígida que las otras debido a la cubierta de yeso. Grité:

—¡Aquí hay un perro!—y la mujer, dando tropezones, el último de los cuales la había hecho caer de bruces dentro del agua, llegó hasta donde me encontraba, recogió maternalmente al tieso can y lanzó, como implorando una resurrección:

—¡Emiiiliiaaa!

De nuevo en mi recámara, después de un baño caliente, mientras saboreaba el primer sorbo de café con una medida de whisky, noté que la tormenta se había calmado. Aún era distinguible el rumor de las gotas chapoteando sobre la superficie encharcada. Los vecinos del departamento de abajo se marcharon con su pena, un perro vivo y otro muerto, en su automóvil que, por suerte, estaba guardado como todas las noches en un estacionamiento sobre una colina a unas cuadras de las calles inundadas.

La lluvia se tornó llovizna. El rumor de arroyo ahora estaba acompasado por un canto quedo de muchacha. Se levantó un aroma de hierba fresca y de liquen bañado en agua transparente. Hacía frío. Comenzó a amanecer.

Publicado en *Tinta Seca*

Alberto Chimal
Se ha perdido una niña

Cuando la hija de mi hermana cumplió trece años, en 1998, olvidé comprarle un regalo. Peor aún, me acordé de la fiesta una hora después de que empezara. No tuve más remedio que ir a mi librero: como hice un semestre de letras, mucha gente cree que me gusta leer y me regala libros, que luego yo regalo. Así he salido de apuros muchas veces.

Lo malo fue que nunca había ido a mi librero en busca de algo para una niña: tuve que buscar durante otra hora, y por un rato pensé que tendría que elegir entre un juego engargolado de fotocopias de *La muerte de Superman* (en inglés), un manual de autoconstrucción y *La isla de los perros* de Miguel Alemán Velasco. La verdad es que tampoco acostumbran regalarme libros para niños.

Entonces, en el estante más bajo del librero, detrás de los dos tomos que me quedaban del *Diccionario Enciclopédico Espasa*, encontré otro libro, de color rosa mexicano, con una flor y una niña con alas en la portada. Así fue como Ilse (la hija de mi hermana) recibió un ejemplar nuevecito, o casi, de *Se ha perdido una niña*, escrito por una tal Galina Demikina y publicado en español, en 1982, por la Editorial Progreso de la URSS.

Como llegué cerca de las diez, cuando ya se habían ido todos, mi hermana se disgustó, y no sirvió de nada que me disculpara, ni que le dijera que el libro era muy bueno.

—¿Lo leíste siquiera?

—Bueno... no, pero esos libros siempre eran muy buenos. Había muchísimos cuando existía la URSS, ¿te acuerdas? Los vendían en todas partes...

Pensaba improvisarle algo sobre que el libro le iba a servir a Ilse, para que conociera cómo se vivía en la URSS en aquellos tiempos o algo así, cuando ella, es decir Ilse, llegó, abrió el libro, se puso a hojearlo y casi de inmediato me dijo:

—Está padrísimo.

—¿Qué? —le dije.

Y ella me dio las gracias. Por un momento no entendí de qué me daba las gracias.

Varios días más tarde volví a ir a la casa de mi hermana. Ella me reclamó que fuese tan despegado (siempre dice lo mismo), pero también me dijo que Ilse estaba muy contenta con el libro. Resultó que no era de la vida real en la URSS: era un cuento, de esos impresos con letra grande, y se trataba de una niña que visitaba un mundo fantástico. Sólo ella podía hacer el viaje y los demás no entendían nada.

—Ah —dije, y mi hermana se dio cuenta de que no me interesaban los detalles, así que me dio más: la niña se perdía en ese mundo, en el que se había metido a través de un cuadro y en el que vivía gente amistosa o duendes o algo parecido. Había una rosa que tenían que cuidar, como en *La Bella y la Bestia*. Al final aparecía el tío de la niña, que era pintor pero también una especie de mago (él había hecho el cuadro mágico, pues), y el final era feliz. El mensaje del libro era como una "reflexión" sobre la familia, pero también sobre el mundo verdadero, y sobre el arte y los artistas...

—Ah —repetí, y no pude recordar cómo había llegado aquello a mi librero, pero me alegré de no haberlo leído.

—Le encantó —dijo mi hermana—. Todo el día está hablando de lo mismo.

Y entonces me metió al cuarto de Ilse y me habló en voz baja, como siempre que va a pedirme algo. Lo único malo de todo el asunto, me dijo, era que Ilse, de tan entusiasmada, estaba escribiendo una carta a la editorial.

—¿A dónde?

Mi hermana me mostró la siguiente nota, que estaba al final del libro:

AL LECTOR

La Editorial le quedará muy reconocida si le comunica usted su opinión del libro que le ofrecemos, así como de su traducción, presentación e impresión.

Le agradeceremos también cualquier otra sugerencia.

Nuestra dirección:
Editorial Progreso
Zúbovski bulvar, 17
Moscú, URSS

—Ah —dije una vez más.

—Quiere mandarles una carta —dijo mi hermana.

—Ya entendí. ¿Qué tiene?

—La URSS ya no existe, Roberto.

(Me llamo Roberto.)

—¿Y? —dije—. ¿Qué más da? No creo que sea mucho gasto un sobre...

—Pero es que yo ya le dije que la carta no va a llegar a ningún lado, ya le expliqué todo eso, lo de la URSS, y no me hace caso. Me tendría que haber hecho caso.

Admito que no entendí.

—Es una niña, Sara —mi hermana se llama Sara.

—Tiene trece años —respondió ella—. A ti no te gustaba que te dijeran niño a los trece años.

—No es lo mismo —dije; se quedó mirándome—. Bueno, está encaprichada, pues.

—¿Pero por qué? Nunca le ha gustado leer, ni nada...

—Es bueno que lea, ¿no? —respondí, y le aconsejé que la dejara hacer lo que quisiera.

—Roberto, es que es muy raro, te digo...

—No le hace daño —la interrumpí.

(En realidad soy menor que ella, y siempre soy yo el que tiene que sacarla de apuros.)

Al final, mi hermana me forzó a esperar que Ilse volviera de la escuela para explicarle que la URSS había sido un país socialista, formado por Rusia y otras regiones cercanas que se habían unido después de la Revolución Rusa de 1917, pero se habían vuelto a separar en 1991.

—Cuando tú tenías seis años —le dije.

Y resultó que Ilse, de todos modos, no veía ningún impedimento para que su carta llegara a los editores de *Se ha perdido una niña* y, tal vez, hasta la misma Galina Demikina.

—El libro está padrísimo —dijo, y agregó algo como que su carta no podía no llegar. Yo me negué a acompañarla a la oficina de correos, pero tampoco le importó demasiado.

Y el problema, desde luego, fue que su carta sí llegó.

O que alguien se tomó la molestia de responder, desde Moscú o desde algún otro sitio, con una carta en un sobre con la dirección de Editorial Progreso, Zúbovski bulvar y todo lo demás, y estampillas que decían CCCP.

—Es decir —le expliqué a mi hermana y a Ilse, en cuanto pude ir a verlas—, SSSR pero en el alfabeto cirílico, o sea URRS pero en ruso... Vamos, las siglas de la URSS en idioma ruso son SSSR, y las letras SSSR en alfabeto ruso...

—Ya entendí —me interrumpió Ilse, y se fue.

Pero eso sí, estaba como loca por la dichosa carta. Pensé que se parecía demasiado a su madre; entonces ella (es decir, mi hermana) me dijo que el tipo que había escrito la carta hablaba de la URSS.

—¿Ah, sí?

—En la carta dice URSS —me explicó ella—. No puede ser.

—¿Qué no puede ser?

—¿Qué no entiendes? Te estoy diciendo que este tipo...

—¿Quién?

—El de la editorial, el que firma la carta.

—¿Cómo se llama?

—¡No importa! Te digo que ese tipo habla como si no hubiera pasado nada... Como si la URSS todavía existiera, pues.

—A lo mejor tiene síndrome de Alzheimer y no se acuerda —bromeé.

La discusión que siguió fue muy desagradable. Por otra parte, mi hermana tenía razón. La carta terminaba así: "Si alguna vez tienes ocasión de venir a la URSS, no dejes de visitarnos. Nos entusiasma conocer a nuestros lectores de todo el mundo, y Galina Demikina, la autora de *Se ha perdido una niña,* de seguro se alegrará al saber de ti."

Luego vino la segunda carta de Ilse, agradeciendo la que le habían enviado. Mi hermana me llamó y me dijo:

—¿Qué hago, Roberto? ¿La dejo que la mande?

Le dije que sí.

—Ni modo que no. No es nada malo.

—¿Qué tal si, no sé, si es un pervertido?

—Por favor, la URSS está muy lejos.

—La URSS no existe —dijo mi hermana.

—Más a mi favor.

Luego vino la segunda carta de la editorial, con un catálogo de novedades de 1998.

—Ahí está —dije yo, más tranquilo.

—¿Qué?

—La explicación, Sara. La Editorial Progreso existe todavía. Estará privatizada o será del gobierno ruso o algo, pero existe.

—Pero el catálogo dice URSS.

—A lo mejor es viejo.

—Pero es de este año.

Yo empecé a decir que los rusos siempre hacen las cosas con mucho avance.

—¿No te acuerdas? Nos lo enseñaron en la secundaria: los planes quinquenales. Todo lo hacen con quince años de adelanto... o cinco...

—¿Y también hacen los catálogos de las editoriales? —me preguntó mi hermana—. Además, eso de los planes era de los socialistas.

—¿No tendrán eso todavía en Rusia?

—Pero le hubieran puesto... no sé, algo, una etiqueta para tapar el "URSS" y poner "Rusia".

—No sé, no han de tener dinero para eso... En serio, Sara: si lo hicieron por adelantado... Ahorita Rusia está arruinada, es como aquí, todo está lleno de narcos, de políticos corruptos...

Luego Ilse quiso encargar, por correo, otro libro de Galina Demikina, que estaba en el catálogo, titulado *La historia del señor Pez*, pero como mi hermana estaba muy nerviosa por todo el asunto le dijo que no. Y se armó una escena de esas terribles:

—Yo no voy a pagar ese libro.

—¡Mamá, por favor!

—Haz lo que quieras. Ya dije.

—Pero ¿por qué no?

—Pues... porque no. Porque no está bien.

—¿Pero por qué no está bien?

Y aquí mi hermana cometió su primer error, porque perdió los estribos.

—¡Porque no quiero que lo pidas! ¡Punto! ¿Me entiendes? No lo vas a pedir.

Y su segundo error: que se arrepintió y dijo:

—Ay, Ilse... Ilse, mira, es que quién sabe a quién le estás escribiendo, yo no... esto... es muy raro, no entiendo...

Siempre los comete en el mismo orden. Una vez hasta le compré una guía para padres, pero a ella tampoco le gusta leer.

—Nunca me dejas hacer nada —murmuró Ilse con una voz que, según mi hermana, nunca le había escuchado antes.

Ella preguntó:

—¿Qué fue lo que dijiste?

—¡Te odio! —le gritó Ilse, y se fue corriendo. El libro llegó uno o dos meses más tarde, a principios de 1999.

Cuando me enteré y fui a verlas, Ilse me recibió con un abrazo y me aseguró que el libro era tan bueno como *Se ha perdido una niña*. Me sorprendió tanta efusividad (luego me enteré de que a todo el mundo hacía la misma fiesta), y más aún que leyera tan rápido: el libro tenía sus buenas trescientas páginas, y hasta el año anterior Ilse había leído lo que le dejaban en la escuela y absolutamente nada más.

Por su parte, mi hermana seguía yendo a su trabajo, haciendo la comida, lo de todos los días, pero estaba mal. Deprimida, estaba engordando, tenía ojeras, todo el cuadro. Siempre le pasa lo mismo.

Así que la seguí por la casa (ese es otro síntoma: se pone a limpiar todo como loca, una y otra vez) hasta que la acorralé:

—A ver, Sara, ya. Qué tienes.

—Es que no entiendo —me contestó—. Ilse...

—Ilse ya no es una niña, Sara. Tú fuiste quien me dijo...

—¡Es que no es posible, Roberto! —dijo mi hermana, y me contó que, en el último mes o dos meses, había ido a la oficina de correos, a preguntar por los envíos a la URSS, y nadie había podido explicarle nada; a la oficina central, es decir la del centro, y lo mismo; al aeropuerto, a donde llega el correo aéreo, y lo mismo; a la embajada de Rusia...

Ahí no la dejé continuar.

—¿Fuiste a la embajada de Rusia? ¿Fuiste? ¿Estás loca?

—Nadie me quiso decir nada, Roberto. Les dije que me dejaran hablar con el embajador, con alguien...

—¿Y te recibieron?

Creo que no entendió que me estaba burlando.

—Según ellos, nadie sabe... nadie me supo decir cómo llegaron esas... cosas con dirección de la URSS. Ni cómo pudieron llegar las cartas de Ilse...

Ahí se le quebró la voz, y me pareció que iba a empezar a llorar, y eso sí no puedo soportarlo.

—¿Qué querías, Sara? —le pregunté—, ¿investigar? Me contestó que sí.

—A ver... ven acá —la abracé—. Mira, Sara. No es... no es como en la tele, como en los "Expedientes Secretos X". Estamos en México. ¿Quieres salir en un programa de lo insólito, de los de ovnis? Aquí la gente no se pone a investigar así como en... ¡Aquí las cosas no se saben, pues! Digo, no sé, vaya, si está raro, lo que tú quieras... pero ¿qué vas a hacer? ¿Llamar a la judicial? ¿A Derechos Humanos? ¿A la CIA?

Se rió, lo que siempre es buena señal, y yo seguí. Era muy raro, sí, pero no era malo. No le hacía daño a Ilse. En realidad, ella seguía siendo la misma. Iba a la escuela, tenía sus amigas, veía tele, lo de siempre. ¿Qué importaba que le gustaran dos libros de una rusa? No eran malos libros, nunca está de más leer...

—Nada más te digo que te calmes, Sara. De verdad. No tiene nada de malo que ella lea. ¿Fue de veras muy caro el libro? No, ¿verdad? ¿Entonces? No puedes estar así toda la vida —y para terminar le dije que qué más podía pasar.

Al día siguiente llegó la carta en la que la embajada de la URSS, enterada de la correspondencia entre Ilse y la Editorial Progreso, ofrecía a mi sobrina una convocatoria llegada de la URSS: la de un concurso para ganar un viaje de tres meses a la URSS, para dos personas, escribiendo en dos cuartillas o menos las razones por las que le gustaría hacerlo, es decir, viajar a la URSS.

—¿Ya viste, mamá? —le dijo Ilse, muy emocionada, a mi hermana.

—Sí —respondió ella, y me llamó para pedirme que fuera otra vez. Me disgusté, aunque en realidad no tenía gran cosa qué hacer, y fui uno o dos días más tarde.

Y me arrepentí al verla:

—Sara, ¿qué te pasó? —se me escapó. Estaba sentada en el suelo de su cuarto, con la cara roja y abotagada y una botella vacía a su lado.

Me tranquilicé al notar que la botella era de Cooler, y más cuando supe que Ilse estaba en la escuela. Y volví a sentirme explotado cuando mi hermana me confesó, con ese tono de voz que usa cuando quiere hablar muy en serio, que era una persona insegura. Y lo de siempre: que Fernando, el padre de Ilse, la había dejado muy lastimada. Que había quedado embarazada a los diecinueve.

Que le había costado mucho trabajo dejar la universidad, casarse, criar a su hija sola porque el otro, así dijo, la había dejado como a los seis meses de embarazo, es decir dos de matrimonio.

—No he madurado, Roberto. Le puse Ilse a Ilse por... por la de las Flans —y era cierto, es decir, le había puesto así por la cantante de un grupo de aquel entonces, que ya ni existía, y que ahora se dedicaba, es decir la cantante, a anunciar refrigeradores o una cosa así.

Pero comenzó a llorar y no fui capaz de decir nada. La abracé y traté de consolarla:

—Al menos no le pusiste Ivonne como la otra del grupo, la loca...

Esta vez no se rió.

—Además... bueno, no tiene nada de malo...

—¿Que se llame Ilse?

—Que concurse, Sara. Digo... ¿qué tal si no gana?

—¿Y si sí?

—Pues... —lo pensé un momento—. Oye, Sara, ¿el viaje no es para dos personas?

Ella me respondió que sí pero que le daba miedo la KGB.

—¿No te acuerdas de todas las cosas horribles que hacía la KGB?

—Eso lo leíste en *Selecciones*.

—Tú eras el que estaba suscrito.

—La suscripción me la dio mi papá —le recordé.

Cambiamos de tema bruscamente cuando mi hermana comenzó a llorar de nuevo. Una vez más me dijo no saber qué hacer. Y que todo aquello era muy raro.

Peor aún, Ilse estaba redactando sus dos cuartillas o menos.

—Bueno —le dije—, ¿qué hacemos? ¿La llevamos con un psiquiatra para que la convenza de no entrar al concurso?

—¡No, si no está loca!

—¿Entonces qué hacemos?

Seguíamos discutiendo cuando Ilse llegó de la escuela, fue a su cuarto, regresó a toda prisa (apenas nos dio tiempo de esconder la botella bajo la cama de mi hermana) y nos leyó sus cuartillas.

—Las hice en un receso —nos dijo, y yo no le creí, pero no dije nada. De todos modos, lo que había escrito estaba muy bien y se lo dijimos.

—¿De veras?

—Claro que sí —le aseguré—. Muy bien.

—Ya ves que tu tío estudió letras.

—Además, de allá, de... de allá, son muchos escritores famosos —dije yo—: Pushkin, Dostoievski... Isaac Asimov...

—¿Si gano me acompañas, mamá? Además del viaje van a dar un curso de ruso, y un paseo por la Editorial Progreso, y...

Oír esto no me gustó nada, porque sí, había estado pensando en acompañarla yo. Pero claro, ella era su madre. Por otro lado, era de las primeras veces que se hablaban sin disgusto desde... bueno, desde su disgusto.

—Tienes que ir, Sara —le dije, como si todo el tiempo hubiera pensado que ella debía ir. Además, siempre estaban las enormes probabilidades en contra de que Ilse ganara.

Cuando Ilse ganó el concurso, y le llegó la felicitación y una invitación a la embajada de la URSS, creímos que todo se resolvería. O hicimos lo posible por convencernos. A fin de cuentas, nosotros sabíamos dónde estaba la embajada de la URSS. O dónde había estado, porque lo que ahora estaba allí era la embajada de Rusia y la dirección (quiero decir, en la invitación) era la misma.

—Vamos y aclaramos todo —le dije a mi hermana—.

A lo mejor... a lo mejor, no sé, tienen el servicio de contestar las cartas mandadas a la URSS.

—Sí, ¿verdad? Por si alguien no se ha enterado.

—¿Y qué tal si de veras alguien no se ha enterado?

—¿Aparte de los de Editorial Progreso? —mi hermana se estaba burlando, por supuesto.

Así discutimos durante todo el viaje, y de hecho seguíamos discutiendo cuando llegamos a la embajada. Entonces los de la puerta no dejaron entrar a mi hermana, porque la reconocieron (¡no quiero ni pensar en el escándalo que debe haber armado!) y yo les discutí tanto, para que la dejaran, que Ilse tuvo que entrar sola.

De todos modos, una hora más tarde estábamos los tres de vuelta en casa de mi hermana, e Ilse, sana y salva, feliz, tenía una libreta de cheques de viajero y dos boletos de viaje redondo por Aeroflot.

—¿Todavía existe Aeroflot? —me preguntó mi hermana, y su voz me alarmó.

—Sí, Sara, eso sí, Aeroflot todavía existe —le contesté.

—¿Seguro?

Le sugerí que interrogáramos (no usé esa palabra, por supuesto) a Ilse. Nunca lo hubiera hecho. No sólo estaba sana y salva, sin heridas de ninguna especie, sin ningún signo de tortura física ni psicológica, sino que tomó a mal nuestra preocupación.

—Ya no soy una niña —dijo.

—Ya lo sabemos, mi vida... —le contestó mi hermana.

—Pero es que nos preocupas —agregué—. Nos preocupa... que hayas ido sola.

La discusión, como era de esperar, se desvió a la forma en la que Ilse sentía tanto celo. Casi una hora nos pasamos en eso, y nunca llegamos a saber qué había ocurrido en la embajada.

Entre ese día y el de la salida me la pasé pensando, tratando de recordar de dónde había salido mi copia de *Se ha perdido una niña*. Y nada. Además de que no me regalan libros para niños, a mi papá de verdad le caía mal la URSS. Otra vez me puse a revisar, y el único libro en mi librero que mencionaba al país era uno de discursos de Richard Nixon, que nunca me he atrevido a dar a nadie.

Por eso, cuando llegué a casa de mi hermana para llevarlas al aeropuerto, y vi que Ilse estaba sentada en un sillón y releyendo su libro, primero se me ocurrió que a lo mejor era un gran libro, y que había hecho muy mal en no leerlo jamás, pero luego ya no pude aguantar y dije:

—Ilse.

—¿Qué? —respondió ella, sin mirarme (ya le hablaba bien y todo a mi hermana, claro, pero a fin de cuentas yo no era más que su tío).

—Este... Oye, Ilse, una cosa, dime: ¿por qué te gusta tanto ese libro?

—Tú me lo regalaste. ¿No lo has leído?

—Lo... no... no, sí, claro, lo compré... compré otro ejemplar... porque... porque pensé que podría gustarte... Pero no pensé que te fuera a gustar tanto. Digo, me alegro mucho, vaya... ya sabes lo que siempre decimos tu mamá y yo sobre que hay que leer... pero... es que...

Se hartó o tuvo piedad de mí.

—Es que está padrísimo —dijo—. Eso de que te metes como en un cuadro, y te vas a otro mundo... Está padrísimo.

—¿Qué es lo que más te gusta del libro?

—Todo. El cuento, los dibujos... Te digo que está padrísimo.

—Pero... No sé, vamos, ¿qué tiene de diferente a otros libros, o a las películas...?

Me miró como si yo fuera un retrasado mental.

47

Y, francamente, me tardé mucho en decirle:

—Bueno... Oye, ¿ya tienen todos los papeles, el pasaporte, eso?

—Sí.

—Y están sellados para la URSS, lo de la visa.

—Pues sí. Fui a la embajada a que los sellaran.

—Ilse... Ilse, ¿te acuerdas de lo que te comentábamos alguna vez, hace como un año, sobre que la URSS ya no existe?

—¿Cómo?

—Sí, que la URSS no existe. Se disolvió hace ocho años.

—¿Cómo? —volvió a decir.

—Sí, que ahora es Rusia y...

—¿Cómo?

Aquí, por primera vez, me asusté.

Le expliqué, paso a paso, lo que había sucedido con la URSS (Gorbachov, Yeltsin, todo), y no me entendió.

No me entendía. Después de un rato me di cuenta de que siempre ponía la misma cara: entreabría la boca, ladeaba la cabeza, dejaba caer un poco, casi nada, los párpados. Y decía:

—¿Cómo?

En ese momento mi hermana me llamó, gritando. Fui a verla y la encontré tirada en la cama. Tenía un dolor horrible en el vientre, me dijo, y no podía levantarse. Le pregunté si había comido algo que le hubiera hecho daño. Ella dijo que era apendicitis. Yo pensé en la vesícula, en una úlcera...

—No puedo ir así. Vete tú —me pidió, como si fuera su última voluntad.

Yo le dije que el boleto estaba a su nombre.

—¿No te acuerdas que Ilse te dijo que fueras con ella? —le pregunté, y de inmediato pensé que era muy injusto.

Ella me sugirió que me vistiera de mujer.

No sé por qué, pensé en una inspectora de aduanas como campesina rusa de película (cuadrada, de cara ancha y tosca) metiéndome en un reservado para ver si no traía droga bajo la falda o algo por el estilo...

Llegamos corriendo al aeropuerto pero, eso sí, estaba vestido de hombre. Naturalmente, no me dejaron abordar el avión. Hasta el final pensé que podría hacerlo: seguía discutiendo cuando alguien fue a avisarnos (a mí, al del mostrador de Aeroflot y a los diez o doce más que estaban con nosotros) que el avión había despegado. Pensé que había sido muy previsor de mi parte el mandar a Ilse a que abordara.

—Ahorita te alcanzo, pero si no, escribes —le había dicho; según yo, había sido una broma.

Fueron los tres meses más horribles de mi vida. Mi hermana me llamó irresponsable, retrasado mental, mal hombre, asesino... vaya, hasta tratante de blancas. Y de nada servía recordarle que ella se había enfermado, porque en realidad había sido su dolor profundo, como ella lo llama.

—Nunca pensé que te diera así —le decía yo.

—¿Por qué no ha escrito? —me gritaba ella, bañada en lágrimas—. ¿Por qué no ha llamado?

—A lo mejor... no sé, a lo mejor regresa antes que las cartas, ya sabes cómo es el correo.

Pero ella no me hacía caso y seguía gritando por su niña muerta, o perdida para siempre, o presa en una cárcel...

—¡O en Siberia de puta!

—¡Sara! —grité, porque nunca antes la había oído decir "puta".

E Ilse volvió cuando tenía que volver, es decir a los tres meses, y sus cartas, todas, llegaron quince días más tarde.

—Te las mandaba cada semana —le explicó Ilse a su mamá—. Pensé que era más bonito escribirte, para que te fueran llegando —y mi hermana le sonrió como si nada, y la abrazó y la cubrió de besos.

—Sí, mi amor está bien... tu tío era el que estaba como loco, pero ya ves cómo es.

Ilse la había pasado muy bien. Se había asustado al verse sola en el avión, pero todos habían sido muy amables con ella. Al llegar la habían llevado sin mayor problema con sus anfitriones...

—Y ya de ahí fue padrísimo —nos dijo—. Aprendí mucho.

No pudimos juzgar su ruso, naturalmente, pero además de que hablaba de lo mismo todo el día estaban las fotos: Ilse sonreía por igual en la Plaza Roja, ante la tumba de Lenin, junto al monumento a Marx y Engels, en Leningrado (no entendió cuando le dijimos que aquello era San Petersburgo)... en la casa en la que se había quedado. Y ante el edificio de la Editorial Progreso. Y junto a una prensa. Y con una mujer, de cabello blanco y lentes redondos, que era Galina Demikina.

—Es muy linda —nos dijo. Y mientras nos contaba qué linda era, qué amable se había portado, qué autógrafo tan hermoso le había escrito en su ejemplar de *Se ha perdido una niña*, yo pensé en los sellos de su pasaporte, todos llenos de hoces, martillos y las letras CCCP. Y se me ocurrió llamar, ahora sí, a la CIA.

No lo hice porque: a) detesto a los gringos, b) no tengo idea de cómo llamar a la CIA y c) de todos modos hubiera sido ridículo.

Pero también porque, tengo que admitirlo, de pronto sentí una envidia enorme. De Ilse. Es la verdad.

Quiero decir, a pesar de todo, a pesar de las circunstancias del viaje, a pesar de que seguíamos sin entender a dónde había ido, ella estaba feliz. ¿Y por qué no? Había visitado sitios muy hermosos, conocido gente diferente, visto (aunque suene horrible) nuevos horizontes... Había ido mucho más lejos que cualquiera en la familia. Teníamos que estar orgullosos. ¡Lo más lejos que ha llegado mi hermana es a Zipolite, y yo ni eso!

En los años siguientes vi que ella, mi hermana, se sentía como yo, porque dejamos de hablar del asunto y preferimos no inquietarnos por los hermosos viajes subsecuentes, las nuevas fotos, el cada vez mejor ruso, hasta donde podíamos apreciarlo, de Ilse. O su beca para la preparatoria. O su beca para la universidad. O su novio, Piotr Nikolaievich Ternovsky, de Leningrado (no San Petersburgo), que conoció en 2004. O su último viaje, en 2007, y su vuelta a México que se retrasaba, y se retrasaba... O su llamada, una noche, para anunciarnos que estaba muy enamorada y que se iban a casar.

*

—Ay, mi hijita —dijo mi hermana la última vez. Estaba conmovida. Ilse cumplía 23 años, llevaba casi uno de casada y había podido llamarnos.

(Ilse llama, o por lo menos escribe, cada tres meses, más o menos. Tenemos su teléfono, por supuesto, pero cuando llamamos nunca está o las líneas se cruzan y la llamada acaba quién sabe dónde.)

Platicaron y mi hermana se enteró de que ella y Piotr habían decidido *aplazar* un poquito más al pequeño Nikolai, así se llama el papá de Piotr, o a la pequeña Sara. (El que eligieran esos nombres me disgusta un poco, pero supongo que es algo infantil de mi parte.)

—¿Entonces ya no voy a ser abuela? —preguntó mi hermana, pero Ilse le explicó que la razón del aplazamiento era que acababan de aceptarlos en la Academia de Ciencias de la URSS. Nunca nos ha dicho exactamente para qué, pero hemos llegado a la conclusión de que tiene que ver con el programa espacial: van a estar, según nos dijo, en el cosmódromo de Baikonur, con algunos de los cosmonautas que serán llevados, muy pronto, a la nueva estación espacial, la Mir 4.

(Claro, podrían ser parte del equipo de tierra, que va a estar en Baikonur durante toda la misión. O no tener nada que ver con eso... La verdad es que Ilse nunca nos platica con muchos detalles. Y, desde luego, las noticias de la televisión o los periódicos siempre hablan de Rusia.)

—Qué maravilla —dije yo, de todos modos, cuando me tocó hablarle.

Luego vinieron las quejas. Siempre es muy incómodo cuando le platicamos cómo nos va a nosotros... Pero ella nos consoló, como siempre: en realidad el socialismo tampoco es una utopía, nos dijo, ni mucho menos.

—La burocracia es terrible. Ni Gerasimov puede con ellos —Gerasimov es el jefe del Partido y, según muchos (o eso dice Ilse), un nuevo Nikita Jruschov.

Hablamos algo más, nos despedimos, colgamos.... Y yo veo que mi hermana está muy orgullosa. No puede decirle a nadie dónde está su hija, y todo el mundo se extraña cuando les cuenta que está en Rusia (que está arruinada, llena de narcos y políticos corruptos, y no se parece nada o casi nada a la antigua URSS), pero a ella no le importa.

Por mi parte, sólo puedo pensar que Ilse es una mujer muy afortunada. Y me consuela, a fin de cuentas, el hecho de que ella me recuerda, siempre que puede, cuánto tengo que ver con su felicidad.

—Tú eres el tío del libro —me dice. Se refiere al de *Se ha perdido una niña*, que ella tiene en la URSS y por lo tanto sigo sin leer.

Publicado en *Casa del tiempo*

José de la Colina
Yo diría Elisa[1]

Eso fue entonces, en 1955. Edmundo Valadés y quien esto escribe se encontraron en el café Chufas, que era el cariñoso apodo de la Horchatería Valenciana, situada en la calle de López casi esquina con la avenida Juárez, en la ciudad de México, hoy abominablemente sustituida por Smógico City, capital del smog.

Por aquel entonces la gente que leía, asistía a conciertos, iba al cine, hacía o pensaba y discutía de política, participaba en tertulias, trabajaba en editoriales, periódicos y revistas, etcétera, solía encontrarse en ese corazón de la ciudad, así que en la vidita cultural nos conocíamos todos. Valadés y quien esto escribe nunca se habían encontrado, a pesar de que andaban los dos, más o menos, por los mismos círculos de periódicos y revistas, pero resultó que ya se conocían, porque daba la casualidad de que ambos habían publicado en ese año su primer libro de cuentos, y ya se habían leído mutuamente. (En esa década Elenita Poniatowska publicó una obra de teatro que ocurría entre escritores y se titulaba *Melés y Teleo*, dos

---

[1] Este cuento sin ficción apareció originalmente publicado con el título: "Valadés, la bella del Chufas...y yo". Para la presente publicación se le ha reintegrado el título, más las partes del texto que entonces, por razones de espacio, se suprimieron.

nombres como de mitología griega que sólo significaban: "Me lees y te leo.")

Por una casualidad, Valadés y quien esto escribe llevaban en el bolsillo sus primeros libros mortalmente cargados, es decir que tenían en el título la palabra *muerte* (Valadés, *La muerte tiene permiso*, en la colección Letras Mexicanas del Fondo de Cultura Económica; De la Colina, *Cuentos para vencer a la muerte*, en la colección fundada por Juan José Arreola, *Los Presentes*). Y nos dedicamos mutuamente los libros. Él puso en el suyo: "A José de la Colina, joven maestro del cuento", pero el maestro era él, y yo apenas el aprendiz... y sigo siéndolo, ay.

Entre tazas de café express y vasos de fría horchata, con los que tratábamos de combatir el calor del verano, hablábamos de nuestras admiraciones literarias. Surgió el nombre de ese narrador hoy completa e injustamente olvidado, el armenio-norteamericano William Saroyan, del cual alguna influencia teníamos por entonces, y coincidimos en que lo admirable en el autor del cuento titulado "Como un cuchillo, como una flor, como absolutamente nada en el mundo" era su capacidad de tomar una anécdota pequeñísima, casi insignificante, y convertirla en una narración llena de vida, de ambiente, en la que casi se podía sentir el frío o el calor de un día en una ciudad, o la voz del amigo encontrado o perdido en las calles, o del desconocido que en un bar nos cuenta su triste o alegre (pero casi siempre triste) aventura cotidiana. Saroyan resultaba para nosotros la ilustración perfecta de eso que ha escrito Jean-Paul Sartre en *Las palabras*, acaso su libro menos pesado:

Para que el acontecimiento más trivial se vuelva una aventura, se necesita y basta ponerse a contarlo. Es lo que siempre atrapa a la gente: un hombre es siempre un narrador de historias, vive rodeado de sus historias y de las de los otros...

Y aunque esa tarde no conocíamos esa espléndida anotación sartriana (pues *Las palabras* sería publicado nueve años después), no me cabe duda de que eso era lo que creíamos, sentíamos, intentábamos entonces, y de que en Saroyan nos atraía particularmente la manera como la pequeña anécdota cotidiana se vuelve cuento, y el cuento se vuelve canto y el narrador no teme ser algo cursi.

Entró en el café, atrayendo las miradas de todos los presentes, una señora treintañera, de belleza fulgurante, que caminaba como envuelta en pura música, cimbrándosele el cuerpo alto y esbelto, como un junco que el viento acometiera, y sonriendo con un señorío angelical que contradecía la tristeza de su mirada.

—Mire usted esa mujer: a mí me gustaría... —comenzó a decir Valadés, y yo pensé que confesaría un deseo lujurioso; pero, nada, Edmundo era un caballero y lo que iba a decir iba por otro camino—. Me gustaría saber qué historia entra aquí con ella...

—¿El cuento que todos llevamos dentro, don Edmundo?

—Sí, y el cuento que nunca contamos, que ella nunca contará... y que debemos contar por ella.

—¿Y cuál sería?

Entonces entre los dos nos pusimos a imaginarlo. Comenzaba más o menos así (y no me pregunten quién decía qué, porque ahora no puedo separar nuestras dos voces susurradas):

—Es casada.

—Casada y adúltera. Mejor así, para que haya más cuento.

—Pero ¿cómo se llama?

—Eh, pues... ¿qué le parece... Catalina?

—Permítame... No, no le veo cara de Catalina.

—Bien, lo acepto, diga usted entonces cómo se llama.

—Yo diría: Elisa.

—Sí, puede ser, empiezo ya a verle cara de Elisa. Y le veo también el apellido: Navés.

—Elisa Navés. Sí, suena bien. Pero ¿es su apellido de casada o de soltera?

—De soltera. Ella viene aquí secretamente, así que viene como si fuese soltera.

—Viene a una cita con su amante, y sabe que él, o ella, van a romper esa relación esta tarde, por eso tiene la mirada triste...

—Perdón, pero ¿no vamos demasiado aprisa? Estamos saltándonos la exposición, comenzando por el nudo, quizá por el desenlace...

—¿Por qué no? Yo diría que debe ser un cuento moderno. Digamos que estamos en el nudo.

—De acuerdo. Y ahí está ella, de pie, con la puerta giratoria a sus espaldas. Quizás un poco indecisa: ¿debió o no entrar aquí?

—Pero ahora sonríe.

—Sonríe porque en realidad está triste y quiere disimular esa tristeza...

—Trae bajo el brazo un paquete, alguna prenda que habrá comprado en El Palacio de Hierro, puede ser unos calzoncitos de seda rosa, con encajitos negros, o de seda negra con encajitos rosas, es decir una prenda de putita: es su pretexto para venir al centro de la ciudad, un pretexto para ella misma antes de que lo sea para su marido...

—Un marido que sólo ve su belleza y no la comprende a ella en nada...

—El amo en la casa y en la cama, pero que nunca la verá con esos calzoncitos, que son para que los aprecie el amante, que posiblemente aprecia algo más que su belleza...

—Y que es bueno en la cama, cuando en cambio el marido, es una bestia, sólo piensa en *hacerlo* como deber conyugal...

—Es la primera vez que ella entra en este café; se le nota en la manera de mirar alrededor, y la tristeza de la mirada se debe a que ella ha llegado tarde y el amante se habrá ido, porque se cansó de esperar, o en realidad él no ha acudido ni acudirá a la cita...

—Ahora se sienta, allí, junto al ventanal, y pide un *old fashioned*, sin advertir que esto no es un bar, que lo más que se podría pedir es una cerveza, y eso en el caso de que se pidan alimentos...

(El *old fashioned* era un coctel de moda, por lo menos en las crónicas sociales que espléndidamente, y con alguna mala leche, escribía Salvador Novo para una revista semanal.)

—El mesero que se acerca a servirle está visiblemente perturbado por esa belleza, y no hace más que cambiarse la servilleta de un brazo al otro...

—Y el hombre que ella espera nunca llegará...

—No, nunca llegará... El cuento exige que no llegue. El cuento quiere ser como la mirada de ella: triste, y buenamente cursi...

—¿Y si él ha llegado ya? ¿Si es uno de nosotros: usted, o yo...?

—No puede ser. Si uno de nosotros fuera su amante, habría venido solo, y además ella lo habría visto.

—Pero dése usted cuenta de que desde allí, donde ella está, no es fácil que nos vea, y menos si ella viene de la luz de fuera.

—Bien, pero digamos que el amante no ha llegado.

—También puede ser que no sepa conscientemente

que va a tratarse de un rompimiento. Lo presiente, pero no lo sabe...

—Pero el amante no llega...

—Lo que está ocurriendo ya (y ella no lo sabe, y nosotros apenas hemos comenzado a intuirlo) es el cuento...

—Sí, tenemos ya planteada la situación, pero ahora tiene que ocurrir algo más... Por ejemplo, uno de nosotros, usted o yo, puede levantarse, ir hacia ella y con cualquier pretexto presentarse... Digamos que yo le cedo esa acción.

—Mmmhh... Sí... Es tentador. Pero ¿no le parece que estamos jugando con trampa? ¿Eso no sería como si pretendiésemos ser dioses, con abusivo derecho a intervenir como personajes en el cuento? No... Mejor que el cuento se desarrolle por sí mismo, desde el personaje de ella. Esa podría ser, siempre, la mejor manera de que viva un cuento.

—Un cuento que podría titularse a la manera de Saroyan...

—Digamos: "Con una mirada, con una sonrisa y con toda la tristeza del mundo"...

—Sí. Un título cursi, pero qué podemos hacer: a veces la vida se pone cursi, pobrecita...

—Y Gómez de la Serna dice que lo cursi, si es *cursi bueno*, ayuda a vivir.

—Habría que escribir ese cuento. Para ayudar a vivir a alguien. A ella, por ejemplo.

—¿Quién lo escribirá? ¿Usted o yo?

—Los dos, cada uno por su cuenta y a su modo.

—Prometido.

—Prometido.

Nunca lo hicimos, ni siquiera muchos años después cuando Valadés dirigía la revista *El Cuento*, la única de esa especialidad en México, tal vez en todo el ámbito de la lengua española, y que duró muchos años, hasta diciembre de 1999...

Y eso fue así. Nunca escribimos el cuento valientemente cursi de la desconocida del Chufas, pero quizá los dos, Edmundo en el más allá, y yo todavía en el más acá, estamos secretamente, lentamente, escribiéndolo juntos. Para que la desconocida del Chufas sea más que una inmortal del momento. Y para que volvamos a verla entrar, una y otra vez y siempre, bella "como un cuchillo, como una flor, como absolutamente nada en el mundo", en un café Chufas intacto en el espacio y en el tiempo.

Publicado en *Milenio Diario*

Gerardo de la Torre
La educación del perro

A Margarita Sologuren

Había sido un domingo infernal, la culminación de un periodo difícil en sus relaciones con Rosana, reflexionaba Arturo tendido en la cama con los brazos doblados bajo la nuca, la mirada en el vacío, inmóvil y trivial como una estatua de cartón de piedra. Durante los dos últimos meses, en efecto, sin que al parecer existieran motivos poderosos, se había ido estableciendo cierta distancia que esa mañana se reveló insalvable, definitiva.

A lo largo de aquellas semanas no tuvo la pareja trato carnal. Al principio pretextaba Rosana dolores de cabeza, debilidad, sofoco, molestias en el vientre, pero acabó por confesar que padecía una atroz inapetencia. La noche anterior al aciago domingo Arturo habría pretendido tomarla y el rechazo, áspero esta vez, contundente, le despertó iracundias aplazadas y un arrebato de violencia que sin embargo no pasó de toscas recriminaciones y un breve forcejeo, resueltos al final por un chillido de Rosana: ¡Déjame en paz!

Dócil, Arturo se refugió en el baño. Acosado por imprecisos remordimientos se duchó minucioso, como desembarazándose de culpas apócrifas y verdaderas. De vuelta en la habitación, antes de meterse bajo las sábanas sin rozar siquiera el cuerpo inaccesible, en un murmullo dijo que la vida no iba bien, nada bien.

Por la mañana acumuló ella su ropa en un par de maletas, anunció que se iba para siempre y partió sin siquiera despedirse con un portazo que delatara enconos circunstanciales. Arturo no intentó detenerla. Dos horas más tarde llamó a casa de la madre de Rosana y la buena señora dijo que no tenía noticias de su hija. Volvió a llamar luego de un lapso semejante y obtuvo idéntica respuesta.

Ya no insistió y, sin despegarse de la cama, pasó las horas de la tarde enredado en amargos pensamientos. Sin duda existe otro hombre, alguien mejor que yo debe consolar su vida, concluyó una vez y otra y una tercera y muchas veces más. Había anochecido cuando bajó dispuesto a prepararse un martini a su manera. En la cocina guardaba una intacta botella de vodka y no podía faltar el vermut importado.

Un martini a su manera. Enjuagaba la coctelera con vermut y arrojaba este líquido al fregadero. Luego ponía en el recipiente tres onzas de vodka y cubos de hielo, agitaba un minuto y servía en la copa de tallo alto. Al final agregaba una aceituna rellena con pasta de anchoas.

En cuanto entró a la cocina percibió el tufo inconfundible de la mierda de perro. Encendió las luces y le bastó una rápida mirada para descubrir el trozo fresco de excremento junto a la puerta de la alacena. El autor de la fechoría, un pequinés de pelambre rojizo, dormitaba bajo el mueble que sostenía el horno microondas.

—¡Fósforo! —gritó Arturo—. ¡Fósforo! —repitió imperativo.

El animal abrió los mustios y legañosos ojos y Arturo, con voces y ademanes, lo llamó a su lado. El perro acudió apacible, manso.

—Mira, mira lo que hiciste —dijo Arturo señalando el detrito—. Eso no está bien, Fósforo, nada bien.

Tomó entonces una cacerola y golpeó con fuerza la

cabeza del pequinés. Lanzó la bestezuela un alarido y trató de escapar, pero Arturo lo retuvo asiéndole la crin y siguió descargando golpes sólidos, sin furia, metódico, como si realizara una tarea rutinaria. Al principio el perro emitía rabiosos aullidos y tiraba al aire mordiscos desesperados; luego, perdida la fuerza, se le fueron doblando las patas y de su pecho estertoroso sólo escapaban anémicos gemidos.

Arturo no dejó de golpearlo sino cuando cayó en cuenta de que el animal ya no palpitaba.

Publicado en *El semanario cultural* de *Novedades*

Guillermo Fadanelli
Interroguen a Samantha

Si su esposa no hubiera muerto podría ayudarlo a limpiar
las ventanas del comedor. No tenía más de cinco años de
haber rentado el departamento cuando ella cayó de los
escalones y se fracturó el cráneo. Adolfo no entendía por
qué razón los cristales de una ventana que siempre permanecía cerrada se ensuciaban de esa manera. Podía entender que la duela del piso se opacase después de unos
meses de revisar las pisadas de los inquilinos, pero ¿los
cristales de la ventana? Era miércoles y su hija Samantha
no volvería de la escuela sino hasta después de la una.
Comerían la misma comida del día anterior, conversa-
rían al respecto de ciertas obligaciones de Samantha y
después él se marcharía a trabajar. ¿Cómo podía sentirse
tan cansando a los 39 años si la mayor parte de su tiempo
la dedicaba a actividades intelectuales? Si fuera un ente-
rrador o un obrero lo entendería, pero ¿cuál era la razón
para que un periodista se levantara y se acostara siempre
de tan mal humor? En la opinión de Adolfo ambos estados se hallaban íntimamente ligados: el agotamiento nublaba su carácter y lo convertía en un ser irascible. Con
cuánto gusto rompería los cristales de su ventana para
evitar limpiarlos. Dos días antes había tenido una conversación con el director del periódico recién nombrado
al respecto de las nuevas obligaciones de los empleados

de la sección de Cultura. Fue una reunión desagradable debido a que en lugar de hablar precisamente acerca de las nuevas funciones de estos empleados, el director le contó la aventura vivida la noche anterior a lado de una actriz de televisión. Adolfo no estaba impresionado sino aburrido y habría querido que la reunión no se alargara hasta la media noche. ¿Por qué tomó la decisión de limpiar las ventanas? ¿Por qué una mañana se está dispuesto a realizar tal labor sin saber exactamente cuál es la causa? En todo caso ir a la peluquería para cortarse el cabello parecía un asunto bastante más urgente.

Unos minutos después del medio día el timbre del teléfono distrajo a Adolfo de sus cavilaciones. Era una llamada de la directora del plantel donde estudiaba Samantha. La mujer le pedía a Adolfo que acudiera cuanto antes a las instalaciones escolares, pues su hija había cometido un acto cuya gravedad no permitía ser tratado a la ligera. Adolfo se puso una camisa blanca y un poco de aerosol en el cabello. Estaba harto de su cabellera desordenada y no pasarían muchos días antes de que las tijeras dejaran bien solucionado el asunto. ¿Cómo pudo haberse imaginado el director que un hombre como él podría estar interesado en sus romances? En cuanto recibiera una buena oferta abandonaría el periódico para siempre. De hecho esperaba de un momento a otro la llamada de un amigo que le confirmaría la posibilidad de trabajar como reportero cultural en un canal de televisión. Descendió los tres pisos que separaban su departamento de la calle sin detenerse, como era su costumbre, a husmear en el interior del buzón colectivo. ¿Qué podía haber hecho una niña de once años para que la encargada del colegio no deseara tratar el asunto por teléfono? Lo más probable era que Samantha hubiese causado algún desperfecto en las instalaciones, daño que sin duda sería cargado a la cuenta de Adolfo. El colegio estaba sólo a unas cuadras de su departamento, de modo que en diez minutos se hallaba cruzando la puerta en la dirección.

Ya dentro de la oficina se encontró con una escena inesperada: junto a una vitrina que contenía la bandera nacional, estaba su hija con el rostro inclinado mirando al piso. Justo en el costado opuesto se hallaba una pareja de rostro acongojado y semblante triste. La directora del colegio dio unos pasos delante de su escritorio para saludar al recién llegado y le pidió se colocara a un lado de su hija. El protocolo puso a Adolfo de muy mal humor: primero el director del periódico haciéndolo cómplice de sus romances, después la estúpida decisión de limpiar los cristales de las ventanas y ahora esto. ¿Por qué su hija se encontraba tan amedrentada? La directora le explicó lo ocurrido dos horas antes, durante el descanso obligatorio de las diez de la mañana. Su hija se había encerrado con otro alumno en un compartimiento del baño, y un profesor, alertado por el resto del estudiantado, los había encontrado realizando el coito. La directora le pidió mantener la calma a pesar de que Adolfo no había expresado todavía ningún sentimiento. Los padres del alumno que había realizado el coito con Samantha estaban allí para responder por las consecuencias que un acto tan bochornoso podría desatar. A juzgar por su apariencia, habían dejado sus labores para presentarse a la escuela. Él llevaba puesto un overol color azul marino y ella una mascada en el cabello. Las palabras *coito* y *bochornoso* fueron pronunciadas por la directora del colegio con especial énfasis. Adolfo, que conocía bien el imperioso carácter de su hija, estaba intrigado por su comportamiento. ¿Por qué no se defendía? La directora le explicó a Adolfo que, temiendo una reacción violenta de su parte, había preferido mantener al estudiante involucrado en un lugar lejos de aquella oficina.

—Yo no entiendo aún cuál es el problema —dijo Adolfo. Al escuchar sus palabras los padres del niño modificaron sus rostros acartonados y lo miraron con sorpresa. Habían esperado una reacción tan diferente por parte del padre de Samantha. ¿Qué acaso no le importaba su hija?

—¡Son unos niños! —exclamó la directora. Adolfo se preguntó cómo podía ser tan joven y tan vieja al mismo tiempo. Acarició el cabello de su hija para hacerles saber a todos que estaba de su parte. ¿Cuánto habría tenido que pagar si Samantha hubiera estropeado material de laboratorio? O la vitrina misma donde se guardaba la bandera y cuyos cristales parecían ser carísimos. La directora preguntó entonces por la madre de Samantha. El polvo nacarado no lograba ocultar el color de sus mejillas ni tampoco un pequeño lunar al lado de los labios. Adolfo prefirió no responderle ya que al enterarse de la orfandad materna de Samantha la directora tomaría la respuesta como un atenuante de su conducta. De ninguna manera le haría las cosas más sencillas.

—¿Fue en el baño de hombres o en el de mujeres? —le preguntó Adolfo a su hija.

—Eso no tiene importancia —dijo la directora. Hacía dos años que ocupaba el cargo y nunca se había enfrentado a una situación semejante.

—En el baño de las mujeres —respondió Samantha. La gravedad de su voz delataba que había estado llorando.

—Si fue durante el descanso y además en el baño destinado a las mujeres, no creo que mi hija haya cometido falta alguna.

—Hemos interrogado a los niños y quiero decirle, estimado señor, que hubo penetración —Adolfo recordó que también el director del periódico le había llamado estimado señor antes de contarle acerca de sus aventuras con la actriz de televisión. ¿Por qué la directora había dicho *hemos interrogado*? ¿Cuántas personas más habían acosado a su hija con preguntas incómodas? Volvió a reprocharse su falta de pantalones: de haberlos tenido se habría levantado y habría dejado al director del periódico con la palabra en la boca.

—¿Va usted a expulsar a mi hija del colegio?

—Lo estamos considerando —dijo ella apenas moviendo los labios.

—Cuando termine de considerarlo hágamelo saber. Buenas tardes —Adolfo tomó a su hija de la mano y abandonó la dirección. Recorrieron en silencio las siete calles que mediaban entre la escuela y su departamento. Una vez en casa, Adolfo le informó a Samantha que de ninguna manera se quedaría sin castigo.

—Tienes que terminar de limpiar las ventanas del comedor —le dijo. Había encontrado un magnífico pretexto para dejar de hacer lo que había comenzado en la mañana por iniciativa propia.

—Sí, papá, y tú tienes que cortarte el cabello.

La semana siguiente Adolfo cumpliría 40 años y aún no estaba seguro si ello le causaría una depresión. Antes de marcharse besó a Samantha en la mejilla. La tarde comenzaba a nublarse y el taxi que lo llevaría a su trabajo estaba a punto de aparecer frente a sus ojos.

Publicado en *Sábado*

Ana García Bergua
Trágame tierra

—Yo, lo que más extraño ahora, es volver a mi tierrita.

Luego de que lo dijo, le miré las manos: en efecto, tenía las uñas negras. Me pregunté quién me ayudaría a manicurarlo en ese momento, en medio de la locura de la filmación. Quizá no se le verán, pensé, si sólo va a salir paseando por una calle.

—Tengo un terrenito, grande, bastante grande —continuó—: dos hectáreas. Ahí sembramos nabo, calabaza, zanahoria y maíz.

—Ajá —le respondí.

Decidí igualar su tono de piel con la base 345 de Lancòme, que a últimas fechas salía bastante buena; después de todo, si iba a aparecer como caballero de clase alta (y el guión lo decía claramente: secuencia 50, escena 26: "La calle está llena de transeúntes: damas y caballeros de clase alta que salen al paseo en domingo"; ahí estaba), no le podía dejar la tez tan dispareja, medio cacariza, además. Con razón nadie lo contrataba como cantante de ranchero.

—Lupe, Georgina y yo vinimos desde Cuajulapan con un trío que formamos, pero hasta ahora no hemos conseguido nada, puro trabajo de extra —me había dicho. Luego aclaró que Lupe y Georgina eran sus hermanas.

Nos había tocado viajar a todos juntos en la camioneta desde el hotel a la locación: a mí, junto con otros dos maquillistas, la peinadora, la asistente de vestuario y varios extras, entre ellos éste con sus compañeras. Venían vestidos de folclor, llenos de cintas. Él traía un sombrero muy amplio y ellas unas trenzas falsas que en seguida noté. Durante el trayecto, se dedicaron a cantar canciones rancheras; hacían coros, él cantaba una estrofa y las otras le replicaban, como en las viejas películas de Pedro Infante y Jorge Negrete. Desafinaban mucho, pero estaban orgullosos, alardeando en la camioneta de sus chorros de voz, en medio de la polvareda del camino y las pelucas de la peinadora, que ocupaban dos asientos. Me recordaban a aquellos títeres grandes de madera, con sus chapas morenas y sus trajes de charro.

—Ya nos dijo el director que a lo mejor nos llama para la próxima, para hacer un número...

Todos los extras eran iguales: hablaban y hablaban y se daban más importancia que las mismísimas estrellas, aunque a mí a ésas no me tocaba maquillarlas. Los actores principales eran el privilegio de Néstor Zuzuki, mi jefe.

—¿No le importa que le recorte el bigote tantito, y de una vez las patillas? —le pregunté—. Como es de época... —añadí, a manera de excusa, aunque la verdad me chocaba tenerme que estar excusando con gente así. Si querían trabajar de extras, tenían que estar dispuestos a pasar por toda clase de transformaciones: un día de caballeros de clase alta, al día siguiente de marcianos o de cavernícolas. Se suponía que todos éramos profesionales. Él no me contestó, así que procedí a recortarlo como si me hubiera dado permiso, con mi tijera de peluquería.

—Bueno, una vez nos contrataron en un palenque —prosiguió—, ahí por San Juan de Los Lagos, pero nos fue mal; había cantado antes Juan Gabriel y ya estaban todos muy borrachos. Nomás nos empezaron a aventar

de cosas, y a Georgina se bajó un tipo a subirle las enaguas.

Luego de contarme esto, que era para morir de vergüenza, le dio mucha risa. La gente es verdaderamente rara, más en las filmaciones.

—Por eso, la verdad, yo prefiero mi tierrita, mis puer-
cos, mis poquitos borregos. Hasta tengo un caballo —exclamó volteando a verme entusiasmado, haciendo que le
cortara chueca la patilla.

—No se mueva, por favor; todavía tengo que maquillar a diez y ya casi van a salir —le gruñí.

Me había puesto los ojos encima y ahora los bajó, medio contristado. Se puso muy dócil en lo que yo trataba
de componer el desperfecto. Hasta callado, como sentido. Yo no le hice mucho caso, me concentré en lo mío:
recortar el bigote y entintarle el copete un poco de negro,
pues tenía las canas muy disparejas.

—Le voy a pintar las cejas y ya casi acabo —le avisé.
Su cara triste me empezó a llenar de preocupación. Si seguía así, le iba a tener que poner rubor en las mejillas, algo
que lo alegrara, que lo hiciera ver realmente entusiasmado, feliz de pertenecer a la clase alta y ser un caballero.
De repente levantó la cara, sin avisar. Mi lápiz de cejas
trazó una raya mefistofélica de camino a su sien.

—¿Sabes qué? Si no nos vuelven a contratar, yo creo
que sí me regreso para mi tierrita. Vieras que en la noche
salgo a veces a meter las manos en la tierra removida,
así, húmeda. Sólo así se me quita el calor. Mmm... mi
tierrita... —saboreó esto último como si se la acabara de
comer, o de otra cosa, y me volvió a clavar los ojos encima. Quién sabe por qué me vi esperándolo a la puerta de
un jacal, las tortillas en la mano, las trenzas recién he-
chas y la blusa planchada, la enagua presta para que la
desenrollaran aquellas manos con las uñas negras, aca-

badas de desenterrar de la milpa. La verdad eran bonitas, con sus dedos largos.

—Le voy a pedir un favor —le dije—; en lo que acabo, tenga este cepillo y límpiese las uñas. Y no se mueva para que terminemos pronto.

Terminé de pintarle bien la ceja y ya no dijo nada. Se cepilló las uñas con desgano.

—Ya me voy a regresar para mi tierrita —oí que murmuraba al fin—; eso es lo que vale, la tierrita de uno.

Entonces le empolvé tanto la cara, que estornudó. Trágame tierra, pensé. Y lo mandé a vestirse para maquillar a otro.

Publicado en *El semanario cultural* de *Novedades*

María José Gómez Castillo
El celo

La gata otra vez en el techo, precisamente de mi casa.
Cada paso, cada ataque, cada vuelco se magnifica por
efecto del tejado. Hoy debe haber al menos tres preten-
dientes.

Nunca me han gustado los gatos. No tienen pudor ni
apego a un amo o lugar ni horarios coherentes de sueño.
Pero lo peor es ese lamento entre niño enfermo y rasu-
radora eléctrica.

Otro zarpazo. Que ya se deje la gata o que se vaya,
por favor. Quizá sean cinco. Se alternan en la lucha por
conseguir otro turno, corren y se enroscan, se tumban,
desprenden nubes de pelo finísimo que mañana habrá
que barrer con muchísimo trabajo. Y todo el tiempo el
mismo esperpento gutural. Acaso un balde de agua los
ahuyente. Un rifle de diábolos, una trampa con picos,
una cerca electrificada.

Con los pies, busco mis pantuflas. Las encuentro por
el tacto lanudo del relleno. Me armo en la cocina y
agrego hielos al proyectil. No se ve nada en la escalera.
Me guío por el llamado de la gata, casi un lamento. Las
tejas crujen bajo mis pies y anuncian mi presencia ante
los congregados. Arrojo el agua y me percato de que
deben ser más de ocho gatos, a juzgar por la huida.
Espero el resultado del ataque cuando siento la caricia

de un cuerpo trémulo y fino entre mis piernas. Los agredidos vuelven ya, repuestos del susto, pero la gata está rígida en su refugio y no me muevo de su lado. De pronto comprendo y quiero distinguirme, ganar alguna ventaja de último momento. Aunque sé que es absurdo, comienzo a ladrar y empuño la cubeta para defenderme. El primer rasguño es en un brazo que contesto con un golpe inútil. Ladro, pero entonces otro rasguño en la cara, cubetazos, un gato enorme clavado en la espalda; ruedo y pierdo mi escudo. De miedo ladro y trato de desprender el dolor, ahora en mi pierna izquierda mordiendo y en la cabeza toda arañazos. El tejado magnifica la confusión de la lucha y yo ruedo y ladro por última vez y caigo.

Publicado en *Opción*

Luis Ignacio Helguera
Galería de monstruos

Rueda de la fortuna

—¿Es aquí la cola? —preguntó una mujer tocándome el brazo.

—Sí —afirmé sin voltear a verla.

—Entonces qué, Chucho, ¿nos subimos? —preguntó ella.

—Nos subimos, cómo que no. Nos mareamos sabroso y ya —respondió él.

Algo en sus voces, no sé qué extraña mezcla de entusiasmo y resignación, me hizo voltear hacia ellos. Eran ciegos y llevaban bastones y humildes ropas mal combinadas. Sus rostros se alargaban al cielo, a la luz, con quién sabe qué avidez. El encargado los ayudó a subir a su jaula. Cuando comenzó el sube y baja, miré la imagen radiante del miedo y la alegría en los ojos y la boca de mi hija. Yo sólo pensaba: ¿por qué la gente pagará por sufrir? Entonces, a lo alto, vi a los ciegos como plantas que enderezan sus cuellos ávidos al cielo, a la luz. Se habían tomado de las manos y tenían en los rostros la misma mezcla de entusiasmo y resignación, desconcierto y serenidad.

Aceptaban simplemente lo que la vida podía ofrecerles.

Diálogo de la bella y la bestia

Parecía su cara una plancha. Quién sabe qué descuido atroz perpetró esa vez la Naturaleza. Un ojo estaba casi cerrado por la deformidad craneana, la frente era descomunal, los labios leporinos hablaban con torpeza, era enana y asistía a los cocteles literarios.

—¡Pobre mujer! —dije, sin poder contenerme—: más le valdría quedarse en casa...

—¿Cómo puedes decir eso? —me regañó indignada mi amiga—: ¡es un ser humano!

—¿Tú crees? —alcancé a susurrar.

En eso, la mujer se aproximó a mi amiga para hablar de literatura, como acostumbraba. Cobarde, me alejé con mi copa a un rincón. Nunca había visto tan hermosa a mi amiga, a pesar de su extraño gesto, casi de espanto. Su sentido humano la obligaba a mirar a la mujer y a conversar con ella, a la vez que su sentido humano la obligaba a no mirarla y a terminar cuanto antes la conversación.

La virgen del moho

En un anuncio de lámina muy grande de cerveza Victoria clavado en una pared exterior de la cantina *Yo Aquí Te Espero*, a unas cuadras de la Iglesia de Santa María, el tiempo estampó claramente la imagen de la Virgen de Guadalupe. A diario se congrega el pueblo devoto a las puertas de *Yo Aquí Te Espero* para contemplar la silueta oscura de la virgen, dejarle flores, rezarle o pedirle milagros. Los borrachos que entran y salen dicen que ahí los tiene bien protegidos su virgencita.

Una tarde, dos amigos se acercan, entre risas, a la aparición.

—Déjame enseñarte a la Virgen de Guadalupe de *Yo Aquí Te Espero*.

—¿Cuál virgen? No entiendo dónde está la cabeza...

Los devotos los miran con desconfianza, con desagrado...

—Sí, mira —dice el primero, señalando con el índice la figura—: esta es la cara, aquí está el cuerpo, acá las manos...

—Ah sí... y está bien hechita... ¡La Virgen del Moho!

La gente los mira ahora con odio. Un parroquiano se acerca a ellos: los ojos le brillan de aguardiente como la navaja que saca del pantalón:

—Faltas de respeto a la Virgencita no, cabrones, lárguense o aquí mismo me los chingo...

El conferencista

Ésta es la historia de cómo di y dejé de dar conferencias. Soy (o era) un conferencista menor, de corto aliento, que domina bien dos o tres temas, y al que las instituciones burocráticas del país llamaban de vez en cuando como se llama a un bombero, un destapacaños (o un tapacaños).

A mi primera conferencia, sobre "La trascendencia del dominó", en un centro deportivo remoto, asistieron la organizadora, dos futbolistas que no pararon de hablar, una tenista de muslos formidables, que —aburrida por mí— se fue a los diez minutos, y el loco.

A mi segunda conferencia, en una casa cultural con jardín, sobre "Los perros en los cuentos de Chéjov", asistieron cinco personas: el organizador, una señora (que se veía tan elegante como inculta) con su hija, dos perros (que en cierto momento de mi disertación decidieron ponerse a hacer el amor y fueron corridos al jardín) y el loco.

A mi tercera conferencia, sobre "Estrategias diversas para mejorar la difusión de la cultura", en el Salón de

Conferencias Lumière, sólo asistió el organizador, que estaba a punto de cancelar el acto y de extenderme el bendito cheque cuando llegó el loco. Tuve que darle la conferencia a él.

A la cuarta y a la quinta sólo asistió el loco.

Era un viejo de largos cabellos amarillos y raído traje púrpura, mirada verde escrutadora y delirante, que al final de mis conferencias se dirigía hacia mí, decía que me admiraba mucho y formulaba preguntas incomprensibles.

Ahora soy vendedor de venenos contra plagas. En sueños doy aún conferencias. Sólo asiste a ellas el loco. La última fue sobre "Métodos de fumigación" y el loco me gritaba desde su butaca: "¡Pero cómo lo admiro a usted, cómo lo admiro!"

Publicado en *El semanario cultural* de *Novedades*

Mónica Lavín
Los hombres del mar

El jefe de estiba le dio los guantes de cuero grueso que llevaba puestos. Cuando Cecilia se los puso para asirse a la cuerda de la pasarela no pensó en el sudor del hombre allí guardado. Estaba feliz de trepar a un barco de carga en el muelle de Veracruz. Se había adelantado al tema frente a las opciones que exhibió el editor. Los muchachos burlones la miraron con un "no es sitio para mujeres" a punto de turrón en la boca, pero no eran tiempos para esgrimir tales argumentos, así es que Cecilia tomó el avión con su cámara y su grabadora.

En el puerto, el chico de la caseta de vigilancia la acompañó en el recorrido por los muelles donde *Rita* —notó que los barcos llevaban nombre de mujer— parecía engullir una interminable fila de autos, luego pasó por debajo de las bandas que cargaban el maíz hacia los enormes silos metálicos, cuidándose de las grúas almeja que de golpe vaciaban, como dos manazas, el grano pellizcado a otro carguero. Para quien no vive junto al mar, la relación con la costa tiene siempre un matiz turístico, por lo menos así era para Cecilia. Nunca había pensado que el mar y el maíz o el azúcar pudieran estar tan empalmados. En aquel barco mexicano —tuvo cuidado de anotarlo— la descarga se hacía a cuerpo, era más fácil observar sin estar al cuidado de los movimientos mecánicos de las grúas. Los sacos de azúcar eran llevados sobre el lomo y luego vertidos en una bodega profunda que ocupaba la porción central del buque y tenía las puertas abiertas hacia el cielo. Eso lo pudo ver cuando llegó al final de la pasarela, para lo que los guantes —había dicho el jefe de estiba— eran necesarios, pues la cuerda se ponía pegajosa con el aire húmedo y azucarado. El chico de seguridad anunció que debía volver a la caseta, total, ella se tardaría un rato haciendo sus entrevistas.

Una vez en cubierta y mientras el jefe de estiba daba instrucciones para subir el último montón de sacos, se asomó al fondo de la bodega donde los hombres estaban de pie sobre la duna blanca. Volcaban el azúcar en cascadas polvosas y ensartaban los sacos vacíos al gancho de la polea que los devolvía al muelle. Voltearon a mirarla. Los tomó por sorpresa cuando disparó la foto. Allí no subían turistas y menos mujeres. Siguió hacia la parte sombreada de la cubierta del barco donde algunos cargadores reposaban.

Le llamó la atención el tendedero de hamacas meciéndose bajo el fresco del tejabán. Se acercó a donde colgaban las piernas de un hombre. "Perdón —interrumpió—, ¿puedo hacerle unas preguntas?" "¿Qué clase de preguntas?", le respondió hosco y sin incorporarse. "Para una revista." "¿De cocina?", se burló el muchacho. Cecilia miró al piso. No estaba acostumbrada a las majaderías sino a salirse con la suya, era joven y poseía cierta audaz inocencia. Así que no dijo nada, miró al moreno cerrar los ojos de nuevo y encajar su dorso desnudo en la malla. Regresó hacia cubierta al tiempo que las puertas de la bodega se cerraban despacio. Escuchó una sirena. A su derecha descubrió una puerta pequeña y allí se metió: era un cobertizo oscuro y pequeño. Se sentó sobre una cuerda enroscada y esperó. Estaba dispuesta a viajar con el azúcar, el reportaje tenía que ser completo. Si acaso el jefe de estiba o el chico de seguridad preguntaban por ella, seguramente los hombres del barco le contestarían que ya no estaba allí. Sintió el meneo del barco y el estómago le dio un vuelco. Lo indebido la exaltaba. En la revista apreciarían su transgresión. El barco iba a Marruecos —esa fue su primera pregunta al guardia de seguridad— y eso significaba días de mar y entrevistas, una crónica insuperable: podría detallar las maniobras del viaje y la manera en que los hombres matan el tiempo bajo el horizonte eterno del Atlántico. No preguntó cuántos días duraba la travesía, ¿o sí? No podía revisar sus notas en la penumbra. Sintió el deslizar sobre el agua, se tuvo que figurar cómo la costa empequeñecía y otras embarcaciones flanqueaban la salida del carguero por San Juan de Ulúa. Había visto el ritual desde el balcón del Hotel Emporio.

Le estorbaron los guantes que echaría de menos su dueño y se los quitó. En la estrechez de la covacha sintió el olor intenso a sudor y azúcar que había quedado en su piel. Imaginó sus manos con rayas negras de mugre ajena. Quiso lavárselas cuanto antes. Cuando se asomó con cautela, la deslumbró el sol reflejado en el metal. Un hombre barría el azúcar salpicada en cubierta, se escuchaba el cepillar sobre la plancha de acero. Caminó hacia él, que la miró incrédulo conforme ella se acercaba.

—¿Dónde hay un baño? —preguntó como si nada.

El hombre tardó en emitir palabra. Hizo que la muchacha lo siguiera y esperó a que saliera del pequeño baño bajo las escaleras metálicas, a un costado del cobertizo donde pendían las hamacas. Cuando salió tocó su brazo. Fue un simple pulsar con el dedo. Parecía comprobar si era real. A Cecilia le dio un poco de asco aquel dedo largo y encorvado como el hombre. Fue tras él en silencio para recargarse en el costado de la torre. El hombre volvió a sus faenas. Cecilia se quedó allí mirando el azul cielo, azul mar al frente; tuvo que aferrarse al muro con esas manos oliendo a cuero sucio y azúcar porque sólo entonces sintió el vértigo de estar en alta mar, muy lejos de los muelles a los que había ido para hacer un reportaje y que ahora, girando la cabeza sobre su hombro izquierdo, alcanzaba a distinguir como una evanescente línea verde y amarilla.

Se quedó un buen rato con la mirada anclada al horizonte de tierra hasta que las voces de los hombres la sacaron del ensimismamiento. Provenían del cobertizo. Era la hora del almuerzo. Lo supo cuando se acercó y los vio sentados alrededor de la mesa de madera. Eran cinco, sólo cinco, que comían frijoles y huevo en platos de peltre y que detuvieron el vaivén de las cucharas cuando la vieron con su grabadora pendiente del cinturón y la cámara colgándole al cuello. Esperaba que la invitaran a sentarse, pero nadie rompió aquel escándalo de bocas masticando.

Ella tampoco se atrevió a dar un paso más.

—No se puede viajar con mujeres —dijo uno de ellos, un hombre grueso y moreno que ahora Cecilia recordó haber visto resaltar sobre la duna blanca. Seguramente estaba registrado en el rollo de la cámara.

—Es que yo vengo a hacer...—comenzó Cecilia, temerosa.

—Las mujeres, aunque sean periodistas, no pueden viajar en un barco —la calló el que antes había estado en la hamaca—. Es de mala suerte. ¿Acaso no sabes de creencias?

Cecilia se sintió intimidada con aquel tuteo vejatorio. Tenía hambre y ahora la invadió la sensación de haberse equivocado. Ninguno levantó la vista del plato, ella se alejó hacia la portezuela del cobertizo para deslizar su cuerpo contra el muro de lámina y sentarse en el piso fresco. La vista no era despejada: una porción de la bodega rebasaba el nivel de cubierta, más allá las grúas y mástiles, fierros lacerando la suavidad del cielo. Ni siquiera podía entrevistar a los hombres del barco. Se consoló porque al fin y al cabo escribiría sobre una travesía inevitable. No había marcha atrás.

Se quedó quieta durante horas. Suponía que deambular por los pasillos y mirar en popa la estela blanca que dejan los barcos era agredir a los hombres de mar. Sintió que la buena fortuna del viaje dependía de ella como nunca antes nada, ni la nota que era preciso escribir a las dos de la mañana, ni la entrevista que alguien debía concederle. Del semanario no dependía la vida de nadie. De los azares del clima y otras contingencias, sí aquel viaje para el que ella resultaba un ave de mal agüero. El mar calmo y el ruido del motor la adormecieron. Cuando despegó la cara del piso frío y sintió las huellas del metal en los pómulos, observó a su costado. En un plato de peltre amarillo esperaban un plátano y una concha humedecida. Se incorporó y los comió con avidez. Dio sorbos al líquido en un pocillo al lado del.plato. Era café frío. El sabor azucarado la reconfortó. Pensó en la panza blanca del buque, en tanto dulzor escondido.

Más tarde supo que el hombre que barría fue quien le llevó la comida. Lo supo porque al anochecer, cuando se restregaba los brazos ateridos de frío, se acercó con una cobija y le hizo señas para que fuera detrás de él. Se dirigieron a donde las hamacas vacías se mecían. Había puesto una almohada contra el muro; la hizo sentar allí recargada y ahora le colocaba la cobija sobre los hombros para que la cubriera como un manto. A Cecilia le dieron ganas de llorar. "Gracias", dijo. Pero el hombre no la miraba a los ojos. Desapareció y volvió con una veladora que encendió frente a ella. El hombre se inclinó hasta el piso, juntó sus manos y empezó a rezar.

Dos días después comprendió que ese era su destino: ser una virgen, una diosa, a la que Vicente —escuchó que así le decían los demás que no se atrevían a burlarse del altar donde había colocado a la intrusa— cuidaba, alimentaba, acompañaba a la puerta del baño, traía cubetas de agua y jabón para que se acicalara en el baño y hasta un poco de pasta carbonatada para que se frotara los dientes, y finalmente proveyó con una sábana percudida con la que Cecilia se fabricó una túnica, una ropa más allá de los pantalones de mezclilla y la playera roja con que había subido al barco.

Él pasaba la noche tendido en las hamacas mientras el resto de los hombres dormía en el interior que ella no había podido ver para incluirlo en la descripción de la travesía. Bajo la túnica, aprisionadas por el resorte de los calzones, cargaba la libreta y la pluma. Cuando Vicente no la miraba, las sacaba y apuntaba. Hubiera sido más fácil grabar, pero ya no poseía ni la cámara ni la grabadora que Vicente había tomado por ser impropias —seguramente— de una deidad a bordo. No se atrevía a preguntar dónde estaban. Ser virgen en lugar de demonio le permitía la convivencia en el barco, el silencio absoluto le ganaba la comida, el agua y el arropo de una cobija para las horas de sueño. Así que asumió su papel. Ese papel le permitía pasear por cubierta durante el día, arrastrando la sábana, cuyo borde se iba volviendo una delgada línea negra, sujeta al cuerpo por el cinturón de cuero. Podía recorrer las pequeñas salas con Vicente siguiéndola para que no fuera a quebrarse por las escaleras.

Román, el de la hamaca, miraba con el rabillo del ojo mientras Cecilia ostentaba su paso de diosa. Le miraba el pedazo de pierna que se asomaba por las ranuras de la sábana. Una pantorrilla blanca, más blanca que los cristales de azúcar con que había llenado el barco. Y Cecilia advertía que el hombre detenía sus quehaceres cuando ella pasaba y rozaba con la túnica su brazo duro. Román se alertaba con esas pequeñas llamadas de auxilio, leves caricias de tela para que la liberara del yugo de ser pieza de altar. Tanta hora solitaria sin más paisaje que el azul había afilado sus percepciones. La blancura satinada de aquellas pantorrillas se le metió en el entrecejo y en el golpeteo de la sangre.

Era el cuarto día de posar en silencio durante las horas de sol y escribir por las noches, pero el mar, la quietud y ese tenue aroma de miel que emanaba de las rendijas de la bodega transtornaban los sentidos de Cecilia y le provocaban un hambre de piel caliente. Vicente en la hamaca y la veladora a sus pies la hastiaban. No pudo escribir nada durante la cuarta noche porque sus pechos crecían con el viento fresco que se entremetía por la sábana holgada, y pensaba en su cuerpo desnudo dedicado a tanto mar por todos lados.

Al día siguiente, aunque ella acostumbraba mirar de frente o bajar la vista como si fuera una estatua y así cultivar el fuero que la libraba de agresiones, miró a Román. Él también. Ese atardecer, sentada como siempre en flor de loto y recargada en el muro metálico, escuchó las risas de los hombres que bebían en la mesa a la que ya no dirigió la vista. Eran Vicente y Román, las palabras chiclosas de Vicente se fueron estirando indescifrables hasta el silencio. Cecilia cerró los ojos, sintió las piernas entumidas en aquella absurda posición de divinidad. Cuando los abrió, Román estaba frente a ella. Le extendió la mano y la puso de pie, dieron la vuelta y en la parte opuesta de la torre, donde ella se había paseado y lo había rozado, la recargó en el muro y metió la mano por las aberturas de la túnica. Cecilia se dejó tocar y hacer, adivinando el mar oscuro a espaldas de Román mientras sentía la ligereza de su condición mortal y lentamente recuperaba la vehemencia por la historia que debía escribir. Entonces Román comenzó a adorar su blancura.

Ser diosa o virgen exigía los sacrificios que Román y Cecilia descuidaron durante las tres noches que antecedieron al desembarco. Cuando comenzó la tormenta, en las proximidades de la costa africana, Vicente, que había advertido que por las noches la veladora parpadeaba solitaria y Cecilia tardaba mucho en reaparecer, dejó de llevarle comida. Dejó de hincarse a rezarle y dejó que Román asumiera su responsabilidad de hombre que había aceptado a mujer en el barco. Pero cuando arreció la tormenta aquella noche y no hubo veladora y la lluvia entró en el cobertizo y los hombres todos se refugiaron en la barraca, Román no fue por ella ni le dio asilo. Cecilia entonces tuvo miedo, no de la lluvia, ni de las olas hinchadas que golpeaban el fuselaje, tuvo miedo de ser mujer y supo que no había más resguardo que aquella panza metálica repleta de cristales nacarados. Buscó la manera de abrir la bodega con las poleas frente a las que caminara tantas veces y, desde el borde alto, saltó sobre el azúcar que se iba mojando con la lluvia y que sería carga inútil cuando el sol brillara en Marruecos y encontraran su cuerpo blanco hundido en lo dulce y un bloc de notas entre la túnica arrugada.

Publicado en *La Jornada Semanal*

Mauricio Molina
Un refugio entre las rocas

Levántate, toma a tu mujer y a tus dos hijas que están contigo,
no sea que perezcan por la maldad de la ciudad.
GÉNESIS, 19:15

Blanco y Negro lo venían siguiendo en su diaria camina-
ta por el parque. Los árboles, bañados por la luz matutina
del invierno, tenían esa mágica potestad que les confiere
la soledad y el aislamiento. Húmedas, sus manos transpi-
raban ya de tanto recorrer los senderos del parque. El
trote escarchado de sus tenis acentuaba la sensación de
soledad, de ausencia. Corría ya en ese estado de flota-
ción, cuando se pierde la noción de que se ha empezado
y sólo la certidumbre del cansancio conduce cada zanca-
da, cada respiración. Blanco y Negro corrían junto a él,
alegres y vivaces, moviendo la cola, deteniéndose a ori-
nar un árbol o a olisquear la huella de algún semejante:
un desconocido, un ancestro, una hembra en celo. También ellos hacían sonar sus patitas sobre la grava roja del
parque, y de vez en cuando ladraban a una paloma que
alzaba el vuelo, al vacío, o también gruñían de aburrimiento, se retrasaban y se adelantaban. Cuando los veía
juntos recordaba siempre el elegante anuncio de su
whisky predilecto: el West Highland blanco y el Scottish
Terrier negro. Estaba orgulloso de sus perros. La hembra

blanca y el macho negro, un cliché, pensó, mientras el vaho salía de su boca, como si al correr estuviera fumando a grandes bocanadas.

Cansado, sumergido en el vértigo del trote, comenzó a bajar el ritmo, soltando los músculos tensos de tanto correr. Finalmente se detuvo y exhaló una nube de vapor que se quedó flotando en su cabello unos instantes. Mareado, vio a lo lejos el volcán cubierto de nieve anaranjada por el sol. Un hongo de humo lo rodeaba como la aureola de un santo. Observaba la ciudad al amanecer, gigante encapuchado de ojos de piedra, esperando una señal para avanzar sobre los edificios indefensos, aplastándolos con enormes pisadas de lodo y exhalaciones de lava.

El sueño había sido extraño. Una lluvia densa, espesa, como de lodo, caía sobre la calle iluminada por un farol calvo. La luz canosa se disolvía entre los charcos. Llegó a un cobertizo donde un grupo de fotógrafos encendían sus flashes. Ahí dentro un grupo de torturadores golpeaba y ultrajaba a los prisioneros amarrados a estrechas sillas pintadas de un verde escamoso y descascarado. Sobre una mesa había un montón de cocaína y a los lados vidrios rotos y navajas de rasurar que servían tanto para torturar a los prisioneros como para preparar las líneas que aspiraban los torturadores con elegante parsimonia. En la casa contigua un grupo de rabinos se inclinaban una y otra vez para rezar el *kaddish*. Uno de los rabinos se dirigió a él y le dijo, podía recordarlo con una claridad asombrosa:

—Venturoso es el que teme siempre.

En otro segmento del sueño vio en el periódico su propia imagen en primer plano, mientras al fondo se alcanzaba a ver a los verdugos. Los titulares estaban escritos en hebreo.

Se tranquilizaba pensando que esos sueños no querían decir nada, o que tuvieran algo que ver con su propia vida. Se repetía que no había trauma oculto, ni cicatriz, ni drama edípico bajo aquellas imágenes gaseosas, de luz de neón y sórdidos lugares ambientados con la música de los gemidos y las blandas percusiones de los golpes en el cuerpo. Mientras conducían rumbo a su casa, y escuchaba a sus perros bufando contra el viento, asomados por la ventanilla, la memoria del sueño se desvaneció, al tiempo que la sensación de claridad, de frescura, volvía e invadir su cuerpo.

Sintió la casa acogedora de la mañana, con sus camas destendidas, sus aromas de café, de chocolate con leche caliente, de cálida ropa interior tirada en el piso: olores familiares de sus hijas, de su mujer, de Blanco y Negro. En la cocina Tania y Natasha estaban desayunando. Sonia tomaba café con prisa, lista para irse al trabajo. Blanco y Negro bebían leche de sus platos con la avidez de siempre. Abrazó a Sonia y miró a sus hijas. Orden, pensó: eso era todo. Equilibrio, sensación de hogar. Se sintió invadido por la plenitud de una certeza: habitar un sitio acogedor y preciso, en la accidentada y hostil geografía de la ciudad, era una especie de íntimo milagro.

Sonia salió corriendo. Por alguna razón extraña tenía que trabajar el sábado. Subió al auto y prometió llegar a la casa antes del anochecer. Las chicas se quedarían en casa todo el día. Sonia se dio vuelta y miró en dirección de la casa: ahí estaban su esposo y sus hijas capturados en una instantánea de su mente.

Él sabía que la botella estaba oculta bajo su mesa de trabajo, en un cajón secreto. Black & White, Scotch Whisky. Empezó a beber temprano. Los hielos crujieron en el whisky: icebergs en espera del *Titanic* para hundirlo. Hacía meses ya, un tiempo enorme, que no bebía un solo trago. Ya era hora. Saboreó el whisky de las nueve treinta de la mañana, raspando su garganta, haciéndolo toser, dándole náuseas. El segundo trago eliminó los síntomas del rechazo, comenzaba a disfrutarlo. En el vaso terminaba el mundo y comenzaba el río de fuego, la casa ligeramente extraña.

La actividad volcánica y la primera menstruación de Tania no habían sido coincidencia. Apenas la noche anterior. Recordó los calzones manchados de sangre y el rostro tumefacto por el susto, mientras Sonia, piadosa, la tranquilizaba. Las toallas femeninas todavía estaban en el cesto de basura. El volcán, la luna llena, el sueño con los rabinos, la cocaína, la lluvia de lodo quemante, espesa, chamuscándolo todo: el rompecabezas comenzaba a cobrar sentido.

Mientras bebía pensó en las niñas semidesnudas cada noche, poniéndose el camisón o recostadas en la alfombra, en calzones, mirando la televisión, entre palomitas y refrescos. Sentado en su sillón vio pasar a su hija más pequeña, atisbó la lordosis pronunciada de Natasha mientras salía en ropa interior de la ducha, la grupa lista para el rapto, los senos empezando a florecer, y le vino a la mente una tarde hacía meses, el mar de acero y el crepúsculo cobrizo una tarde hacía años, las nalguitas justo sobre el bulto de su sexo, la erección involuntaria, incómoda, oculta en el rincón más lejano de su mente y reapareciendo ahora, mientras el whisky ya adormecía su garganta. El rabino tenía razón: venturoso es el que teme eternamente. Blanco y Negro ladraban enloquecidos mientras comenzaban los temblores, el sonido del volcán abriéndose en un parto doloroso. Purificación por el fuego. Sentencia de muerte a todo aquello. La radio comenzaba a carraspear y la televisión se había quedado ciega. Basta: hora de largarse con las niñas. Rumbo al mar, lejos de ahí. Un refugio entre las rocas.

El volcán, el volcán en la ventana, y el sueño y la mano en alto de su mujer petrificada despidiéndose antes de subir al auto rumbo a la ciudad. Media botella. Cuatro whiskies dobles. Las niñas estaban esperando para irse con él. A través de la ventana el volcán arrojó una nube blanca en forma de hongo, se alcanzaban a ver las primeras llamaradas, las rocas ardientes, en cámara lenta, cayendo sobre los edificios sorprendidos y las calles a las que había tomado por descuido. La ciudad quedaría cubierta por la piedra líquida y humeante. Ríos de fuego arrasando con los autos y las elevadas construcciones. Los gritos aterrorizados de los habitantes. Ni siquiera hay tiempo para hacer una llamada. Un gigantesco océano salado cubriría la ciudad después de su purificación por el fuego. *El más bien muerto de los mares muertos*, musitó con el alcohol atravesando sus arterias. Blanco y Negro ladraban enloquecidos: sálvense ahora, mientras pueden. Una nube oscura nublaba el cielo. Mañana oscura. No esperaremos a su madre, ya nos vamos. Que nos alcance, si es que puede. Las niñas lo miraron extrañas. ¿A dónde? Ya tendrán tiempo de saberlo. El volcán a punto de estallar. Los cables de la televisión y las ropas desgarradas servirían. Las niñas gritaban asustadas, no, no lloren, no se preocupen, estarán seguras conmigo. Sintió de pronto la casa ajena, siniestra, irreconocible, y vio los rostros de sus hijas como los de dos desconocidas. Conocía la cueva, el refugio. La lava llegaría por el Oriente. No quedaría nada: edificios calcinados, derretidos, emergiendo del lago salado del que hablaban las leyendas más antiguas. De nuevo un reino de crustáceos y oscuras deidades larvándose en el lodo. Todo tan claro, tan perfecto. Sólo él, que corría todas las mañanas, y sus hijas, las más bellas e inocentes, podrían salvarse. Todos los demás habían sido condenados. La advertencia de los perros ladrando en el jardín era muy clara.

Completamente ebrio, ya en la camioneta, a través del espejo retrovisor, sintió la mirada lasciva de sus hijas, esos ojos inyectados que no parpadeaban, esos murmullos que a través de la mordaza parecían jadeos. Venturoso es el que teme siempre. Un refugio entre las rocas. Comienza a caer el fuego de los cielos. No miren hacia atrás. No miren. Tu mujer: estatua de sal ya consumida por el fuego. Es hora. Han sido llamados. La solitaria carretera, el paisaje desolado. Un refugio entre las rocas. No miren hacia atrás. No miren. Pronto habrá pasado todo, y no habrá más de qué preocuparse...

Publicado en *Letras Libres*

Jaime Ortiz
Cosas de la evolución

—La primera cuestión doctora Pedrajo, es que el planeta se comporta como un organismo vivo y la evolución de los seres que lo habitamos es parte de su evolución. La segunda cuestión, doctora, es que la fuerza que activa la evolución viene de todos los lugares del cosmos, es energía vital que afecta a todas las cosas, claro que cumple con cada una de las reglas geológicas, genéticas y ecológicas, pero al fin y al cabo empujadas desde las estrellas, entropía, doctora, "La organización natural del caos". Doctora, ahí está el Chi de los chinos, la libido de Freud, se lo digo a usted, que estudia las enzimas y sus implicaciones evolutivas.

—No sé qué decirle doctor Fernández, todo suena tan lógico y al mismo tiempo es tan fantasioso y locuaz.

—Mire, doctora, no voy a discutir sobre mi razón; a lo que voy es a que las enzimas que usted ha encontrado en sus experimentos están ligadas a eventos cósmicos; a patrones universales, es como el agua, busca la manera de fluir, donde llega se acumula por un tiempo hasta rebasar los bordes y luego se derrama para seguir su camino. Así fluye la energía primigenia y la evolución es su mecanismo y consecuencia.

—Doctor, me cuesta tanto entender lo que me dice.

—¡A otro perro con ese hueso! He dormido muy mal

últimamente y estoy muy desvelado. ¿Por qué no analiza sus resultados con el modelo que le entregué? Y si es científica abra bien los ojos, expanda su mente. Yo ya me cansé de discutir necedades. ¿No le han dicho que tiene unos ojos preciosos? Bueno, me voy a dormir al jardín del invernadero donde tengo mis plantitas.

Mientras la doctora caminaba de regreso a su cubículo, en su mente se confrontaban las teorías de su maestro el doctor Dreyfus y las del doctor Fernández, "Evolución cósmica" vs "Revolución biotecnológica", pensaba cuando se encontró con su maestro.

—Mire, doctora Pedrajo, el doctor Fernández tiene cierto prestigio como botánico, sus modelos matemáticos son excepcionales, pero está totalmente chiflado. Incluido yo, muchas personas lo han sorprendido hablando solo, él dice que habla con seres espirituales que viven en sí mismo. Como amigo y colega, yo le aconsejaría que no cayera en la tentación de involucrarse en las diarreas mentales de Fernández.

Por la tarde, en la cafetería de la zona de institutos de la universidad, la doctora Pedrajo toma café con su amiga Maru.

—Deberías de salir con otro tipo de gente.

—Ya ni me digas, el pobre está loco de remate y si vieras cómo se le salen los ojos.

—Oye, además es un viejito.

—Ni tanto, Fernández tiene 46 años.

—Sí, pero tú tienes 30, o de plano quieres poner un asilo.

—Lo que quiero es más tiempo para mí y para mis proyectos.

—Ah, qué necia eres.

—No sé, de pronto me siento sola, pero no quisiera involucrarme con gente del instituto.

—Pero si sólo sales de ahí para dormir.

—Discúlpame, Maru, ya se hizo tarde y tengo que tomar unas muestras.

—Ya ves, sólo vives para ese horrible lugar, que más que templo del saber parece manicomio.

—Ya ni me digas, luego te cuento. Adiós.

La doctora salió corriendo al instituto.

Por la noche y en su casa la doctora fue al jardín para atender a sus canarios y sin saber por qué, observó las estrellas, miró la vía láctea e imaginó que bailaba con un príncipe científico persa sobre una alfombra de estrellas, quien al oído le susurraba los secretos del saber. De pronto un corcel a galope se acerca desde Orión montado por el doctor Fernández; venía vestido de charro, se inclinó un poco y la arrebató como príncipe.

Ella se sujetaba de Fernández con todas sus fuerzas hasta que llegaron a la Andrómeda. Ahí el corcel desapareció al chasquido de los dedos de su jinete y frente a ellos apareció la Cronópolis, la gran ciudad de los deseos cumplidos y el saber. De un pase mágico Fernández la desapareció y dijo:

—"Yo prefiero los deseos cumpliéndose —y frente a ellos apareció una playa con palapas y un mar tranquilo bajo un cielo azul, le tomó las mejillas y cuando sus labios estuvieron muy cerca, la doctora Pedrajo sintió los bigotes de aguacero de Fernández. El canario en sus manos picoteaba su boca ya fuera de la jaula, trinaba de felicidad al sentirse tan cerca de la libertad. La doctora Pedrajo regresó del infinito y devolvió al ave a su jaula y se fue a la cama, como tantas y tantas noches.

Al día siguiente.

—Adiós, preciosa, perdón, quise decir que ese pantalón le entalla tan bien. ¿O será la primavera? La diástole y la sístole del corazón, el origen de las especies y el estrechamiento de las distancias, lo demás es vanidad, lo importante es el amor y el libre ejercicio sexual.

—¿Y? ¿Qué dicen los espíritus?

—Nada, qué quiere que digan. Por lo que veo Dreyfus le ha platicado de mí, no importa. Sabe, cada vez que pienso en usted sufro una tremenda erección.

—¡Pues mastúrbese, doctor!

—Escuche con atención lo que le voy a decir: cuando uno está bajo un peligro inminente la naturaleza ha diseñado mecanismos para salvarnos: el metabolismo se acelera, esto quiere decir que producimos feromonas y adrenalina. Hay quien se pone agresivo, hay quien se pone amoros; yo soy de esos.

—El amor no tiene nada que ver con hormonas doctor.

—Le concedo parcialmente la razón, pero qué mejor que el ejercicio pleno y prolongado de tan sublime sentimiento.

—Usted ha dicho que "Cuando uno está en peligro" y ¿usted lo está?

—Lo estamos todos, pero cuando la veo se me olvida, o al menos me confundo, usted sabe, el amor es idiota.

En ese momento llegaron al cubículo de la doctora Pedrajo.

—Tengo que trabajar.

Ella entró y sin más cerró la puerta.

Al día siguiente, salvo por el persistente recuerdo de su plática con el doctor Fernández, para la doctora Pedrajo era un domingo común en el laboratorio de biología molecular en Ciudad Universitaria; era cuando recapitulaba los experimentos de la semana. Sentada frente a la computadora analizaba los datos. En ellos encontró algo sorprendente. "Todo está claro, esto implica evolución, pero, ¿cuál es el factor externo?" Según el doctor Fernández, existe una correlación entre la expansión del universo y la evolución de las especies en el planeta Tierra. Sonó el teléfono y contestó inmediatamente.

—Doctora Pedrajo, no es tan complicado. Las estrellas se mueven y nosotros vamos en ese viaje, somos parte de esa expansión y por lo tanto estamos en evolución constante. Pero la pregunta importante es: ¿en qué momento del viaje vamos? Por cierto, doctora, ¿no le han dicho que tiene unas piernas preciosas?

La doctora imaginaba el brillo de los pequeños ojos azules del doctor Fernández del otro lado de la línea.

—Bueno doctora, tengo que revisar mis plantitas que de pronto las veo virando de color. Hasta luego.

En la mente de la doctora Pedrajo sólo aparecieron las entradas del doctor Dreyfus diciendo: "Esas son masturbaciones mentales de Fernández." Sin embargo el asunto de las huellas cósmicas es coherente. Ella entendió que había acertado y que estaba cerca de algo grande. Sin embargo se mostró serena y revisó en su computadora las imágenes e identificó en la pantalla las regiones con más alta concentración de enzimas. No había duda, los resultados le confirmaban que era su enzima reproduciéndose a proporciones inhabituales.

Eran las diez de la noche, el policía pasó como siempre a realizar su rondín y como siempre la encontró absorta en su trabajo, ordenaba los datos para luego correlacionarlos con el modelo del doctor Fernández, el resultado fue idéntico al descrito por Fernández en su tratado de las huellas cósmicas como resultado de la expansión del universo y su influencia en la evolución de las especies.

—Formidable —dijo en voz alta para incluir los resultados en los archivos secretos de su terminal, tomó su suéter y salió del instituto. Eran las seis de la mañana del lunes.

Al llegar a su casa puso agua y alpiste a sus canarios y notó que uno de ellos tenía dientes. Su sorpresa fue por demás estruendosa. Salió al jardín y observó frente a sí el amarillo color de las bugambilias, las hojas de las plantas eran lilas y rosas. "Debo estar muy cansada." Fue al baño para darse un regaderazo. El agua la relajó, puso su mente en blanco mientras aseó cuidadosamente cada parte de su cuerpo. Ya en su cuarto se puso el pijama y durmió profundamente.

—Mire, doctora Pedrajo, imagine usted un canal de la membrana celular, abstraiga de su mente todo el conocimiento que de éste tiene, ahora haga un esfuerzo y traiga también el cráter del volcán Popocatépetl. Ése doctora es un canal enorme de la unidad de vida llamada por sus habitantes "Tierra"; a mí me gusta llamarle espora cósmica, usted me entiende, en su totalidad puede ser un racimo de semillas. Pero regresemos al volcán o debiéramos llamarle canal Gaia, ubicado en la biosfera o membrana terrestre; éste se comunica con el interior incandescente a través de canales y fluidos. ¿No le recuerda esta estructura al retículo endoplasmático y su comunicación con la membrana celular? Pero volvamos al Popocatépetl. Ahora abra su mente al máximo y clarifique en ella el tamaño del canal y la cantidad de energía que corre por él, tanta que ha elevado la cordillera más alta de México a su paso. Yo supongo que por locura que parezca, esa energía dio origen al florecimiento de las culturas del valle de Anáhuac, hoy conocido como ciudad de México, donde habita el poder y veintidós millones de personas. Esta es la cuestión: ¿qué pasaría si astralmente se está definiendo un gran golpe evolutivo y el canal Gaia esta saturado y el gran lago con que reciclaba el agua con su hielo ha desaparecido, rompiendo los ciclos propios del volcán y del lago? Dicho de otra forma, el flujo de energía está obstruido y al acumularse la fuerza necesaria para liberarse y romper el bloqueo, es posible que la población de la ciudad de México no esté preparada. Ahora bien, la energía llega poco a poco y es probable que sucedan cambios en los organismos que habitan en su radio de influencia. Por último, le diré que un espíritu vino a verme y me dijo que el amor y la libertad son las únicas defensas que pueden lograr que soportemos el gran cambio. Por cierto, ¿por qué no libera a los canarios de la jaula donde los tiene?

La doctora Pedrajo abrió los ojos por un instante, supo que no era un sueño ni realidad y volvió a dormir.

Cuando despertó no recordaba lo sucedido por la mañana; miró el reloj de su buró. Las ocho con cinco minutos, por lo tanto tendría 55 minutos para alistarse y llegar a tiempo a su cátedra de bioquímica en la facultad de Medicina. Corrió al baño y en cuanto sintió el agua en su cuerpo le sobrevino el recuerdo de la mañana; vistió su bata de baño y salió descalza al jardín. Ahí estaban los canarios dentados, las bugambilias amarillas y el follaje rosado. La doctora se llevó las manos a la cara:

—Dios mío —alcanzó a decir.

Segundos después conducía rumbo a Ciudad Universitaria. Había demasiada gente en las calles, en la radio se hablaba de una pandemia. En la facultad de Medicina no había clases, todos los espacios eran ocupados por médicos, estudiantes y profesores que discutían las diferentes hipótesis que explicaban el repentino cambio en los seres vivos, así que siguió de largo hasta el Instituto de Fisiología Celular, donde encontró a sus colegas discutiendo sobre los últimos acontecimientos. Había algo que ella aún no sabía. El fenómeno sólo se presentaba en el valle de México y las zonas conurbadas. La doctora quiso decir algo al respecto de sus experimentos, pero no pudo pronunciar palabra alguna, así que solamente escuchó explicaciones sobre retrovirus mutagénicos, sobre la existencia de algún reactor nuclear secreto con serias fugas radioactivas. Sin más, fue a su cubículo y se sentó frente a la computadora, dio su clave de acceso y solicitó los datos de las sustancias encontradas en el aire y agua de la ciudad de México en los últimos seis meses. Estos datos los correlacionó con los resultados del análisis hecho por ella en la mañana.

La correspondencia era perfecta: mismas tasas de crecimiento entre concentraciones de contaminantes en agua y aire de la ciudad de México y la concentración de la enzima de sus experimentos. No había duda: ella había sincronizado las teorías bioquímica y cósmica de la evolución.

Escribía a toda velocidad: "La concentración y proporción acumulada de contaminantes no excretados en los organismos que habitan en el radio de influencia cósmica del volcán Popocatépetl da como resultado un disparo en la concentración de cinentropilaza, que a su vez genera una recomposición genética inmediata que da como resultado que los seres vivos regresen a alguna de las formas de su historia evolutiva, con lo que se comprueba que el volcán Popocatépetl funciona como un gran canal energético y que su desarmonía genera un estado de entropía genética excepcional. Teóricamente ningún ser humano sobrevivirá, salvo..." La doctora se detuvo un momento y se conectó con el doctor Fernández por el Intranet.

—La estaba esperando doctora —se leía en la pantalla.

—¿Qué sucede, doctor?

—Nada, que al momento en que una excesiva cantidad de energía se acumula, al liberarse, es posible que provoque una extinción masiva donde sólo sobrevivirán los más aptos, los más amorosos y menos egoístas doctora; los que logren reproducirse y así integrarse al cosmos. A propósito, ¿qué talla de brassier usa? ¿Está ahí, doctora? Antes de que suceda me gustaría hacer el amor con usted, eso nos salvaría.

La doctora no contestó, salió de la red y sólo pensó en dar la gran noticia a la comunidad científica.

La doctora caminó por los pasillos de grandes ventanales hasta el cubículo de su maestro.

"No hay duda que he conseguido colaborar con el avance del conocimiento de la biología molecular evolutiva." Estos pensamientos fueron interrumpidos por comezón en las axilas y al rascarse se dio cuenta que tenía incipientes plumas que corrían de ahí a las muñecas de las manos.

Encontró al doctor Dreyfus con cara tendiente a la de un lagarto y sin decir palabra le entregó el trabajo. En silencio también lo recibió y se sentó a leerlo. No entendía nada, para él sólo eran signos estampados en un papel. Regresó la mirada a la doctora Pedrajo quien al tratar de decir algo lanzó un bello trino de canario mientras veía cómo aparecían cientos de pequeñas escamas en las grandes entradas del doctor Dreyfus cuando daba principio la gran erupción del volcán Popocatépetl.

Publicado en *Voces de la primera imprenta*

Ricardo Pandal O.
Visitas dominicales

Domingo de comida familiar en casa de la abuela; a últimas fechas, la abuela se queja cada vez más de que ya nadie (ni ella) visita la tumba de su marido, así que, argumentando que "los muertos sin visitas mueren más, ya que no es sino el olvido la única muerte real", comunica a la familia que ha decidido sacar el cuerpo de su marido de la tumba, cremarlo y depositar las cenizas en una bonita urna para disponer cómodamente de los restos en la iglesia que más convenga a las visitas dominicales y a las misas, que son "tan necesarias para el buen descanso de los muertos".

No era una pregunta; de hecho, ya se había encargado de los trámites, el movimiento se llevaría a cabo el siguiente sábado y le gustaría que alguien supervisara todo. Sus hijos, con medio bocado en la boca y sin saber aún si deberían reclamar el que no se les haya considerado para semejante decisión o si, mejor, aplaudir la reubicación de los restos del padre, más tardaron en escuchar la descabellada propuesta que en desentenderse de todo proceso del asunto; todos, menos mi papá.

Siempre he pensado que la abuela no sabía que no es sólo el olvido lo que acaba de matar a los muertos, sino que la mayoría acaban de morirse cuando se les antoja, ya sea por estar al fin conformes con lo legado, o simplemente por aburrición de un mundo que si de por sí no logra comprenderse en la vida, menos en la muerte, y por lo mismo hay muertos que ni con todas las misas ni visitas dominicales. Aún así, ese sábado, tal vez porque él era el único que seguía visitando el panteón con regularidad y contra las sugerencias de su esposa y hermanos, mi papá fue a cerciorarse que una tarea de ese tipo se hiciera como debía de hacerse. Idea del todo absurda, si se toma en cuenta que procesos como éste, es decir, ir a desenterrar después de doce años de sepultado al padre de uno para de ahí llevarlo a cremar, guardarlo en una cajita que después hay que cargar por la ciudad hasta la iglesia idónea para las visitas dominicales, es, a todas luces, una situación en la que uno no sólo no ha estado ni volverá a estarlo —dada la logística del asunto—, sino que tampoco es factible que se conozca a nadie que tenga experiencia en esto de desenterrar padres propios y que nos pueda dar consejos útiles como: "No vaya a dejar que los trabajadores griten o digan groserías durante el proceso; de hecho, es mejor que lo hagan en el mayor de los silencios y si no es posible tener un cura presente, siempre ayuda contar con cantos gregorianos de fondo, usted sabe, para tranquilizar a los vecinos, o si no, tal vez alguna música que su padre oyera con regularidad, no sé, zarzuelas o algo..."

Fue así como, sin saber bien a bien a lo que iba, llegó puntual al cementerio español a encontrarse con los tres trabajadores que habrían de ayudar y que, dado que estamos siempre a merced del tan a menudo negro humor del destino, no habían podido lograr que la camioneta fúnebre (por decirle de alguna manera) arrancara, así que tendría que transportarse el cuerpo en el automóvil de mi padre hasta donde habrían de cremar el cuerpo.

Sin saber qué esperar, ni qué quería supervisar, creo que no imaginó ver a su padre después de tantos años, por lo menos no así, tan bien conservado dentro de la cripta herméticamente cerrada que hubo de romper para transportar el cuerpo, muy pálido, con el pelo, las cejas y las uñas muy crecidas, elegantemente vestido, con una corbata en tono demasiado vivo para la ocasión, con los brazos cruzados a medio pecho y con una expresión casi molesta en la cara que podría pasar inadvertida para quien no lo conociera, pero que a él le recordó de golpe la serenidad de su padre cuando había que tratar asuntos importantes o regañarlo a él y a sus hermanos, esa expresión condescendiente, casi sarcástica, que siempre le daba la impresión de que él sabía cuando sus hijos hacían algo que no tendría por qué ser así, cuando cometían un error que él podría haber evitado con algún consejo, alguna experiencia vivida, y nunca intervendría, dejando siempre que cada quien cometiera sus propios errores.

No sabremos nunca si lo tocó, tal vez le cerró los ojos, inexplicablemente abiertos, tal vez le tomó la mano, o quizá ni siquiera ayudó a meter el cuerpo en la bolsa de plástico opaco para después subirlo en el coche y cruzar con él media ciudad; sabemos que no lo transportó en la cajuela sino en la parte delantera del auto, arriesgándose a tener que dar una explicación bastante extraña en caso de que el destino quisiera seguir jugando con él y lo detuviera alguna patrulla u otro imprevisto; nunca he sabido si escuchó o no la radio, si intentó platicar con él, ponerlo al tanto de los acontecimientos de la familia, platicarle de los nietos que dejó de ver tan pequeños y que eran ya personas con vidas propias; tal vez quiso preguntarle cómo había estado, cómo se estaba en donde fuera que estuviera, si se extrañaba y si en verdad era un lugar frío como se supone...

Tampoco supe si esperó sentado mientras el cuerpo era incinerado o en qué pensó al llevar más tarde en una pequeña caja junto al asiento del conductor a quien apenas hacía unas horas había vuelto a ver y que no volvería a ver más, no así.

Sabemos que tardó mucho tiempo en volver a ser el de siempre, que los días siguientes trató visiblemente de sacudirse una especie de frío del cuerpo, y que nunca, salvo esa misma noche con su mujer, volvió a hablar del tema o ir a las visitas dominicales.

Hoy trato de visitar la tumba de mi padre lo más seguido posible, disfruto nuestras pequeñas pláticas que me gusta pensar que escucha, lo mantengo al tanto mientras sus nietos inventan juegos y corren por todas partes, no parece molestarles jugar entre tanta tumba y tanto olvido y a mí me gusta pensar que, aunque sean niños ajenos, algo traen de alegría a este lugar que ya casi nadie visita y cuyo terreno clavado en lo que ahora es ya media ciudad, debe ser la envidia de muchas inmobiliarias urbanas.

Nunca he visitado la urna de mi abuelo desde que se encuentra en la iglesia. Odio la idea de las visitas dominicales casi tanto como el hecho de que nunca volveré a ver a papá.

Publicado en *Opción*

Laura Quintana Crelis
El actor

Una mujer mira en el cielo dos nubes que avanzan sin tocarse. Una parece inclinarse hacia la otra, como si quisiera alcanzarla, pero la distancia entre los dos nunca se reduce. Es como si estuvieran definitivamente destinadas a separarse, como si la segunda viajara en otro tiempo y en otro espacio.

La mujer está cansada. Como mira hacia arriba, el cuello le molesta y además está sentada sobre el pasto húmedo. Pero no deja de mirar el cielo. La forma huidiza e indefinible que se desliza en él la abruma, y quiere que por fin las nubes se toquen, pero eso no ocurre nunca. Como quien tiene dedos y como quien los estira, la nube de atrás prueba a alcanzar a la otra, pero la de adelante se le escapa. El cuadro parece detenido en el tiempo. Las nubes nunca se tocan. Llega el momento en que la mujer siente la necesidad de intervenir pero no puede, y pronto las formas se desintegran y desaparecen del cielo sin haberse tocado.

—¡Mamá, nos tenemos que ir!

Pronto la madre se introduce en su rutina. De camino a la escuela conversa con su hijo, pero esta vez le cuesta trabajo. El niño la mira con desconfianza.

—¡No me estás oyendo!

111

—Sí te oigo, Javier. Bájate, que ya llegamos. Después de clases espérame en la esquina.

Julieta recorre las calles sin poner atención. Maneja automáticamente. Tampoco piensa en su trabajo, porque el tiempo libre es suyo y no quiere gastarlo.

Distingue una calle que atrae su atención porque le recuerda el barrio de su infancia. Da vuelta para buscar con cuidado las causas del parecido y lentamente va observando las casas, los pasillos y los árboles. La calle es corta y desemboca en un enorme teatro, semejante a algún edificio de la ciudad donde creció, pero no tan parecido como para justificar la atracción que la ha hecho desviarse, así que regresa a la calle principal. Ella misma no entiende qué motivo la ha hecho cambiar su camino de todos los días.

Entonces no puede evitar recriminarse el desperdicio de sus minutos de descanso y se promete no volver a seguir ciegamente sus impulsos. Luego, en el trabajo, el tiempo corre tan lentamente que lamenta otra vez haber cedido a la curiosidad. Mira una y mil veces el reloj para obligarlo a caminar con más rapidez, pero tal parece que éste se detiene para exasperarla. Observa con odio sus manecillas regordetas, que no tienen hambre de tiempo cuando se trata de comer las horas que ella no aguanta. En cambio siempre devoran su noche libre sin piedad.

A la hora de la comida, se dirige a la escuela a buscar a su hijo. Tal vez porque la agota la actividad estéril que repite diariamente en el trabajo, no puede evitar mirar hacia la calle que la ha podido sacar por un instante de la monotonía. Sus ojos quedan capturados por ese callejón que se le va porque no ha frenado. Un sentimiento de pérdida la hace volver atrás. Cree que si va por última vez, podrá descansar tranquila durante la tarde.

Ahora se dirige sin tropiezos hacia al teatro. Baja del coche y lee la programación. Un título llama su atención enseguida, así que decide ir a la función de la noche.

Recoge a su hijo, lo lleva a casa y vuelve al trabajo. Esta vez le cuesta mucho menos superar la tarde porque la va a terminar de una manera extraña. Y a la hora exacta, se encuentra entre las diez o quince personas que van a asistir a la obra. Se sienta en un lugar alejado del escenario y revisa el interior del teatro que le ha parecido tan familiar, pero no ve nada que le traiga recuerdos.

El actor mira al público y luego a Julieta. Ella no puede aplaudir. Siente que se va hacia él sin poder contenerse, fascinada por las facciones del actor, que están acentuadas por los colores rojos y negros del maquillaje. Cuando él se va, se interrumpe el encanto. Pasa un rato de proporciones difíciles de calcular. Julieta siente que tiene fiebre y no encuentra un motivo para esta extraña fascinación. Es la última en salir de la sala. Trata de agarrarse de los extremos de ideas fugaces, pero antes de empezar a recorrerlas, éstas se le van. Está mirando continuamente, en su recuerdo, la imagen del actor, cuyos rasgos han quedado trazados en su memoria con la precisión que aparecían delineados por el maquillaje.

Afuera chispea, pero Julieta se siente obstinada. Espera frente a la puerta del teatro hasta que todas las luces se apagan y entonces se ve forzada a reconocer que el actor ya no está aunque no lo haya visto salir. Ahora el teatro parece un cascarón vacío.

Se va a casa. Su hijo duerme inquieto, con la cara fruncida y las mejillas mojadas, pero Julieta ni siquiera se le acerca. Por un rato, mira la cama, que le parece una jaula. Luego, muy tarde, se va a dormir.

Al otro día, Javier la ve afuera, mirando el cielo, y va con ella. Le habla, pero ella no le contesta. Está abstraída otra vez mirando el cielo. Últimamente en ella hay algo fugitivo, algo insatisfecho, algo extraño. El niño lo siente y habla más fuerte. Le cuenta que quiere tener un árbol propio en el jardín porque le gustan las flores del árbol del vecino pero que no puede alcanzarlas. Le cuenta que cuando esas flores flotan en la pileta parecen barcos. Ella le contesta con monosílabos.

Muy temprano, apenas después de dejar al niño en la escuela, Julieta se estaciona afuera del teatro. Nunca ha faltado al trabajo así que no tiene miedo de hacerlo esta vez. Baja para ver las carteleras e intentar identificar el nombre del actor, pero no puede adivinarlo entre los de los otros.

Pasa el tiempo sin que lo note y se da cuenta tarde de que el niño la espera en la escuela. Le cuesta dejar el lugar desde el que vigila y piensa que justo ahora el actor va a llegar allí y ella no va a poder verlo. Vuelve en cuanto puede y entra otra vez a la función.

La obra ha empezado prematuramente y su reloj, siempre dispuesto a marcar con precisión el tiempo que no le pertenece, se equivoca una vez más con el suyo. Pero no piensa en eso, porque lo que le interesa es buscar al actor.

En el escenario, dos personajes que ella no vio la primera vez conversan tomados de la mano. Julieta entiende que lo que se ha perdido esta vez es la conversación de los viejos y que ahora en la obra está ocurriendo lo que ella no vio la primera vez por concentrarse en el actor encogido. Lo busca pero él no está donde debería estar. No entiende cómo puede ocurrir eso. Confundida, se concentra en la pareja, que es joven. Siente el desasosiego cuando piensa que a lo mejor él no va a aparecer esta vez, pero al final lo ve. Lo extraño es que el actor ahora hace algo totalmente distinto. Ella se queda extasiada mirándolo.

El actor ahora camina alrededor de los muchachos y les susurra algo al oído. Julieta se siente embrujada. La brisa del teatro le parece tibia. Se siente emocionada al presenciar este romance casi infantil. Mira con atención al actor y no termina de entender cómo es su cara, porque de algún modo la exageración que hace el maquillaje con sus rasgos lo desfigura. La escena muestra cómo los actores se enamoran.

Termina la obra y se levanta el ruido de los aplausos. Parece que se rompe un hechizo y para todos eso es un consuelo. Sólo Julieta siente que sus sentidos están dolorosamente alertas, cautivados por la figura que ya abandona el escenario.

Entonces corre para alcanzarlo. Llega a la zona de los camerinos y alcanza a ver que en el último desaparece la figura del actor. Llama a la puerta, que se entreabre.

El actor está sentado. Come algo que parece una ciruela y que se confunde con sus labios pintados. Julieta camina hacia él y no puede hablarle. Él está de espaldas, así que lo mira en el espejo. Espera que le hable, pero él la mira y no dice ni una sola palabra. Tampoco parece sorprendido. Ella quisiera poder decirle algo, pero no se siente capaz de hablar. Luego se da cuenta de que la empujan y ve que la han sacado del camerino. Vuelve a casa y se siente desconsolada. Descubre que tiene en la mano una flor y piensa que probablemente la tomó ahí. La pone en un florero sin agua y se sienta a verla morir.

A la mañana siguiente, Javier se levanta y busca a su madre. La encuentra sentada, mirando una flor rozagante que ha inundado la sala de perfume. La mujer tiene esa mirada ansiosa de quien no puede dormir y está pendiente de la flor. El niño sale de casa y mira a su madre a través de la ventana. Ve que no le hace caso. Quiere hablarle, llegar hasta ella, pero ya no sabe cómo.

Julieta sólo quiere ver que den las siete en el reloj. También quiere que la flor se marchite y no entiende por qué eso no ha ocurrido todavía. Oye que el niño llora y eso le recuerda que ha amanecido. Sale y otra vez fija su mirada en las nubes, que no le dan consuelo. Descubre que su hijo está a su lado y le habla.

—Mira las nubes, Javier. ¿Te das cuenta de que no podemos tocarlas?

—¿Y eso qué importa, mamá? —el niño la toma de la mano—. No las mires.

Julieta va temprano al teatro. Sabe que probablemente él no esté, pero no puede resistirse. Se sienta en la vereda, frente al edificio cerrado. El callejón le fascina. Le gustan sus colores y sus olores. Siente que ciertas figuras de sus recuerdos flotan por allí, como si estuvieran en casa. Y cree ver que el actor aparece. De alguna manera toma su forma de la constelación de aromas, de rojos, de verdes, de negros y de sombras. Parece que nace del aire. Ella siente que lo ha creado, pero ni aun así le parece que es suyo. Él está absolutamente convencido de su libertad y no es confiable.

Quiere atraerlo. Por un momento cree que lo ha conseguido, pero no es así. Cuando va a tocarlo oye que su hijo le habla.

—¡Mamá! —dice contento—. Mira las flores del tabachín del vecino. Se están cayendo en casa por el viento.

El niño corre a recoger algunas. Quiere reírse con su madre, pero ve que ella no piensa en él. Se queda mirándola y se siente crecer.

—Mira las flores, mamá.

El hijo se las quiere mostrar pero ella no le hace caso. Se siente furioso. Mira que su madre no separa los ojos del cielo y corre hacia ella, gritando enojado. Con furia la golpea una y otra vez en el pecho. Ella no se defiende, porque no le duele. Su hijo es sólo un niño. Lo deja gritar por un rato y luego entra en la casa, sin hablarle. Más tarde le dirá que se ha portado mal y le prohibirá ver la televisión. Pero ahora lo deja: el niño se queda mirando las nubes y llora. En un puño tiene las flores, todavía, y las aprieta hasta que las destroza. Siente un enorme placer y algo de consuelo.

Publicado en *La Gaceta* del *Fondo de Cultura Económica*

Cristina Rivera-Garza
El último verano de Pascal

We sit late, watching the dark slowly unfold:
No clock count this.
TED HUGHES, September

Teresa Quiñones me amaba porque tenía la costumbre de mirarla en silencio cuando ella discurría sobre la disolución del yo.

—¿Quién eres tú? —solía preguntarme al final de su charla.

—Lo que tú quieras —le contestaba alzando los hombros, reflejando la sonrisa con la que me iluminaba por completo. Mi respuesta la hacía feliz.

—El mundo, desgraciadamente, es real, Pascal —decía después, arrugando la boca y dándose por vencida de inmediato. Luego, como si la felicidad fuera sólo una breve interrupción, seguía leyendo libros de autores ya muertos, envuelta en su sari color púrpura, recostada sobre los grandes cojines de la sala. Entonces yo me dirigía a la cocina a moler granos de café para tener los capuchinos listos antes de que llegara Genoveva, su hermana. Cuando ella se aparecía bajo el umbral de la puerta, con sus faldas de colores tristes y zapatos de tacón bajo, la casa se llenaba de su perfume de gardenias.

—¿Dos de azúcar? —le preguntaba, más por seguir un ritual que por esperar la respuesta. Genoveva se sonreía entonces, sin atisbo de alegría pero con suma sinceridad.

—Ya sabes que no tomo azúcar, Pascal —me decía mientras colgaba su bolsa y su saco, dándome la espalda. Teresa, entretenida en oraciones sin fin, tomaba el capuchino sin despegar la vista de sus libros o mirando hacia la pared sin ver en realidad nada. Genoveva y yo, en cambio, nos acomodábamos en la mesa de la cocina para vernos de frente y provocarnos sonrisas impremeditadas. A diferencia de Teresa, Genoveva me amaba porque la dejaba callar mientras yo le contaba sucesos sin importancia.

—Ayer vi la foto del hombre más gordo del mundo —le decía entre sorbo y sorbo de café—. Fue horrible.

Genoveva sonreía con amabilidad, sin decir palabra. Ése era el momento que yo aprovechaba para pararme detrás de su espalda y darle un masaje circular en la base del cuello. Los gemidos que salían de su boca me emocionaban. Pero nunca pasaba nada más porque a esa hora, por lo regular, llegaba Maura Noches, la mejor amiga de las hermanas Quiñones. Su algarabía sin rumbo, el torbellino de sus manos y piernas, rompía la concentración de Teresa y el cansancio circular de Genoveva. Entonces todos nos volvíamos a reunir en la sala.

—¿Vieron la foto del hombre más gordo del mundo que salió ayer en la prensa? —preguntaba como si se tratara de un asunto de vida o muerte.

—De eso me estaba hablando Pascal precisamente —le informaba Genoveva, provocando sin querer la súbita sonrisa de Maura.

—Por eso me gustas, Pascal —decía ella sin rubor alguno—. Te fijas en todo lo que yo me fijo —lo cual era cierto sólo a medias.

Maura usaba el cabello corto y los pantalones tan ajustados que se le dificultaba sentarse sobre el piso, a un lado de Teresa. Cuando lo lograba, cruzaba las piernas con un desenfado tan bien ensayado que casi parecía natural. Diva sempiterna. Así, encendía cigarrillos con gestos desmedidos y continuaba con su plática acerca de cosas insulsas que, en su voz de mil texturas, parecían misterios encantados. Teresa usualmente se aburría, y por eso se iba a su habitación para seguir leyendo. Mientras tanto, Genoveva hacía esfuerzos por mantener los ojos abiertos y la actitud de interés, pero después de media hora usaba cualquier pretexto para retirarse también. Entonces Maura aprovechaba nuestra soledad para aproximarse a mí con ademanes seductores y voz de niña.

—¿Te diste cuenta que volvieron a robar la bocina del teléfono de la esquina? —preguntaba, más para confirmar que ambos nos fijábamos en las mismas cosas que para saber la suerte del teléfono.

—Pero si eso sucedió hace tres días, Maura —le decía, y ella de inmediato se abalanzaba sobre mí, porque mi respuesta validaba sus teorías. Presos de su conmoción, a veces nos besábamos detrás de las cortinas y, otras, nos encerrábamos en el baño para hacer el amor a distintas velocidades y en tantas formas como el espacio lo permitía.

—¿Qué vas a hacer conmigo? —le preguntaba en voz baja cuando me tenía bajo sí, derrotado y sin oponer resistencia. A ella esa pregunta la volvía loca.

—Eres un hombre perfecto —me aseguraba justo al terminar. Después se lavaba, se vestía y, con la cara frente al espejo, volvía a acomodarse los cabellos cobrizos detrás de las orejas. Cuando se ponía el lápiz labial color chocolate me mandaba besos ruidosos sin volver el rostro.

—La intensidad es lo que importa —decía todavía dentro del puro reflejo. Observándola de lejos, aún con el olor de su sexo en mis manos y boca, yo estaba de acuerdo. El mundo, como decía Teresa, desgraciadamente era real, pero eso no le importaba a Maura y tampoco me importaba a mí mientras pudiera seguir haciendo arabescos con su cuerpo.

—Tú y yo nos entendemos muy bien, Pascal —insistía. Después tomaba su bolsa y salía corriendo para evitar encontrarse con Samuel, su novio oficial, o con Patricio, su novio no oficial, para quienes yo no era ni hombre ni perfecto, sino un confidente leal.

—Yo no entiendo a Maura —se quejaba Samuel—. Le doy todo y, ya ves, se lo monta con todo el mundo.

—Maura es incomprensible —plañía Patricio—. La cuido y la complazco y mira cómo me paga.

Yo los escuchaba a ambos con atención. Samuel era un hombre delgado, de cabellos lacios que seguramente no había hecho nada ilegal en su vida. Patricio era un muchacho de piel dorada a quien, sin duda, muchas mujeres habían amado. Con el primero me reunía en un café al aire libre rodeado de jacarandas, mientras que al segundo lo veía en los campos deportivos, donde se congregaban los futbolistas de domingo. Uno me invitaba pastel de frambuesa y el otro cervezas heladas con tal de enterarse de algún secreto que les permitiera desarmar el corazón de Maura. Yo no entendía por qué querían hacer eso pero, cuando me pedían consejos, le decía al primero que a una mujer como Maura nunca se le podría dar todo y, al segundo, que una mujer como Maura nunca pagaba. Después de escucharme con la misma atención que yo les brindaba, ambos se retiraban con los pies pesados y los hombros caídos, sin fijarse en el gato que comía restos de pescado detrás del restaurante chino o en las nuevas fotografías de mujeres desnudas que adornaban el taller mecánico de don Chema.

—¿Ya te estás cogiendo a la Maura? —me preguntaba el mecánico moviendo la cadera de atrás hacia delante cada que pasaba frente a su negocio—. Diantre de chamaco suertudo —decía entonces entre carcajadas. Yo nunca entendí lo que quería decir la palabra "diantre" y tampoco me gustó el apelativo de suertudo. Tenía 16 años y las mujeres me amaban, eso era todo. La suerte poco o nada tenía que ver con eso.

En esas épocas vivía en el último piso de un edificio que estaba a punto de caerse, por eso la buhardilla húmeda de paredes azul celeste que pagaban mis padres desde Ensenada no costaba mucho. Mes con mes, recibía el giro postal que me permitía costear la renta, comprar algo de comida y algún libro. Lo demás me lo daban las hermanas Quiñones, que me adoraban, o lo recibía de las manos agradecidas de Samuel o Patricio, que se iban convirtiendo poco a poco en mis amigos. Mi madre, sin embargo, se preocupaba constantemente por lo que llamaba las "estrecheces" de mi vida y sobre eso se explayaba en cada una de sus cartas.

Pascal,
ojalá que ésta te alcance en buena salud y mejores ánimos. Por acá las cosas siguen igual o no tanto. Tu hermana Lourdes tiene novio nuevo, un tal Ramón Zetina, con quien estoy segura que terminará casándose, lo cual no me gusta mucho porque el hombre no tiene carácter y tu hermana lo mangonea a su antojo; y ya tú y yo sabemos a dónde van a parar las familias donde no hay un hombre que sepa fajarse bien los pantalones. En fin, temo mucho que sea igual a tu padre, quien sigue prefiriendo contar los barcos que pasan por el muelle, a trabajar ocho horas dia-

rias en una fábrica de San Diego. Por eso, querido Pascal, aprovecha tu estancia en la capital para convertirte en un hombre verdadero. Nada me llenaría de mayor orgullo.

Tu madre que te quiere y te extraña

Por alguna razón que no atinaba a comprender, las cartas de mi madre siempre me llenaban de pesar. Supongo que por eso las leía a toda prisa y las abandonaba, sin querer, cerca del bote de basura. Luego me iba corriendo a la casa de las Quiñones, que quedaba sólo a dos cuadras. En el camino compraba granos de café y me fijaba en los teléfonos, los charcos, las fotografías de los periódicos y las voces de los merolicos. Cuando atravesaba el jardín bordado de alcatraces me llenaba los pulmones del olor a rosas de Castilla y dejaba la ciudad atrás, porque para entrar al mundo de las Quiñones, eso había quedado claro desde el principio, todo lo demás tenía que quedar atrás. Al abrir la puerta de la entrada ya me sentía mucho mejor. Me bastaba con ver a Teresa en su sari de color ocre y su larga trenza salpicada de piedrecillas brillantes para que me invadiera una extraña sensación de sosiego. Así, en ese estado, sin urgencias, me sentaba cerca de Teresa sin hacer ruido y fingía leer alguno de sus libros.

—La identidad es una fuga constante, Pascal —decía con los ojos atónitos y la voz grave—. Nunca le ganaremos a la realidad —concluía. Yo admiraba la manera en que se atormentaba todos los días y, por eso, me recostaba sobre su regazo esperando el fluir de sus palabras.

—No te preocupes, Teresa, yo soy lo que tú quieras —le repetía cerca de los senos.

—Te lo dije, Pascal —me increpaba—, estás vacío. ¿Sabes lo que quiere decir la palabra inerme?

No lo sabía y tampoco encontraba razón alguna para discrepar de sus opiniones. En su lugar, le sonreía en perfecta calma y total silencio. Ella, a veces, pasaba su mano derecha sobre mi cuello. Otras veces, si estaba de buen humor, nos besábamos sin ruido hasta que oíamos los pasos cansados de Genoveva atravesando el pasillo de afuera.

—¿Dos de azúcar? —le preguntaba, y ella y yo sabíamos por qué sonreía de esa manera. Después llegaba Maura a transformarlo todo con su presencia.

—¿Viste al gato hoy?

—Detrás del restaurante chino.

—¿Y el anuncio de la corrida de toros?

—Ha estado ahí por dos semanas, Maura —el interrogatorio podía durar minutos u horas, todo dependía de cuánto aguantara Teresa sin un libro o del cansancio genético de Genoveva. Una vez a solas, no tenía que hacer otra cosa más que esperar. Si algo había aprendido en las muchas tardes que pasaba en la casa de las Quiñones, era que la única manera de estar con Maura consistía en esperar, y yo lo hacía con una fe y una dedicación religiosas. La esperaba sobre el sillón y ella llegaba sin remedio y sin prisa.

—Eres mi imán —decía. Y mis ojos reflejaban entonces el asombro que se provocaba a sí misma cuando era capaz de convertirme en su hierro magnético.

—Cógeme —le murmuraba yo sobre la punta de la lengua y Maura no tenía otra alternativa más que obedecerse a sí misma. A veces me desabotonaba la camisa de camino al baño, otras me tomaba de la mano y me cantaba una canción de cuna sobre la alfombra. Sus deseos eran mis deseos. Tal vez yo era inerme, como decía Teresa, pero mi desamparo y mi indefensión me llevaban a lugares donde era feliz y me sentía a gusto. La casa grande de las Quiñones era uno de esos lugares. Ahí, entre el olor a incienso y bajo la luz inclinada de la media tarde,

125

sólo necesitaba abandonarme a mí mismo para hacer lo que en realidad era. No tenía ganas de cambiar. No tenía ganas de convertirme en nadie más.

El mundo, desgraciadamente, era real. Lejos de la casa de las Quiñones, el mundo me atosigaba con demandas y sospechas. Patricio, por ejemplo, cada vez habla menos de Maura en nuestras reuniones y cada vez más de la rareza de las hermanas.

—¿Y tú crees que andar envuelta en esos trapos de colores es normal? —se preguntaba Patricio mientras tomaba una cerveza.

—Es un vestido hindú que se llama sari —le aclaraba yo, repitiendo las palabras de Teresa—. Es bonito, además —le decía. Él lo negaba con su cabeza.

—Te están volviendo loco a ti también, Pascal —me advertía entonces y se alejaba con una sonrisa de frustración en el rostro. Yo todavía no empezaba a dudar.

Samuel, por su parte, empezó a preocuparse por mi futuro.

—¿Qué harás cuando seas grande? —me interrogaba de cuando en cuando, justo cuando más disfrutaba la tarta de manzana y el café expreso al que me tenía acostumbrado.

—Pero si ya soy grande —mi respuesta sólo le provocaba una sonrisa displicente.

—No puedes ser el objeto sexual de las Quiñones toda la vida, Pascal —me decía—. A menos, claro está, que lo único que desees ser en la vida sea un gigoló.

Su selección de términos me impedía cualquier tipo de gozo. Objeto sexual. Gigoló. Ser grande. A veces me daban ganas de contestarle con alguna de las frases demoledoras de Teresa, pero al ver su mirada fija sobre mis ojos me daba miedo y compasión. ¿Qué le podía decir yo a un hombre que no sabía ni siquiera conquistar a Maura, la más fácil de todas las mujeres? En lugar de destruir su mundo, lo dejaba ir con su convicción a cuestas. Le pesaba tanto que caminaba con los hombros y los ojos caídos, sujetos a sí mismos y ajeno a su alrededor.

Samuel y Patricio me daban lástima y me hacían dudar, pero por meses enteros continué visitando la casa de las Quiñones a pesar de sus advertencias. Apenas si cruzaba la verja del jardín me sentía a salvo y, una vez dentro, me olvidaba de mis recelos y reparos. Ni Teresa ni Genoveva ni Maura me pedían nada, ni siquiera estar ahí pero, cuando lo estaba, las tres me disfrutaban en la misma medida en que yo lo hacía. Yo pensaba que era feliz. Y tal vez porque lo era y no tenía cabal conciencia de serlo me aproximé a Teresa una tarde, no con el silencio que acostumbraba sino con una pregunta inesperada.

—Sabes, Teresa —murmuré cerca de sus senos—, de un tiempo para acá me preocupa lo que haré de grande.

—Pero si ya eres grande —me contestó, empujándome suavemente fuera de su regazo, obligándome a verla a los ojos. La sorpresa total de su mirada me lleno de otro tipo de temor.

—El mundo, ¿verdad, Pascal? —susurró con la voz tersa.

—Desgraciadamente —le dije, más por un reflejo automático que por pensarlo de esa manera.

Nada fue lo mismo después. Los pequeños gestos de rechazo se sucedieron uno tras otro, pequeños al principio y grandes hasta la grosería, conforme pasó el tiempo. Cuando, por ejemplo, guardaba silencio frente a las disquisiciones de Teresa, ella me miraba con curiosidad malsana.

—¿En qué estás pensando, Pascal? —me preguntaba. Ninguna de mis respuestas la satisfacía y ante todas guardaba un silencio aún más pesado que el mío. Después, cuando trataba de masajear el cuello tenso de Genoveva, ésta se removía sobre el asiento con una desconfiada impaciencia hasta que daba un salto de gata montés que la alejaba de mí definitivamente. Maura, por su parte, dejó de desear mis deseos, aunque yo cada vez deseaba más los de ella. A medida que la rutina en la casa de las Quiñones cambiaba de ritmo, yo me sentía más nervioso en su presencia. Patricio tenía razón, el sari de Teresa podía ser bonito pero era, a todas luces, incómodo. El cansancio de Genoveva no tenía razón de ser. Maura era promiscua. Yo —Samuel tenía razón— me había convertido en el títere de tres mujeres enloquecidas.

Poco a poco dejé de frecuentarlas. En lugar de ir a su casa, dirigía mis pasos al campo del futbol donde me encontraba con Patricio, o a los restaurantes de moda donde comía gracias a la generosidad de Samuel. Mi apariencia cambió también. Me corté el pelo y dejé de usar los mocasines que tanto le gustaban a Genoveva porque no hacían ruido sobre la duela. Mis camisas de botones blancos fueron sustituidas por camisetas arrugadas con logos de equipos de futbol.

Empecé a masticar chicle y a fumar de vez en cuando. Así, desaseado, sin cuidar mi apariencia, iba a reunirme con los hombres. Pronto me di cuenta que la mayoría de las veces sólo hablábamos de mujeres. Utilizábamos todos los tiempos: lo que iba a pasar, lo que pasaría, lo que tendría que pasar con ellas. Y, juntos, entre miradas vidriosas y oblicuas, ensayábamos todas las formas del sarcasmo.

—Maura es una puta —dije una vez en una cantina rodeada de amigos. Como todos parecían ponerme atención, pasé a describirles en gran detalle algunas de nuestras aventuras eróticas en el cuarto de baño de las Quiñones. A pesar de que el licor y las risas me mareaban, no pude dejar de notar que, acaso sin pensarlo, editaba mi relato a diestra y siniestra. Nunca mencioné, por ejemplo, que para tener a Maura entre mis brazos y piernas no tenía que hacer otra cosa más que esperar sobre el sillón en la sala. Cuando mencioné la palabra "cógeme" la puse en sus labios y no en los míos.

Según mi relato de cantina, Maura siempre decía que yo era un hombre perfecto al final del acto. Nunca mencioné nada acerca de su idea de la intensidad. Así, despojada de lo que la hacía entrañable para mí, Maura era en realidad una mujer como cualquier otra. Una reverenda puta. Y yo la resentí.

Esa noche, cuando ya iba de regreso a mi buhardilla sin la compañía de nadie, pasé como siempre frente a la casa de las Quiñones. Sin poder evitarlo me detuve en la esquina para observarla largamente. Era una casa común y corriente. Una verja de hierro daba entrada a un jardín desordenado, lleno de maleza, donde algunos alcatraces y otras tantas rosas de Castilla apenas y sobresalían entre la hierba. La puerta de la entrada era un simple rectángulo de madera. Y dentro, como en todas las casas, había una sala, un comedor, una cocina, tres recámaras y dos baños. La veía por fuera y la imaginaba por dentro, y de cualquier manera la casa era la misma. De repente, sin embargo, me descubrí llorando. Tuve ganas de volver a entrar y estuve a punto de intentarlo, pero me detuve en el último momento. Después salí corriendo calle arriba y, en un abrir y cerrar de ojos, regresé calle abajo de la misma manera.

—¡Teresa! —grité desde la acera, pero nadie respondió— ¡Genoveva! —vociferé mientras trataba de saltar la verja, pero mi voz se perdió en el más absoluto silencio. Cuando comprendí que todo era inútil, que todo estaba perdido, me puse a llorar como un niño frente a su puerta. No supe cuándo me quedé dormido.

Al amanecer, me dolía todo el cuerpo. Como un convaleciente, me incorporé poco a poco, observando la casa inmóvil sin parpadear, bajo el influjo de eso que Teresa solía llamar melancolía.

Me dolía toda su presencia, es cierto; pero más me dolía la posibilidad de su ausencia. Nadie me creería. Eso es lo único que pensé por largo rato: nadie me va a creer. Ningún hombre me va a creer. Ninguna mujer. Yo mismo ya lo estaba dudando. Por eso salí corriendo una vez más bajo el sol adusto de la mañana. Subí todos los escalones de dos en dos hasta llegar a mi buhardilla y, casi sin respiración, tomé un lápiz y una hoja de papel y todas las palabras que le conocía a Teresa. Así comencé este relato, un 13 de agosto de 1995 a las 6:35 de la mañana. Tan pronto lo terminé, salí una vez más rumbo a los campos de futbol. Los amigos de Patricio me recibieron con algarabía y pronto me sumé a sus filas. Jugamos bien, ganamos ese día. Cuando el último silbatazo detuvo el juego, corrimos los unos a los otros. Nos abrazamos entre sonrisas y maldiciones y, después, nos sentamos alrededor de unas cuantas cervezas. Olíamos a sudor.

Poco a poco, mientras ellos contaban chistes y continuaban con el festejo, dejé de escucharlos. El ruido de una sirena que se va. Pensé que Genoveva debía estar llegando a casa en ese momento. Luego, me recosté sobre el pasto y, mirando hacia lo alto, me di cuenta que empezaba el otoño porque había un extraño lustre dorado sobre las hojas de los eucaliptos.

Publicado en *Nagara Literatura* de *Viceversa*

Juan Antonio Rosado
Prótesis

Retiró con un trapo húmedo sus lentes pulverizados. Otra vez se había sentado en ellos. ¿Por qué lo empezó a obsesionar la idea de que sólo había cumplido un deseo inconsciente? Se sintió como un devoto que reanuda su fe tras un prolongado periodo de escepticismos. Con resignación religiosa, depositó en el basurero los vidrios y el armazón. Poco a poco llegó a entender que se había enamorado de nuevo. La necesidad de ser cómplice de la vida de Rosalba, la atracción desorbitada que sentía por ella, transformaron la visión del mundo que se había forjado desde la trágica muerte de sus padres. De camino a la alcoba, dudó en hablarle por teléfono. Como el cansancio había terminado con sus fuerzas, decidió dejarlo para después.

Entre sueños, observó el semblante afilado de su jefa, la señora Reyes. La tos y la cobardía lo debilitaron. Recordó cuando, hace ya muchos años, formado en la hilera impuesta por el Colegio Militar, uno de sus compañeros le estampó una patada en los testículos. El dolor escaló sus nervios. Y no pudo, a pesar de las punzadas, adherir las rodillas a las sienes ni desplomarse sobre el piso. No podía romper la rigidez de las filas. Empezó a marchar impasible, con las punzadas que invadían su vientre.

Entonces comprendió que los accesos de tos no procedían del pecho, eran parte de ese sueño, ahora lejano, en que la imagen de su jefa se mezclaba con sus deseos —agudos, insistentes— de volver al amor, a esa seguridad en donde no penetra ninguna voz con aire de superioridad. *Hace mucho que el amor se ha ido, pero su presencia es tan clara...* A sus diecinueve años lo ha experimentado pocas veces, pero se complacía en enumerarlas y clasificarlas con minuciosidad.

Sostuvo la mirada en las persianas hasta ver doble, triple, cuádruple... la confusión de colores que impele a un desvanecimiento abúlico y conformista. Clavó la mirada como si lo hiciera en sus propios ímpetus machacados por la impotencia. La luz del sol se colocaba por los resquicios de la persiana. *¿Ya es de día? ¿Es que toda la noche consistió en barajar hipótesis absurdas sobre el amor? Ah, Rosalba...*

Al evocar a Rosalba, el amor dejó de ser cuestión de cifras. Nuevas emociones hicieron añicos la clasificación de sus pasiones. Lo mejor era *medir*, moderar los sentimientos. No entrever certezas en la correspondencia amorosa. Optar por la espera y la resignación.

Una mañana de domingo, bajo el agua de la regadera y el vapor envolvente, el joven se preguntó: ¿esperar qué? Con miopía vislumbró el desgaste que podía disolverlo, no ya en la blancura de un punto fijo, sino en la extenuación más abrupta. Debía actuar, hacerle ver al ogro de la señora Reyes que ya tenía su paridad femenina: ningún insulto, ninguna orden podrían entremeterse en su realidad ni en lo más íntimo de sus sueños. Cerró la llave. El canto de los pájaros en su jardín lo emocionó. Mientras se secaba, le vino a la cabeza una frase de Freud que había en uno de los libros que su padre le obsequiara poco antes de morir. "El hombre es un dios con

132

prótesis." Consideró que si necesitaba una prótesis para ver, ¿por qué no una para amar?

Antes de resolver qué ropa ponerse, decidió visitarme. Siempre ha sabido a qué horas estoy en casa. Tocó a mi puerta con desesperación. Quería explicarme lo que le ocurría. Después de hacerlo sentar y ofrecerle un café, le aconsejé que por ahora no tomara decisiones, que era mejor aguardar, conocer más a Rosalba.

—Es una chava bien rara; no sé cómo tratarla —afirmó—; a veces me habla con dulzura; a veces me arrepiento de haberla llamado.

—Cuando uno empieza a enamorarse —le dije—, debe preguntarse en primer lugar ¿qué me propongo con esa persona? ¿Es mejor la diversión que el amor? Rosalba es voluble, como todas... ¿Sabe que la amas?

—Ni lo sospecha. El otro día cometí un acto heroico. No sé si contártelo; pensarás que estoy loco... Me senté otra vez en mis lentes.

—Pero... ¡Eres un pendejo! No hagas ese tipo de sacrificios por Rosalba. Yo la vi una vez y sé que no vale la pena.

—Ni siquiera le hablaste.

—¿A esa arrogante? ¡Ja, ja, ja...! Es bonita, pero no es para tanto. Si yo fuera tú, decidiría: o me lanzaba de lleno o la mandaba al carajo. Cómprate otros lentes y que ahora sean de mica. Conserva una buena vista; no la sacrifiques por una idea...

—¿Una idea? La mera verdad no he intentado nada con ella...

¿Cómo llevarla a la cama? Era imposible conocer lo que se movía o no se movía en la contradictoria Rosalba. Según él, lo mejor era que algo se moviera, la indiferencia era la peor y más absurda pérdida de tiempo y energías (un pragmático diría de dinero). A mi amigo no le preocupaba quedarse pobre. Ganaba poco, pero vivía en casa propia y se mantenía con los intereses mensuales de la herencia que le habían dejado sus padres, ya mucho antes del accidente. Él deseaba, como el religioso enamorado de una santa o virgen, efectuar sacrificios. Pero su fe era un oleaje: cada vez que la diosa no contestaba dulcemente el teléfono, mermaba como la resaca.

Unos días después, el muchacho me visitó de nuevo. Ya conocía su temor, su desánimo. Le recomendé que fuera directo: "no hay nada mejor que la sinceridad", pero el tonto se ceñía a un motivo —según él, superior— para no hacerme caso: el desconocimiento de Rosalba. En una ocasión, al lado de la que con algo de ironía llamaba "ninfa", se sintió inferior. Luego recapacitó: "Más que sentirme inferior, siento mucha impotencia (mental, se entiende)."

Exageraba. Su comentario romántico con pretensiones lúcidas me pareció absurdo. Sin embargo, en aquel entonces yo no conocía la verdadera causa por la que Rosalba le producía tanto miedo y a la vez tanto amor.

Una tarde, salí de mi casa y caminé sin rumbo. Los edificios de San Ángel me parecían nuevos, como si los acabaran de construir. Las calles empedradas de la Plaza de San Jacinto se encontraban silenciosas y sólo un claxon de vez en cuando delataba la neurosis de la ciudad. Ese día pensé más de lo que había pensado en meses. Reflexioné tanto, que cuando llegué a casa sólo pude dormir, soñar con Rosalba. Mucho había escuchado de ella como ejemplo de inteligencia, elocuencia, sensibilidad. Pero yo, escéptico, sólo repetía las palabras de Sófocles: "El silencio lleva la hermosura a la mujer." Si todo aquello atraía irremediablemente a mi amigo, ¿era entonces un amor intelectual, es decir, absurdo, ridículo?

En realidad, nunca hablé con Rosalba. No puedo emitir ningún juicio sobre su capacidad sensitiva o intelectual. Pero bastó que mi jefa adelantara el horario de entrada para percatarme de la belleza núbil de la chica.

Mi cambio de turno me hizo levantarme diariamente a las siete de la mañana, hora en que la joven aún se dirige a la universidad. El primer día amanecí desganado, flojo, una hora antes de lo que debía, turbado por una pesadilla. El reloj despertador no había sonado. Subí la persiana, encendí la grabadora y escogí, entre la música, la más apropiada para mis circunstancias anímicas: dos piezas folclóricas tailandesas y un coral *Ketjak* de la isla de Bali, que describe la parte del *Ramayana* en que Ravana rapta a Sita. Pensé que mi amigo debía dejarse de idioteces y raptar a Rosalba: como no era ningún apuesto Paris, por lo menos podía imitar a Ravana. Después les harían un coctel al que me invitarían. Dejé de fantasear cuando dieron las siete, hora de irme. Apagué el aparato, me amarré las agujetas y guardé la música.

Antes de salir, me asomé por la ventana. Vi a Rosalba dirigirse a la universidad. La dulzura de sus ojos castaños y la sensualidad de su boca me hizo imaginar una sonrisa seductora que contrastaba con los negros cabellos rizados que caían hasta la espalda. La figura proporcionada y los rasgos finos, integrados al trote lúbrico de dos senos bien formados, definidos por la camisa ajustada que revelaba el contorno de los pezones, me produjo una erección furiosa y exigente. Rosalba caminó a unos pasos de mi ventana y se fue alejando poco a poco. El acertijo de sus nalgas aleteaba, se balanceaba como un péndulo de carne. Atemorizado, con los nervios de punta, los latidos en éxtasis rítmico y las manecillas temblorosas, mi reloj despertador se alborotó tanto, que le arrojé un zapatazo. No debí hacerlo, se destrozó contra la pared.

"Ni modo", me lamenté. Medité en mi estupidez de camino al trabajo. Por la tarde, compré otro despertador.

A la mañana siguiente, sonó a las siete y cinco. Subí la persiana, me asomé: ahí estaba Rosalba, la misma figura, los mismos senos, la misma boca, las mismas nalgas... Al cabo de dos semanas de atisbarla, siempre a la misma hora y en iguales circunstancias, comprendí que el mocoso de mi amigo se convertía lentamente en mi rival: me había enamorado de Rosalba.

¿Enamorado?... Es una manera de decir que me atraía. Y aunque nunca sostuve una plática con ella, recapacité: ¿por qué no tratar?, ¿qué puedo perder? Me di cuenta de que vivía a dos cuadras de mi casa. Él jamás me lo dijo, quizá por temor de que la sedujera. La primera vez que la vi no me causó ninguna impresión, pero cuando me asomé por la ventana me sedujo tanto... Ya no me gustaba la idea del rapto.

Al miope le atraía la inteligencia y la sensibilidad; a mí, la belleza física. Pero él y yo no podíamos compartir a Rosalba. ¿Tomaría él su inteligencia y yo su cuerpo? ¿Me conformaría yo con la Rosa y él con el Alba? Imposible. Preocupado por la insistente indiferencia de la joven, él me seguía visitando y hablando por teléfono. Su necesidad (y necedad) de prótesis era más intensa que nunca. Sus cuestionamientos giraban en torno a lo que debía hacer para convencerla de su amor, a los argumentos que debía pensar y a la forma de expresarlos. Durante la última conversación le sugerí que me la presentara, que yo me encargaría de todo. Su silencio y su mirada perdida me hicieron sospechar que tal vez intuía mis propósitos. No fue así. El miope dijo que me la presentaría. La timidez no le permitía actuar. Me acordé de un viejo refrán: "La ocasión hace al ladrón." Yo tenía que aprovechar la oportunidad. Decidí escucharlo pacientemente, una vez más. Me comentó que, desde hacía algún tiempo, ya no asistía a la universidad.

—Ahora tengo tiempo completo —me dijo—; la señora Reyes ya no molesta.

—¿Y tu carrera? —pregunté—. ¿No lo hacías por las mañanas?

—Creerás que soy un idiota, pero me salí porque no puedo estar con Rosalba sin hacer nada. La amo. Prefiero hablarle por teléfono de vez en cuando: ¡el higiénico teléfono! La última vez que le hable me hizo la misma pregunta: "¿por qué ya no vienes a la Facultad?" No le quise decir que opté por el tiempo completo en el trabajo y recordé tu cambio de horario; le di una justificación como mía. No sospechó nada.

—Hiciste bien... Entonces, ¿me la presentas?

—Si tienes tiempo... la próxima semana.

—Muy bien. Ahora puedes comprar otros lentes.

No sé cuál será mi reacción. Nunca es lo mismo mirar a alguien desde la ventana que hablarle frente a frente. A veces sueño que le hago el amor. El olor de su sexo, la suavidad de sus muslos, la redondez de sus caderas, la textura de sus pezones erectos, el sabor de sus labios, el contorno de sus mejillas... Todo eso me motiva como a un niño. Pero lo que más me da risa es la ingenuidad del mocoso. ¡El amor platónico! Desde hace tiempo que no creo en él. Casi todo se reduce a dos problemas: la soledad y las hormonas. El amor, como la moral, cambia de cultura a cultura, de época en época, de persona a persona... ¡pero todos buscan alejarse de la soledad y tener satisfacción sexual!

Dejémonos de rodeos. En una semana me acerco a Rosalba y trato de conquistarla, estoy decidido. No sé cuánto tiempo me tomará. No importa. Después, a lo mejor, otros sentimientos nazcan: el afecto, la confianza, la admiración, la ternura, qué sé yo, incluso el cinismo. Por ahora debo conformarme con su belleza.

Han pasado tres días desde la última conversación con el mocoso y no he dejado de sentir el impacto de la "ninfa". Cuando camino por las calles y miro objetos valiosos en los aparadores, pienso en algo que pudiera obsequiarle a Rosalba. Luego me percato de mi ridiculez y ese sentimiento de dignidad que a veces me impide hacer algo por temor al fracaso, comienza a sojuzgarme. Me inclino hacia todas las posibilidades y ahora que reflexiono, me pregunto si no será una pérdida de tiempo luchar por esa imaginaria y nueva relación. ¿Hay probabilidades? ¿No es todo un holocausto de neuronas poseídas por fantasmas que se alteran y causan alteraciones? Esos fantasmas, ¿transforman los cimientos paradisiacos que desean acercarse? Sutiles, se arriman al misterio. Sus máscaras, pájaros negros, aletean hacia el vacío. En el caso de él, se inflaman por la convicción de hundirse en el olvido. En mi caso, ni siquiera había convicción, sólo incertidumbre, miedo al fracaso, ese miedo que muchas veces me obligó a arrepentirme de tal o cual empresa y que después me produjo un doble arrepentimiento: no quisiera que eso sucediera con Rosalba... Ah, Rosalba...

Recuerdo la primera vez que la vi. Aún asistía a la universidad. Pocos días antes de los exámenes, conversábamos mi amigo y yo en el corredor del segundo piso. Apenas se escuchaban unos cuantos ruidos y voces. Alumnos y maestros caminaban hacia sus aulas cuando la joven los oscureció con su presencia. Pasó frente a nosotros. La vi con curiosidad y cierto deleite. Respondió con cuchilladas oculares que desviaron mis ojos —pensé después con resentimiento— hacia un lugar más limpio: el piso. Así es, algo sucio noté en su mirada. Ahora pienso de otro modo y quisiera incorporarla a mi vida. Aun-

138

que lo parezca, no soy utilitario, soy directo y no creo poseer un gramo de ingenuidad. He vivido más que el mocoso, o por lo menos he dejado de creer en el amor.

La primera vez que la vi, Rosalba notó mi retraimiento al verme bajar la vista: no sospechaba que de reojo yo miraba cómo enrojecía. Era un juego inadvertido. La cosificaba, la pensaba como un ser más en un mundo de seres a los que no se puede llegar por ningún medio. La verdad es que ese simulacro de coyuntura me divirtió, o tal vez es eso lo que quiero pensar. La muchacha saludó al mocoso con diplomacia y reserva impregnada de aparente recato, y dio unos pasos para continuar su camino. Él la detuvo con ademán precipitado y le hizo preguntas sobre cierto trabajo escolar. Lacónica, la joven respondió:

—Ay, no sé. Tengo una clase, después nos vemos.

No vi sus nalgas cuando se alejó, pero noté el pulso alterado del mocoso. Pobre jovenzuelo... Ahora que pienso en esa escena, creo que quizá, en lugar de perder a un amigo y la posibilidad de una amiga, deba alimentar la fe del joven, aquella fe cuya injerencia se reduce y ahueca. Él no logra colegir el porqué ni pondera sus cambios. No tiene capacidad para ubicar el problema en su justo lugar, *entre las piernas*. Su prurito fue siempre imposible: que ella se acercara, que ambos recorrieran la ciudad abrazados como románticos pajarillos. Era imposible. Su lasitud está hecha de vacilaciones y, por lo tanto, tiende a la propia desconfianza.

Acaso esperar sea lo mejor. ¡Si al menos hubiera algún vaticinio, algún oráculo, sabríamos cómo diablos conducirnos! Pero eso ya no existe. Lo real es una viciosa, circular paradoja: el miope intenta actuar aguardando con mesura. A mí, en cambio, me corroe la indecisión. Tengo tres opciones: actuar, esperar o rendirme.

Después de todo, creo que lo mejor es el riesgo, tratar

de conquistar a la chica. Sólo con pensar en lo que ese mocoso hará con ella, me produce aburrimiento, pues si él quiere su espíritu, yo al menos deseo algo más tangible: su cuerpo, que es, de cualquier forma, la representación más palpable de lo espiritual. Sin la belleza, el supuesto espíritu no podría mostrarse, quedaría reducido a un concepto, a meras palabras. Creo adivinar por qué el muchacho mantiene su absurda actitud: una conversación entre sus padres, que escuché unos meses antes de que murieran, me lo reveló todo. No quiero comportarme como un *psico-loco* cualquiera, pero es significativo que el mocoso haya sido violado a los dos años por unos soldados. La familia aún vivía en Centroamérica y las represalias de la contrarrevolución se incrementaban día con día. Luego vino el exilio en México, y ahora, el fin de la guerra fría. Parece que él no está enterado de esto. Años después, vendría esa patada en los huevos que lo hizo ver a un médico y seguir un tratamiento durante meses.

Lo importante es que mi unión con Rosalba podría despertar nuevas sensaciones en el futuro. ¡Pero a quién diablos le interesa el futuro! ¡Carajo, lo mejor sería actuar, cogerse a la chava...! Y, claro, perder a mi amigo. Ni modo. El riesgo es lo que cuenta.

Ayer en la noche, impulsado por la urgencia, entré en el lugar más filosófico del hogar. Otra vez la pinche diarrea. ¡Esos tacos de cochinita...! En fin. Gracias al intenso reflejo de la luna llena, pude ver, en el agua del excusado, la imagen borrosa de Rosalba. Cuando la ensoñación se retiró para hacerme retornar a la realidad, contemplé la imagen de él, del mocoso. Supuse que se trataba de la misma que veo diariamente en el espejo roto de mi alcoba. Bajé la tapa y jalé.

Publicado en *La Gaceta* del *Fondo de Cultura Económica*

Enrique Serna
Tesoro Viviente

A José Agustín

Atorada en un párrafo de sintaxis abstrusa, con varias cláusulas subordinadas que no sabía cómo rematar, Amélie trató de ordenar su borbotón de ideas para convertirlo en sustancia verbal. Se había encerrado en un callejón sin salida, ¿pero no era en esas encrucijadas donde comenzaba la vida del lenguaje? Necesitaba encontrar el reverso del signo, el punto de confluencia entre la figuración y el sentido, pero ¿cómo lograrlo si las palabras que tenía en la punta de la lengua escapaban como liebres cuando trataba de vaciarlas en moldes nuevos? Tomó un sorbo de té negro y reescribió el párrafo desde el principio. Su error era querer imponer un orden al discurso en vez de abandonar el timón al capricho de la marea. Sí, necesitaba volar a ciegas, dejar que el viento la llevara de un espacio mental cerrado a otro abierto y luminoso, donde el alfabeto pudiera mudar de piel. Escribió un largo párrafo de un tirón, sin reparar en las cacofonías. El automatismo tenía un efecto liberador, de eso podía dar fe el mismo Dios, que al crear el mundo había hecho un colosal disparate. Pero cuando releyó la secuencia de frases caóticas en la pantalla del ordenador, encontró su estilo anticuado y ridículo. No podía descubrir el surrealismo en pleno siglo XXI: los lectores exigentes, los únicos que le importaban, la acusarían con razón de seguir una moda caduca. Oh, cielos, cuánto envidiaba a los autores de *best sellers* que podían escribir sin ningún pudor "Aline salió a la calle y tomó un taxi", como si Joyce nunca hubiera existido, como si Mallarmé no hubiese descubierto la oscura raíz de lo inexpresable. Para ella la escritura era un constante desafío, una búsqueda llena de riesgos y precipicios. Confiaba en la firmeza de su vocación, que las dificultades para publicar no habían quebrantado, pero le aterraba pensar que al final del camino tal vez sólo encontraría niebla y más niebla.

Para oxigenarse el cerebro fue a calentar otro té. De camino a la cocineta tropezó con un cenicero repleto de colillas que alguno de sus amigos había dejado sobre el parquet la noche anterior. Su minúsculo departamento estaba hecho un asco. Aun con la ventana abierta de par en par, el olor del hachís no se había dispersado, tal vez porque ya estaba adherido a los muebles y a las cortinas. Sobre el sofá alguien había derramado una copa de coñac, sin duda Virginie, que se había revolcado allí con su amante argelino. Si usaba el sofá para coger, por lo menos debía tener la decencia de no ensuciarlo. Limpió la mancha con un trapo, aliviada de no encontrar costras de semen seco. Al entrar en la cocineta, la pila de trastes con restos de comida le produjo náusea. Si no los lavaba pronto la casa se llenaría de moscas y cucarachas. Tal vez debería apagar el ordenador y continuar escribiendo cuando estuviera más lúcida. Nada mejor que el descanso contra el bloqueo creativo. De cualquier modo, la jornada de trabajo ya estaba perdida: no podía hacer prodigios de agilidad mental con una flecha atravesada en el cráneo después de una noche de juerga.

Tomó uno de los platos y lo comenzó a enjabonar. Era grato librarse por un momento del crítico implacable que la miraba por encima del hombro, insatisfecho siempre con su escritura. Pero el fregadero la obligaba a confontarse consigo misma, algo que tampoco podía considerarse un placer. Pensó, como siempre, en su falta de amor. Los hombres que podían brindarle amistad inteligente y buena cama, le tenían pavor a cualquier compromiso, incluso al de vivir en unión libre. Había dejado de importarle que resultaran bisexuales o adictos a drogas duras, pues ya no aspiraba a encontrar un príncipe azul. El problema era su cobardía, su falta de carácter para enfrentar los retos de la vida en pareja. Volubles, egoístas, enemigos de cualquier previsión, como si planear el futuro fuera empezar a morir, todos querían una libertad irrestricta para prolongar eternamente la adolescencia, y palidecían de terror apenas les hablaba de tener hijos. Hasta Jean Michel, que parecía tan maduro, y con quien había logrado establecer una verdadera complicidad, había desaparecido de un día para otro al darse cuenta de que su pasión "estaba degenerando en costumbre". Pamplinas: dos personas intiligentes nunca se aburren juntas. El problema de Jean Michel era que estaba demasiado inmerso en su neurosis para compartir el placer y el dolor con otra persona.

Cuando terminó de secar los trastes, Amélie puso a calentar el té en el horno de microhondas. Al sacar la taza se quemó la yema del dedo anular. Mierda, le saldría una ampolla en el dedo que más usaba para escribir. Se untó mostaza en la quemadura y puso el concierto 21 para piano de Mozart. Necesitaba relajar los músculos, desprenderse del plomo que le pesaba en la espalda. Arrellanada en el sofá, encendió con unas pinzas la bacha más grande del cenicero y se la fumó de un tirón. En la adolescencia, la yerba la embrutecía; ahora en cambio le despejaba el cerebro. Ya tenía 32 años y su carne empezaba a perder elasticidad. Si no había encontrado un compañero estable y solidario en la flor de la juventud, tendría menos posibilidades de ser feliz cuando perdiera atractivos. Tal vez debería conocer hombres con menos sensibilidad y más aplomo: ingenieros, médicos, empleados de tiendas, estaba demasiado encerrada en el medio intelectual, o más bien, en su oscura antesala, el vasto círculo de los aspirantes a obtener un sitio en el mundo del arte y las letras, un terreno pantanoso donde la hombría escaseaba tanto como el talento. Los amigos que antes admiraba ahora le daban lástima. Serge, por ejemplo. Cuánta frustración destilaba en sus dictámenes hepáticos de libros y películas. La noche anterior había despedazado la última novela de Michel Houellebecq, de la que sólo leyó cien páginas, como si presentara cargos contra un hereje: mercenario, lo llamó, coleccionista de lugares comunes, falso valor inflado por la crítica filistea. Claro, Houellebecq era el novelista de moda, la conciencia crítica más aguda de su generación, y él sólo había logrado publicar cuentos cortos, bastante insulsos por cierto, en revistas provincianas de ínfima clase. Serge, Yves, Margueritte, todos estaban cortados con la misma tijera: ninguno había trabajado con humildad y rigor en sus disciplinas, ninguno había producido una obra a la altura de su soberbia. Pretendían convertir su marginalidad en un timbre de gloria, como si no existiera también una marginalidad merecida: la de los diletantes que codician el prestigio cultural sin hacer nada por alcanzarlo. Y ella se estaba dejando arrastrar por la misma resaca, era doloroso pero necesario admitirlo. En tres semanas apenas había escrito seis cuartillas y por falta de una columna vertebral, su novela, si acaso podía llamarle así, tenía la flacidez amorfa de un molusco.

Estiró el brazo para tomar el fajo de cuartillas y releyó algunos párrafos al azar. Nada le gustaba, salvo el título:

Alto vacío, una imagen polifuncional que expresaba su tentativa por crear un sistema de ecos, una red especular volcada sobre sí misma, y al mismo tiempo, la angustia de una mujer enfrentada con el desamor. Se había propuesto una empresa titánica; crear una poética de la desolación. Pero temía que el desafío fuera superior a sus fuerzas. Para descomponer la desolación en un prisma de sensaciones, primero necesitaba sobreponerse a ella, pues no podría objetivar la experiencia del dolor mientras lo sintiera clavado en el cuerpo, mientras se rodeara de gusanos resentidos que ni siquiera tenían humor y grandeza para asumir el fracaso; mientras cada mañana tomara su puesto en el engranaje de la frustración colectiva, como todos los fantasmas hacinados en los andenes del metro, y volviera del liceo cansada y marchita, con el alma enteca por la ausencia de un pecho varonil donde reclinar la cabeza. ¡Oh, Dios! ¡Si al menos tuviera el valor de romper con todo!

Había empezado a sollozar cuando sonó el teléfono.

—¿Aló?

—Soy yo, Virginie.

—Óyeme, perra. Tú y tu amigo me dejaron el sofá asqueroso.

—Perdóname, son los transportes de la pasión.

—Es la última vez que me traes un amante a la casa. La próxima vez los echo a patadas.

—De ahora en adelante voy a portarme bien, te lo juro. Pero escucha, mi cielo, para quitarte el enojo te voy a dar una buena noticia. ¿Todavía quieres largarte de Francia?

—Más que nunca —suspiró Amélie.

—Pues ha llegado tu oportunidad. ¿Sabes lo que es la ACCT?

—Ni idea.

—Es una asociación dirigida por un grupo de damas

145

católicas, que se encarga de difundir en Europa la cultura de los países africanos.

—¿Y eso qué tiene que ver conmigo?

—La agencia publica una revista mensual que se llama *Notre librarie*. Cada número está dedicado a un país diferente, y están buscando un especialista que escriba una monografía sobre la literatura de Tekendogo.

—¿Tekendogo? ¿Y eso dónde queda?

—Es un pequeño país del África Ecuatorial. La asociacion costea el viaje y los gastos del investigador por un año. Mi amigo Fayad, el que llevé anoche a tu casa, trabaja en la ACCT y cree que puedes obtener la plaza fácilmente.

—¿Estás loca? Jamás he leído a ningún escritor de Tekendogo.

—Ni tú ni nadie. Por eso es fácil que te den el trabajo. Sólo tienes que presentarte como experta en literatura africana y mostrar a la directora tu currículum académico. Lo demás corre por cuenta de Fayad. Él se encarga de publicar la convocatoria en la red, pero nos hará el favor de mantenerla oculta para que no tengas competidores. Serás la única aspirante, Amélie, todo está arreglado a tu favor.

—¿Pero qué voy a hacer un año entero refundida en el culo del mundo?

—¿No decías que estabas harta de París, que necesitabas abrirte ventanas y escapar de tu asfixiante rutina?

—Es cierto, pero no podría vivir en Tekendogo. Si me deprimo en París, allá sola me pego un tiro.

—Piénsalo bien, Amélie. Es una buena oportunidad para que dejes las clases y las reseñas de libros. Resolverías tu problema económico y podrías dedicarte de lleno a escribir lo tuyo.

—Por ese lado no está mal, pero tengo miedo de aburrirme —por el tono de Amélie, Virginie se dio cuenta de que empezaba a flaquear.

—¿Aburrirte en el paraíso? No digas estupideces. Para una mujer que trabaja con la imaginación, vivir en África puede ser una experiencia fabulosa. ¿O crees que Karen Blixen se haya aburrido en Kenia? Imagina lo que te espera: la naturaleza salvaje al alcance de la mano, paseos en elefante, maravillosas puestas de sol, las danzas exóticas y los ritos mágicos de las tribus, el contacto vivificante con una cultura primitiva. ¿Quieres renunciar a todo eso?

—No estoy segura, déjame pensarlo un poco.

—Tenemos el tiempo encima, es ahora o nunca. Por si no lo sabes, en Tekendogo están los negros más guapos de África. Son altos, esbeltos, y muy bien dotados. Se mueren de amor por las europeas y una erección les puede durar media hora. Además, en cualquier esquina te venden mariguana de la mejor calidad...

—Bueno, tal vez valga la pena hacer el intento. ¿Dónde queda la agencia?

Para no llegar a la entrevista con la mente en blanco, buscó información sobre Tekendogo en la página de Internet de *Le Monde Diplomatique*. Con 5 millones de habitantes y una deuda externa que absorbía el 80 por ciento del producto interno bruto, Tekendogo era el país más pobre del conglomerado de naciones que antiguamente formaron el África Occidental Francesa. Situada al sur del Sahara y al norte de los países ribereños del Golfo de Guinea, la joven república no tenía salida al mar, circunstancia poco favorable para el desarrollo de la economía. Por falta de trabajo, la mayoría de la población activa emigraba en tiempo de secas a las plantaciones cafetaleras de Ghana y Costa de Marfil. Desde la proclamación de su independencia, en 1960, el gobierno estaba en manos de una dictadura militar con ropaje democrático y civilista. El Comité Militar de Redención, encabezado por el dictador Koyaga Bakuku, se escudaba tras la servil Asamblea del Pueblo, compuesta en su totalidad por diputados adictos al régimen, para reprimir salvajemente el menor brote de disidencia y otorgar concesiones a las compañias extractoras de bauxita y zinc. En lengua malinké Tekendogo significaba "país de la honestidad", nombre paradójico para una nación cuyos gobernantes disponían a su antojo de los fondos públicos. La hostilidad entre los principales grupos étnicos del país —malinkés, mandingos, fulbés, mambaras— era motivo de constantes guerras civiles. Salvo la minoría islámica concentrada en la capital del país, Yatenga, la mayor parte de la población profesaba religiones animistas. Debido a la falta de drenaje y al deplorable sistema de salud pública, el país tenía elevados índices de mortandad. Según cálculos de la OMS, más de 15% de la población estaba enferma de sida. La hambruna llegaba a tal extremo que cuando un sidoso moría, su familia no lamentaba la pérdida del ser querido, sino el fin de la ración alimenticia que le asignaba el Estado.

"Virginie quiere mandarme al infierno", pensó Amélie al apagar el ordenador. En Tekendogo no existían las condiciones elementales para el desarrollo de una literatura. Si la ACCT quería ayudar en algo a ese desdichado país, debería enviarle medicinas y víveres, no gente de letras. Pero tal vez pudiese atemperar el carácter frívolo de su misión, pensó, realizando labores de servicio social que dejaran algún beneficio al pueblo de Tekendogo. En la adolescencia, cuando militaba en organizaciones de izquierda, se había encargado de brindar asesoría legal y apoyo económico a los inmigrantes magrebís. Ya era tiempo de recuperar ese impulso generoso y tenderle los brazos al prójimo, para escapar de la cárcel autista donde se estaba voviendo loca.

Entusiasmada por la posibilidad de darle un giro crucial a su vida, al día siguiente salió a buscar números atrasados de *Notre Librarie* en las librerías de Montparnasse y el Barrio Latino. Sólo encontró los tres últimos, pero su lectura le bastó para hacerse una idea bastante clara de lo que hallaría en Tekendogo: un páramo literario donde quizá hubiese un pequeño grupo de aspirantes a escritores sin oportunidades de publicar. Con monótona insistencia, los autores entrevistados salmodiaban la misma queja: los libros se vendían poco en África por la razón esencial de que la vida comunitaria no favorecía el acto de leer. Aun en los países con exitosos programas de alfabetización, era inconcebible que un individuo pudiera absorberse en una lectura esencialmente solitaria. Por consecuencia, las tentativas de subsidiar la industria del libro en países como Camerún, Senegal y Togo habían terminado en la bancarrota de las editoriales públicas. Privados del contacto con los destinatarios reales de sus obras, los pocos autores que lograban publicar en Francia debían enfrentarse a un público indiferente y hostil, con una idea muy equivocada de la cultura africana. Amélie compartía esa indiferencia y los lamentos de los escritores no la conmovieron demasiado, pues le parecía que las editoriales francesas publicaban autores africanos para darse baños de correción política. Y si bien era propensa a la filantropía, como lectora no acostumbraba hacer obras de caridad. De cualquier modo, leería con atención a los escritores de Tekendogo y redactaría el informe en términos benévolos, para no desentonar con el paternalismo condescendiente de la revista.

La directora de la ACCT, Jacqueline Peschard, una dama entrada en los cincuenta, de traje sastre y pelo corto rojizo, la recibió con calidez en su oficina de la Plaza de Saint-Sulpice, decorada con máscaras, lanzas y penachos de danzantes. Había leído su currículum y pensaba que era la persona idónea para el puesto, pero necesitaba hacerle algunas preguntas:

—¿Conoce usted Tekendogo?

—Sí —mintió Amélie, aleccionada por Virginie—. Mi padre era ingeniero metalúrgico y su compañía lo envió a trabajar allá cuando yo era una niña. Vivimos seis años en Yatenga. Fue la época más feliz de mi vida.

—¿Aprendió alguna de las lenguas nativas?

—Un poco de malinké, pero lo he olvidado.

—Bueno, eso no importa. Sólo queremos que estudie la literatura escrita en francés. Dígame, señorita Bléhaut, ¿qué la motiva para hacer este viaje?

—Reencontrarme con mis raíces, ampliar mis horizontes...

La señora Peschard sonrió en señal de aprobación. Era exactamente la repuesta que esperaba, pensó Amélie.

—¿Milita usted en alguna organización política?

—No, sólo me interesa la literatura.

—Me alegra mucho. Una de las normas de nuestra agencia es no intervenir en los asuntos internos de los países africanos. Nuestros investigadores trabajan en estrecho contacto con los ministerios culturales de los países que visitan, y por ningún motivo deben participar en actividades políticas.

—No se preocupe, no tendrá ninguna queja de mí.

—Correcto —la señora Peschard cerró la carpeta—. Dentro de poco le comunicaremos la decisión de nuestro patronato. Pero se trata de un mero formalismo: desde ahora puedo asegurarle que usted será la elegida.

Al recibir el telegrama de aceptación, se puso de acuerdo con una compañera del liceo para dejarle el departamento por un año. Con una llamada telefónica a su madre quedó resuelto el trámite de dar aviso a la familia. Sin despedirse de sus amistades nocivas, que deseaba abandonar para siempre, tomó el taxi al aeropuerto con tres gruesas maletas y una computadora portátil, recién comprada en Carrefour, con la que pensaba terminar su novela inconclusa. Por la insignificancia comercial de Tekendogo, Air France no volaba a Yatenga y tuvo que hacer escala en Abidján, la capital de Costa de Marfil, para conectar un vuelo de Teken Air, la aerolínea del gobierno tekendogués que comunicaba a las dos ciudades. En el aeropuerto de Abidján se dio el primer frentazo con la barbarie africana: tras una larga espera en la sala del aereopuerto, un cuartucho mal ventilado, con incómodas bancas de acrílico, el representante de Teken Air, un gordo de talante autoritario, bañado en el sudor torrencial de los negros, informó a los pasajeros que por desperfectos de su aeronave, el vuelo a Yatenga se cancelaba hasta nuevo aviso.

—¿Pero cuánto tiempo tendremos que esperar? —lo interpeló Amélie. El gordo se encogió de hombros.

—Eso depende de los mecánicos. Pueden ser dos horas o dos semanas, nunca se sabe.

Amélie observó desde lejos el avión —un desecho de la Segunda Guerra Mundial, con motores de hélice y fuselaje abollado—, que rodaba lentamente hacia el hangar de reparaciones. Ni muerta se arriesgaría a volar en ese cacharro. Exigió que le devolvieran el importe de su boleto, y con ayuda de un maletero tomó un bicitaxi hacia la estación de trenes, en el otro extremo de Abidján. El viaje en ferrocarril a Yatenga duraba 16 horas, le advirtió la mujer de la ventanilla. Por fortuna, con el dinero recuperado pudo pagarse un reservado en primera clase, a prudente distancia de las ruidosas familias de campesinos que subían al tren con chivos y gallinas de Guinea.

En las primeras horas de viaje se deleitó con la tupida vegetación y el aire balsámico del bosque tropical. Flotaba en la atmósfera una promesa de sensualidad que le abrió los poros de la piel, como si el tren la condujera hacia una cascada donde sería un placer despeñarse. Su sensación de ligereza no tenía nada que ver con el falso bienestar inducido por las drogas: esto era un vuelo sin nebulosas, un verdadero desafío a la ley de la gravedad. Sólo cayó a la dura corteza terrestre cuando el tren hizo su primera parada en territorio de Tekendogo. Entre el enjambre de negras robustas con huacales al hombro que se acercaron a ofrecerle calabazas con vino de palma, ñame cocido, o dulces secos, observó cuadros esperpénticos dignos de figurar en un museo del horror: mendigos de mirada lúgubre con la piel roída por las erupciones del pián, una adolescente con un enorme bocio en el cuello, rameras desdentadas con argollas en los pezones, niños famélicos con el esqueleto dibujado bajo la piel bebiendo agua en un charco pútrido. Pero esto es una aldea, pensó para tranquilizarse, Yatenga debe ser un sitio más habitable.

Durmió arrullada por el traqueteo del tren, y al abrir los ojos, la cortina verde de los manglares había sido reemplazada por las planicies de la sabana. El calor aquí era más seco, pero la atmósfera más nítida, como si la luz se limpiara de impurezas al atravesar el tamiz del cielo. Para aplacar el hambre sacó de su bolso un trozo de ñame cocido comprado la víspera en la aldea de Kamoe. No había fieras a la vista —seguramente las ahuyentaba el ferrocarril—, sólo avestruces contemplativas y manadas de antílopes que levantaban grandes polvaredas en el horizonte. Qué soberbia era la naturaleza cuando no la ensuciaban las huellas del hombre. Pero de una estación a otra, conforme el tren se acercaba a la capital, las llagas de la miseria se iban mostrando con mayor crudeza. La gente del campo vivía en el palelolítico, sin agua ni electricidad, apeñuscada en chozas de palma, defecando en fosas sépticas atestadas de moscas, a merced de cualquier inundación, de cualquier epidemia, sin más medios de subsistencia que sus aperos de labranza y sus animales domésticos. Ni siquiera se les podía considerar explotados, pues no había fábricas o empresas agrícolas en cien kilómetros a la redonda: simplemente estaban fuera de la aldea global, fuera del siglo en que vivían, como si Tekendogo girara en sentido inverso a la rotación del planeta. El hombre aquí era una bestia degradada: la civilización le había quitado la dignidad del guerrero salvaje, su orgullo de cazador autosuficiente, sin darle siquiera unas migajas de bienestar.

Llegó a Yatenga con un acre sentimiento de culpa. Para sustraerse al engranaje de la injusticia, rechazó la ayuda de los parias que se abalanzaron a cargarle las maletas y prefirió llevarlas sola con grandes esfuerzos. La liberación de esa pobre gente sólo llegaría cuando abandonara sus hábitos serviles, cuando comprendiera que no debía humillarse ante ningún europeo. En la cartera llevaba la dirección del hotel que la ACCT le había reservado por quince días, mientras encontraba un departamento decente, pero antes de tomar el taxi necesitaba cambiar sus francos por daifas, la moneda nacional de Tekendogo. Buscaba entre el gentío una casa de cambio, arrastrando lentamente su pesado equipaje, cuando vio un fotomural luminoso de dos metros de altura, en el que un negro maduro de lentes redondos y cabello entrecano, vestido con túnica blanca, escribía a lápiz en un estudio repleto de libros, iluminado con claroscuros expresionistas. Al pie de la foto, la sobria carátula de un libro, acompañada de un texto lacónico: *"Lejos del polvo,* la nueva novela de Macledio Ubassa, Tesoro Viviente." ¿De modo que en Tekendogo había una industria editorial con suficiente poder económico para lanzar novelas con anuncios espectaculares? Lo más extraño era el lugar de la estación elegido para colocar esa propaganda. Al pie del fotomural, hacinados en el suelo por falta de bancas, entre cestas de frutas, lechones y perros callejeros, esperaban el próximo tren ancianos harapientos, niños desnutridos con costras de mugre en el pelo y mujeres preñadas cubiertas de pústulas. Ninguno de ellos tenía un libro en la mano. Tampoco los pasajeros de primera clase, sentados en una salita contigua, que vestían a la europea y parecían gente mejor educada, pero sólo leían historietas y periódicos deportivos. De cualquier modo, le alegró saber que Tekendogo era un país donde se daba importancia a las letras. La riqueza cultural de un pueblo no siempre dependía de su desarrollo económico. El talento podía florecer en las condiciones más precarias y si tenía la fortuna de descubrir escritores valiosos, quizá contribuyera en algo a sacarlos de su terrible aislamiento.

Cuando por fin pudo cambiar sus francos, tomó un taxi al hotel Radisson, la clásica torre de vidrio espejo que el imperialismo erige en las capitales del Tercer Mundo como grosera señal de supremacía, sin consideración alguna por la arquitectura autóctona. Aun con el aire condicionado hasta el tope, su cuarto era un baño sauna. Un duchazo de agua fría le aflojó los músculos del cuello, entumidos por las tensiones del viaje. Cuando terminó de colgar su ropa, se tendió desnuda en la cama y echó un vistazo al televisor. Quería mantenerse despierta hasta las once de la noche, para amortiguar el pequeño *jet lag* y acostumbrarse pronto a su nuevo horario. Tras un breve jugueteo con el control remoto, descubrió con sorpresa un canal cultural. En un estudio decorado con muebles futuristas que le recordó la escenografía del programa *Apostrophe,* una negra entrada en carnes, semi-cubierta por un taparrabos, el rostro pintado con caolín rojo y blanco, respondía las preguntas de un entrevistador joven que le dispensaba un trato reverencial, como un acólito frente al Santo Papa.

—Díganos, señora Labogu, ¿cuál es la función del escritor en las sociedades africanas?

—Primero que nada, tender puentes que contribuyan a preservar nuestra identidad. La negritud es la mixtura creadora, el mestizaje gozoso de las herencias culturales. Yo he querido abrir brechas con una escritura abierta a todas las peculiaridades lingüísticas, a todas las vertientes de lo imaginario.

—Háblenos de su nuevo libro de poemas, *Música de viento.*

—Pues mire usted —Labogu exhaló el humo de su cigarrillo—, en este libro he querido volver a las fuentes de la vida, que son también las fuentes de la palabra. Yo me crié en las montañas, y desde niña el cálido soplo del harmattán me enseñó que la palabra es viento articulado, una fuerza que el poeta debe interiorizar para devolverla al cosmos, transustanciada en canto.

—Me están indicando que debemos hacer una pausa —la interrumpió el conductor, apenado—, pero en unos momentos más continuaremos nuestra charla con la poeta Nadjega Labogu, Tesoro Viviente.

Amélie anotó su nombre en una libreta, junto con el de Macledio Ubassa, para comprar sus libros a la primera oportunidad. Le hubiera gustado terminar de ver la entrevista, pero el sueño la venció en mitad del corte comercial. Durmió de un tirón hasta el amanecer, como no lo hacía desde niña, y después de un desayuno ligero pidió al recepcionista un mapa de Yatenga.

—¿Me podría señalar dónde queda el Ministerio de Cultura?

El empleado le señaló un punto del mapa relativamente cercano, a diez cuadras en dirección poniente. Había un taxi en la puerta del hotel, pero prefirió hacer el recorrido a pie para empezar a conocer la ciudad. La zona hotelera, de amplias calles adoquinadas, pletóricas de restaurantes y tiendas de artesanías con rótulos en inglés y francés, le pareció una alhaja de bisutería, una burda imitación de las capitales europeas. Primero muerta que vivir ahí, ella quería ver la realidad escondida tras los decorados, trabar contacto con el África profunda. Al llegar al ministerio explicó el motivo de su visita al ujier de la entrada, que la remitió con Ikabu Luenda, subjefe de Relaciones Internacionales. Breve antesala en una lujosa recepción con finos tapetes, cuadros originales de aritistas locales y una monumental araña colgando del techo. Luenda era un funcionario distinguido con maneras de dandy, que despedía un intenso olor a lavanda inglesa.

—Me llamo Amélie Bléhaut y vengo a una misión cultural patrocinada por la ACCT —se presentó—. La señora Jacqueline Peschard me pidió que entregara mi proyecto de trabajo a las autoridades del ministerio.

—Ah sí, la esperábamos desde ayer —Luenda le ofreció una silla—. Creo que ya nos conocíamos: usted asistió al coloquio de literaturas francófonas de Nimes en el 95, ¿no es cierto?

—Sí, estuve ahí —mintió Amélie—. Pero me presentaron a tanta gente que tengo los recuerdos borrados.

—La comprendo, para los blancos todos los negros somos iguales —bromeó Luenda y Amélie soltó una risilla nerviosa—. La presentación de su proyecto es una mera formalidad. Sólo nos interesa saber en qué podemos servirle.

—Bueno, quisiera buscar un departamento en las afueras de la ciudad y tomar clases de malinké con un maestro particular.

—Eso es fácil de conseguir —Luenda llamó a su secretaria por el interfón—. Por favor, tráigame una lista de maestros de idiomas, y la sección de anuncios clasificados del periódico. ¿Se le ofrece algo más?

—Sólo tengo una pregunta: ¿me podría explicar qué es un Tesoro Viviente?

—Es el título honorífico de nuestros artistas más destacados —Luenda se aclaró la voz y adoptó un tono pedagógico—. Por instrucciones del excelentísimo general Bakuku, hace veinte años la Asamblea del Pueblo promulgó un decreto para proteger la obra y la persona de nuestros grandes talentos en el campo de la pintura, la música, la danza y las letras. Un tesoro viviente recibe una generosa pensión del Estado que le permite vivir con holgura, y a cambio de ese apoyo debe entregar sus obras al pueblo.

—¿Cuántos Tesoros Vivientes hay?

—Alrededor de 50. Cuando un tesoro muere se reúne el consejo de premiación, encabezado por el general Bakuku, y nombra a un sucesor del difunto.

Salió del ministerio con una grato sabor de boca. Tekendogo podía ser un país atrasado, pero en materia de mecenazgo público estaba dando una lección a los roñosos gobiernos de las grandes potencias, que recortaban sin piedad el presupuesto para las actividades culturales. Por lo menos aquí la literatura no estaba sujeta a la demencial tiranía del mercado y el artista podía ejercer su vocación sin presiones económicas. De camino al hotel, a dos cuadras del ministerio, se topó con la librería La Pléiade, que exhibía en su vitrina, entre otras novedades, los libros más recientes de Macledio Ubassa y Nadjega

157

Labogu. Quiso entrar a comprarlos, pero la puerta estaba cerrada. Eran las once de la mañana y todos los comercios de la calle hervían de clientes. ¿Estarían remodelando el local? Por lo que alcanzaba a ver a través del cristal, no había hombres trabajando en el interior. Pero en fin, ya tendría tiempo de sobra para comprar libros. Por ahora lo que más le importaba era encontrar un departamento.

Lo halló una semana después en el populoso barrio de Kumasi, enfrente de un mercado al aire libre donde se congregaban merolicos, encantadores de víboras, mendigos inválidos y niños que escupían fuego. En el mercado contrató a un trabajador mil usos que por 50 daifas se encargó de encalar las paredes y destapar los caños azolvados. Tener agua potable era un lujo en esa parte de la ciudad, donde la mayoría de la gente acarreaba tambos desde el lejano pozo de Tindemo. No había agua para beber, pero el agua de las lluvias se estancaba en charcos oceánicos que la gente vadeaba caminando sobre ladrillos y piedras. La falta de drenaje, según supo después, cuando empezó a familiarizarse con sus vecinos, era la principal causa de mortandad infantil. Desde los años 80 el supremo gobierno les había prometido extender la red de tuberías, pero las obras se aplazaban siempre con diversos pretextos. El dispensario móvil que atendía a los enfermos de disentería no pasaba muy a menudo, y con frecuencia los niños morían deshidratados por falta de suero.

La gente del pueblo apenas si chapurreaba el francés, a pesar de ser la lengua oficial que se enseñaba en la escuela. Si quería hacer labores de servicio social —como le exigía su conciencia— necesitaba vencer la barrera del idioma. Revisó la lista de maestros que le había proporcionado Luenda y concertó una cita con el profesor Sangoulé Limaza, quien debía de ser una lumbrera a juzgar por su currículum abreviado, pues además de malinké hablaba los dialectos touareg, haoussa, bamileke y kirdi. Esperaba a un carcamal de cabello blanco, y al abrir la puerta sufrió una grata conmoción: joven y fuerte como un potro salvaje, con largas piernas y ojos color ámbar que hacían un perfecto contraste con su piel de ébano, Sangoulé era un regalo de los dioses. Llevaba arracada en la oreja, una playera de futbolista ceñida a sus férreos pectorales y el pelo en mangueras, como los rastafaris jamaiquinos. No era prognata, como la mayoría de los africanos, ni sus rasgos faciales correspondían al fenotipo de los malinkés —labios gruesos, nariz ancha, pómulos salientes—, pues como le explicó esa misma tarde, su tatarabuelo había sido un colonizador portugués que contrajo matrimonio con una aborigen. Era, pues, un glorioso producto del mestizaje, y durante la clase de malinké, Amélie lo contempló con moroso deleite, sin retener una sola palabra de la lección.

—Hasta el próximo jueves —dijo al despedirse, y la nieve de su sonrisa la quemó por dentro.

—Mejor venga mañana —corrigió Amélie—. Lo he pensado mejor y creo que me conviene tomar clases a diario, para avanzar más deprisa.

Al día siguiente compró una botella de vino blanco en una tienda para turistas, y cuando terminaron la clase le ofreció una copa. "Si nos vamos a ver tan seguido será mejor que rompamos el hielo, ¿no te parece?" Sangoulé asintió con timidez y a petición de Amélie habló de sus orígenes y expectativas. Miembro de una tribu nómada, los ogombosho, de niño había recorrido con sus padres la costa oeste africana, aprendiendo las diferentes lenguas de cada región. No había asistido a la escuela hasta los doce años, cuando su familia se asentó en Yatenga. Tenía la mente despierta y aprendió el francés con gran facilidad. En el segundo año del liceo, la muerte de su padre lo había obligado a abandonar los estudios para contribuir al gasto familiar. Desde entonces dividía su tiempo entre las clases de idiomas y su verdadera pasión, la música. Era percusionista en un grupo de rock alternativo, Donosoma, que trataba de fusionar los ritmos occidentales con los aires populares de la región. Por cierto, el viernes se presentaban en un café concert del centro de la ciudad. ¿No quería honrarlo con su asistencia?

—El honor será mío —se entusiasmó Amélie—. La música africana me encanta.

El café concert resultó una humilde barraca iluminada con macilentas luces de neón, donde medio millar de jóvenes negros, apretados codo con codo, pugnaban por acercarse a la barra donde se vendía cerveza de mijo. Empezaba a sentir claustrofobia cuando el grupo Donosoma salió al estrado. Con una túnica multicolor y un gorro dorado en el pelo, Sangoulé irradiaba sensualidad, y a juzgar por los gritos histéricos de las muchachas, no era la única mujer ansiosa por conquistarlo. Sostenía entre las rodillas un yembé que golpeaba cadenciosamente con los ojos cerrados, como en estado de trance. Quién fuera ese tambor, pensó, para estar anudada en sus piernas. Al terminar la tocada, cuando la gente abandonó la barraca, Amélie se abrió paso por detrás de los bastidores, hasta llegar al camerino donde los músicos tomaban cerveza, refrescados por la brisa de un ventilador. Sangolué sudaba a chorros pero eso no le impidió abrazarlo. Felicidades, dijo, tu grupo sería una sensación en París, y al empaparse con el sudor de su cuello sintió en la piel una lluvia de alfileres. Un ramillete de negras rodeaba a los miembros del grupo, y ante la perfección de sus cuerpos se sintió en desventaja. Pero la competencia dejó de inquietarle cuando Sangoulé la sentó a su lado y notó el ardiente interés con que la miraban los demás músicos. Les gusto porque soy europea, pensó, aquí la piel blanca se cotiza muy por encima de su valor. Empezaron a circular los canutos de mariguana y al tomar el que le ofreció Sangoulé, se demoró adrede para acariciar sus dedos. Los músicos hablaban en una jerga híbrida, mitad francés, mitad malinké. No entendía una palabra ni podía concentrase en la charla, porque su atención estaba fija en los movimientos de Sangoulé, que al encender el segundo cigarro le pasó el brazo por la cintura, como para disuadir a los demás cazadores de disputarle la presa.

A partir de entonces, Amélie sólo se mantuvo anclada a la realidad por el sentido del tacto, mientras su imaginación flotaba en el éter. No hizo falta una declaración de amor. Salieron a la calle sin despedirse de nadie, con la grosera autosuficiencia de los recién flechados, y a la luz de un farol se besaron hasta perder el aliento. Sangoulé quiso poseerla en el taxi. Por fortuna el trayecto fue corto y sólo había logrado desabotonarle la blusa cuando los carraspeos del taxista los obligaron a romper el abrazo. Al entrar al departamento fue Amélie quien pasó a la ofensiva, y de un limpió tirón le quitó la túnica. El miembro de Sangoulé no era tan espectacular como había imaginado. Pero su vigor y su ternura en la cama, la sabiduría con que la fue llevando hasta un punto de ebullición, y la furia controlada de sus movimientos pélvicos, dentro y fuera, dentro y fuera, al ritmo del yembé que acababa de percutir en el escenario, la hicieron volver los ojos hacia adentro, como si encontrara por fin un puerto de anclaje. Oh, mi hermoso corcel de azabache, gritó en el vértigo del placer, y comprendió que hasta ese momento no había tenido verdaderos amantes, sólo actores narcisistas, muñecos de paja con el instinto embotado por la neurosis.

Al amanecer lo invitó a vivir con ella y él aceptó sin hacerse del rogar, pues no soportaba dormir hacinado en la choza de su familia. A pesar de la diferencia de edades —Sangoulé sólo tenía 24 años— y el choque de culturas, la comunicación entre los dos mejoró día tras día sin tropezar con ningún escollo. Invertidos los papeles de alumna y maestro, Amélie se propuso educarlo, y en poco tiempo logró despertarle el gusto por la lectura. Aun cuando le prestaba libros difíciles —*La parte maldita* de Georges Bataille, *Vidas minúsculas* de Pierre Michon, *La espuma de los días* de Boris Vian— que exigían un intelecto superior al del lector común, Sangoulé los asimilaba con relativa facilidad. No comprendía algunas palabras, pasaba por alto las alusiones cultas, pero hacía comentarios de una agudeza sorprendente para un iletrado. El aprendizaje fue recíproco, pues gracias a Sangoulé, Amélie pudo conocer desde adentro la cultura africana. Al mes de haber llegado a Tekendogo ya sabía diferenciar por su vestimenta a los principales grupos étnicos, regatear con las verduleras del mercado y cocinar platillos regionales como el *moin moin* (puré de alubias cocido al vapor) y la *eba* (puré de harina de mandioca) con los que agasajaba a Sangoulé cuando volvía fatigado por sus arduas jornadas de clases. Entre las ocupaciones domésticas, los conciertos sabatinos del grupo Donosoma y los paseos idílicos por la ribera del lago Ugadul, donde hacían el amor a la sombra de las araucarias, Amélie olvidó por completo que había viajado desde Francia para estudiar la literatura de Tekendogo. Sólo reparó en su negligencia cuando los diarios anunciaron la magna presentación de la novela *Interludio estival,* del Tesoro Viviente Momo Tiécoura.

Era una buena oportunidad para entrar en contacto con el medio literario y pidió a Sangoulé que la acompañara. Cuando terminaran los elogios de los comentadores, pensó de camino a la ceremonia, quizá tendría la oportunidad de acercarse al autor y pedirle una entrevista. Esperaba una mesa redonda entre amigos pero la presentación del libro resultó ser un espectáculo de masas en un anfiteatro al aire libre, con una multitud de espectadores, la mayoría estudiantes de enseñanza media que guardaban una compostura marcial, intimidados quizá por la cercanía de los guardias con metralletas que formaban valla entre el escenario y el graderío. En el palco de honor, el dictador Koyaga Bakuku y los miembros de su Estado Mayor presidían el acto con sus uniformes de gala, tiesos como estacas. De entrada, la presencia de militares armados en un acto cultural le pareció repugnante. Pero lo que más la impresionó fue el carácter litúrgico de la ceremonia. Cubierto con una piel de leopardo, en la mano un bastón de marfil con puño de oro macizo, el Tesoro Viviente Momo Tiécoura salió a escena escoltado por un grupo de bailarinas semidesnudas, y pasó a colocarse en el centro del proscenio, donde había una jofaina llena de agua. Sin mirarlo nunca a los ojos, las bailarinas le lavaron los pies. Terminada la tarea bebieron el agua de la jofaina y se retiraron de la escena haciéndole caravanas. Las reemplazó un grupo de varones con máscaras totémicas. Entre gritos de guerra levantaron en vilo a Tiécoura y lo llevaron hasta el árbol mantequero que sombreaba el lado derecho del escenario.

—Es el árbol de la palabra —le explicó Sangoulé—. Ahora dará gracias a los dioses por el poder que le dieron para escribir la novela.

En efecto, Momo se arrodilló frente al árbol y besó sus prominentes raíces. Reaparecieron en escena las bailarinas, ahora con túnicas de gasa, cargando un relicario de cristal con el libro empastado en piel. Momo cogió la urna, y por una escalinata alfombrada subió al palco de Koyaga Bakuku, a quien ofrendó el libro con una caravana. Hubo un redoble de tambores, el dictador se puso de pie y alzó el libro como un trofeo. "Hoy nos hemos reunido para fortalecer nuestra identidad nacional —exclamó en francés—. ¡Larga vida al Tesoro Viviente Momo Tiécoura! ¡Que los dioses bendigan los frutos de su talento!" y como impulsados por un resorte, los estudiantes prorrumpieron en aplausos y aclamaciones.

De vuelta en casa, Amélie pidió a Sangoulé que le explicara el simbolismo de la ceremonia.

—Es una tradición muy antigua, que se ha conservado desde el tiempo de los *griots,* los poetas que componían los cantos de guerra en las tribus de cazadores. Ahora los escritores ocupan el lugar de los *griots,* pero en vez de entonar himnos, presentan su libro a la autoridad.

—¿Y eso cómo lo sabes?

—Me lo enseñaron en la escuela.

—¿Tenías que leer todos los libros de los Tesoros Vivientes?

—No, sólo asistíamos a las ceremonias y las maestras nos daban un resumen del libro.

Con razón había tanta gente, pensó Amélie: los estudiantes asistieron bajo coerción y a una señal de sus profesores, aplaudieron como perros amaestrados. Esa noche, mientras velaba el sueño de Sangoulé, analizó el trasfondo político del acto. Si bien la pantomima revestía interés antropológico, el papel protagónico del dictador reflejaba su afán de legitimarse a costa de los artistas, de utilizar la cultura como una plataforma de lucimiento. Como todos los tiranos, Bakuku había logrado convertir la frágil identidad nacional en un objeto de opresión. El supuesto esplendor artístico y literario de Tekendogo lo ayudaba a mantenerse en el poder tanto como los tanques o los cañones. Pero no debía prejuzgar a los escritores locales sin haberlos leído, y al día siguiente acudió a la librería La Pléiade, la única que había visto en la ciudad, para conseguir el libro de Momo Tiécoura. Esta vez encontró el lugar abierto. En el escaparate se exhibía un ejemplar de *Interludio estival*, pero cuando pidió la novela, el dependiente la miró con perplejidad.

—Ese libro está agotado —tartamudeó.

—No puede ser, lo presentaron ayer y hay un ejemplar en la vitrina.

—Es el único que tenemos.

—Pues véndamelo.

—Por órdenes superiores, tengo prohibido vender los libros en exhibición —se disculpó el vendedor, las sienes perladas de sudor nervioso.

—¿Tiene *Lejos del polvo* de Macledio Ubassa?

—También se agotó.

—Necesito leer a los tesoros vivientes. Deme lo que tenga de ellos.

—Lo lamento, señorita, la editorial del Estado no nos ha surtido, pero tengo muchas novedades extranjeras —y señaló un anaquel con *best sellers* franceses.

—No quiero esa mierda —estalló—. Voy a presentar una queja en el Ministerio de Cultura.

El dependiente se encogió de hombros y Amélie salió a la calle con las mandíbulas trabadas. Por teléfono expuso su problema a Ikabu Luenda, que se disculpó a nombre del gobierno y le prometió hablar con el subdirector de publicaciones, responsable de distribuir los libros de los tesoros vivientes, para que le facilitara las obras solicitadas. Pero ni esa semana ni la siguiente recibió los libros. Atribuyó la tardanza al proverbial tortuguismo de las burocracias, y por consejo de Sangoulé, que conocía bien el funcionamiento del gobierno, aprovechó el obligado paréntesis para sumergirse en la creación literaria. Retomar el hilo de la escritura no le resultó nada fácil, porque su novela era un río con infinitos brazos, una torre fractal cimentada en el abismo. El deseo de llevar las cosas al límite, a las afueras del lenguaje, para encontrar sus raíces aéreas, la conducía naturalmente al silencio y la duda. En vez de avanzar a tientas por su dédalo de espejos, en dos semanas de trabajo suprimió seis páginas. No le importaba vaciar cada vez más su *Alto vacío*, pues sabía muy bien que la pasión sustractiva del arte moderno era una vía de acceso a la plenitud. Convertir el acto de nombrar en un rito purificador significaba emprender un radical retorno al origen, como decía Deleuze. Para limpiar el texto de todo exceso retórico, cambió la lima por la tijera y eliminó los parrafos elegíacos en que deploraba su condición de mujer solitaria, que ahora, gracias a Sangoulé, encontraba llorones y redundantes. Al final de su tarea depuradora sólo conservó un aforismo: "La escritura busca llenar el vacío, pero el vacío es infinito y la palabra consagra la ausencia."

Una inquietud le impidió seguir abismada en el líquido amniótico del lenguaje. Los libros que el Ministerio de Cultura le había prometido no aparecían por ningún lado. De un día para otro, La Pléiade cerró sus puertas al público y cuando Ikabu Luenda dejó de contestar sus llamadas, dedujo que el aparato cultural le estaba escondiendo las obras de los Tesoros Vivientes. ¿Temían acaso que una lectora exigente, investida con el prestigio del Primer Mundo, emitiera un juicio desfavorable sobre ellas? Deben ser pésimas, pensó, de lo contrario no me las ocultarían. Los funcionarios del Ministerio la veían como una amenaza porque toda la faramalla propagandística del régimen quedaría en evidencia si la revista más importante de literatura francófona descalificaba a las vacas sagradas de Tekendogo. Pero ella iba a leer sus libros, así tuviera que arrancárselos de las manos al propio dictador Bakuku. Cerrado el camino de las quejas y los reclamos, necesitaba actuar con astucia para burlar al enemigo. En tono conciliador llamó a la secretaria de Ikabu Luenda y le pidió el teléfono de Momo Tiécoura, "para pedirle una entrevista". Confiaba en la vanidad del Tesoro Viviente, que sin duda estaría ansioso por aparecer en una revista francesa, y sus cálculos fueron correctos, pues Tiécoura no se hizo del rogar.

—Cuando era joven publiqué un libro en Francia, ¿usted lo conoce?

—Sí —mintió Amélie—, precisamente de eso quiero hablarle.

—Pues venga esta misma tarde a mi casa —y le dio su dirección: Malabo 34, Villa Xanadú.

Pensaba ir a la entrevista sola, pero Sangoulé quiso acompañarla cuando vio el papel con la dirección.

—Desde niño he querido conocer Xanadú. Es la zona residencial más elegante de Yatenga, pero sólo dejan entrar a los ricos. Allá viven los dueños de las minas y todos los políticos importantes, incluido el dictador.

Amélie accedió a su ruego y le colgó una cámara al cuello para presentarlo como fotógrafo. Para no causar mala impresión rentaron un automóvil. En lo alto de una colina que dominaba el valle de Yatenga, una enorme barda de piedra aislaba la zona residencial del tráfago citadino. Amélie contempló con asombro el dispositivo de seguridad: en la entrada había guardias con mastines y los francotiradores apostados en las torretas vigilaban todos los movimientos de las calles aledañas.

—Llevan ametralladoras kalachnikov de fabricación

soviética —le informó Sangoulé—. Bakuku las compró cuando coqueteaba con el Kremlin, antes de convertirse al credo neoliberal.

El jefe de los guardias les pidió identificaciones, hizo una llamada por transmisor cuando Amélie explicó el motivo de su visita, y al recibir autorización, ordenó a un subalterno levantar la valla metálica. Apenas cruzaron la puerta, Amélie enmudeció de estupor. Extendida en una superficie boscosa con amplios jardines de césped uniforme, la Villa Xanadú era un monumento a la opulencia venal y a las pretensiones cosmopolitas de la oligarquía. A la entrada había un gran paseo arbolado con andadores flanqueados por esculturas geométricas y espejos de agua con flamingos y pavorreales. "Ésa debe ser la casa del dictador", murmuró Sangoulé, señalando un bunker con rejas de hierro donde ondeaba la bandera de Tekendogo. El camino principal desembocaba en una laguna donde esquiaban los juniors de la casta divina, remolcados por lanchas ultramodernas. Había incluso una pequeña zona comercial con boutiques de alta costura, restaurantes de comida internacional, bancos y Spas. Amélie pensó de inmediato en el lujo agresivo de Neuilly, el barrio emblemático de la burguesía parisina. Sólo que aquí la ostentación de la riqueza era más obscena, por la cercanía de la miseria. Esa élite dorada no podía ignorar que a medio kilómetro de distancia el hedor de la basura cortaba la respiración y las madres adolescentes parían sin asistencia médica en jacales con piso de tierra. Al pasar frente a una sucursal de Cartier, vieron bajar de un BMW descapotable a la poeta Nadjega Labogu. No llevaba la cara pintarrajeada, ni el disfraz de aborigen con que Amélie la había visto en televisión, sino un traje sastre de lino color verde menta, con un generoso escote en la espalda, bolsa italiana de Versace y un brazalete de plata que refulgía como un rayo lunar en su lustrosa piel de pantera. ¿Dónde quedó tu identidad?, hubiera querido preguntarle, pero se contuvo por prudencia —no era el momento de hacer un escándalo— y siguió de largo hasta la calle Malabo. Tiécoura vivía en un chalet de estilo mediterráneo con vista a la laguna y balcones volados sobre el jardín delantero. Un mayordomo de librea les abrió la puerta.

—Tengo una cita con el señor Tiécoura. Me llamo Amélie Bléhaut.

El criado la miró de arriba abajo, sin pestañear.

—El señor está de viaje.

—No puede ser, hoy por la mañana hablé con él y me dio la cita.

—Le repito que el señor no está.

En la ventana de la planta alta, Amélie alcanzó a ver una mano negra cerrando una cortina. Sin duda era Momo Tiécoura. ¿Por qué se negaba a recibirla, si horas antes parecía tan entusiasmado? ¿El Ministerio de Cultura le había dado un jalón de orejas? Una cosa estaba clara: su afán de acercarse a los Tesoros Vivientes incomodaba mucho al poder. Tal vez la dictadura temía que Tiécoura hiciera declaraciones adversas al régimen, pues no obstante servir de comparsa a Bakuku en los sainetes oficiales, quizás estuviera librando una lucha secreta contra el dictador. En tal caso, no sería extraño que sus libros contuvieran denuncias veladas, mensajes en clave que acaso pudiera descifrar con ayuda de Sangoulé. Necesitaba conseguir esos libros cuanto antes. Pero el enemigo parecía leerle el pensamiento y a la mañana siguiente colocó en la puerta de su domicilio a dos agentes con trajes de civil.

En vano trató de perderlos mezclándose con la multitud del mercado: los polizontes estaban bien entrenados y la seguían como sabuesos a todas partes. Intimidada al principio por su constante asedio, Amélie pensó seriamente volver a Francia. La contuvo su amor a Sangoulé —que no quería ni hablar de una separación— y un sentimiento más fuerte: la rabia de verse atada de manos por un tiranía execrable. Como la angustia no la dejaba dormir, decidió darle un uso productivo al insomnio: desde su recámara, con la luz apagada, descubrió que sus espías se retiraban a las cuatro de la mañana y una hora después llegaba a reemplazarlos otra pareja de agentes. Sin dar aviso a Sangoulé, para no comprometerlo, un lunes por la madrugada esperó el retiro de la primera guardia, y con ropas masculinas salió a la calle en dirección al barrio turístico, silbando una tonadilla para que la tomaran por un borracho. Al pasar por una obra en construcción tomó un ladrillo y se lo guardó en la chaqueta. Por fortuna La Pléiade estaba desprotegida; eso quería decir que nadie había adivinado su plan. Con el aplomo de los terroristas que han planeado largamente sus golpes, arrojó el ladrillo al escaparate. Sustrajo los libros más recientes de Momo Tiécoura, Nadjega Labogu y Macledio Ubassa, y se echó a correr en dirección al barrio de Kumasi. Cuando se hubo alejado más de quince cuadras, tomó un respiro para hojear su botín: las obras de los Tesoros Vivientes eran maquetas empastadas con las hojas en blanco.

El mundo entero debía conocer ese engaño. En vez del ensayo que le había encargado la ACCT, escribiría un reportaje de denuncia para alguna revista de gran tiraje, *Nouvel Observateur* o *L'Express,* donde Koyaga Bakuku y su séquito de escritores virtuales quedarían expuestos como lo que eran: una caterva de rufianes. Describiría el mecenazgo del nuevo Idi Amín sin escatimar los detalles grotescos y acusaría a sus cómplices de haber usurpado las galas de la literatura para despojarla de contenido, para reducirla a una mera liturgia hueca. Volvió de prisa al departamento, temerosa de ser descubierta por algún rondín policiaco. Encontró la cerradura forzada, y apenas empujó la puerta, una mano varonil la sujetó por el cuello. Trató de zafarse con patadas y codazos, pero su agresor la sometió con una llave china.

—Quieta, perra. Un golpe más y te desnuco.

Comprendió que la advertencia iba en serio al sentir un crujido en la vértebra cervical. Obligada a la inmovilidad, miró con horror su librero volcado en el suelo y un reguero de cristales rotos. Sangoulé estaba amordazado y atado a una silla del comedor. Otro agente le apuntaba a la cabeza con un revólver. En la sala fumaban con aparente calma Ikabu Luenda y Momo Tiécoura, renuentes a mirar las escenas violentas, como dos estetas llevados al box por la fuerza. A una seña del funcionario, su verdugo la condujo a la sala sin quitarle la coyunda del cuello.

—¿Me promete que no va a gritar? —preguntó Luenda.

Amélie asintió con la cabeza.

—Suéltela —ordenó al guardia—. Me duele haber tenido que irrumpir en su casa de esta manera, pero usted empezó con los allanamientos.

—No me dejó alternativa —dijo Amélie en tono sardónico—. Sólo así podía conseguir estas obras maestras —y arrojó sobre la mesa los libros robados.

—Veo que su pasión por las letras raya en el sacrificio —sonrió Luenda—. Pues ahora ya lo sabe: nuestros Tesoros Vivientes cumplen una función más importante que la de borronear cuartillas. Son baluartes de la identidad nacional.

—Ahórrese la demagogia. ¿Por qué no le ordena a sus matones que disparen de una vez?

—Represento a un gobierno civilizado, señorita Bléhaut, no a una partida de criminales. Vine aquí para negociar en términos amistosos.

—Pues entonces ordene que desaten a mi compañero. No se puede negociar con una pistola en la sien.

Luenda accedió a su petición, y Sangoulé fue llevado a la sala. El otro agente, a una señal de Tiécoura, colocó sobre la mesa una licorera con whisky, vasos chaparros y una hielera.

—Por favor, sírvale a nuestros amigos —dijo el Tesoro Viviente—. Necesitamos un trago para aliviar la tensión, ¿no creen?

—Si vamos a hablar como amigos, ¿me podría dedicar su novela? —lo escarneció Amélie, que había perdido el temor y empezaba a sentirse dueña de la situación—. Su estilo me cautivó desde la primera página.

—Para usted es fácil burlarse —Tiécoura endureció la voz—, porque viene de un país culto, donde hasta un escritor de segunda fila puede vivir de la pluma. Pero en África la situación es distinta. Aquí ningún escritor sobrevive sin la ayuda estatal.

—Pues usted sobrevive mejor que la mayoría de los escritores franceses. La diferencia es que ellos trabajan, y usted, por lo visto, atraviesa un bloqueo creativo.

—Cuando era joven escribí libros de verdad —se disculpó Tiécoura, apenado—. El volumen de cuentos que publiqué en París tuvo críticas entusiastas, pero claro, como yo era un desconocido pasó sin pena ni gloria. Después volví a Tekendogo y me uní a los grupos de oposición que luchaban contra la dictadura. El general Bakuku ofreció una amnistía a los disidentes a cambio de que nos uniéramos a su esfuerzo civilizador. El gobierno emprendería una gran campaña de alfabetización y fomento a la lectura, y los intelectuales desempeñaríamos un papel fundamental en esa tarea.

—Por lo visto la cruzada fue un gran éxito —lo interrumpió Amélie—. Por eso es usted un autor tan leído.

—El gobierno puso todo de su parte —intervino Luenda— pero no pudimos vencer las resistencias y los atavismos de la población. El negro es un pueblo sin escritura. Cuando mucho, los maestros pueden inculcarle el respeto a lo escrito, pero no el hábito de leer. Para la mayoría de mis compatriotas, el papel es un fetiche, un objeto de culto que la gente venera sin comprender.

—¡Mentira! —Sangoulé dio con el puño sobre la mesa y casi derriba su vaso de whisky—. Tenemos la misma capacidad intelectual que los blancos. Pero el régimen no permite que el pueblo la desarrolle. La campaña de alfabetización fue un fracaso porque el presupuesto educativo fue a parar al bolsillo de ladrones como tú.

—Pídale a su amigo que no se exalte —Ikabo Luenda se volvió hacia Amélie—. O me veré obligado a imponerle silencio.

Amélie tranquilizó a Sangoulé con un elocuente apretón de manos.

—Continúe —pidió a Tiécoura—. Tengo mucha curiosidad por saber cómo se convirtió en un simulador a sueldo.

—Al concluir la campaña educativa, el gobierno proclamó solemnemente que el analfabetismo había sido erradicado de Tekendogo. Entonces yo y mis colegas fuimos declarados tesoros vivientes, y la editorial del Estado publicó nuestras obras en grandes tirajes. Pero la gente colocaba nuestros libros en los altares domésticos y les rezaba en vez de leerlos. El gobierno no podía reconocer el fracaso de la campaña alfabetizadora sin dañar

173

su imagen. Siguió editando nuestras obras y congregando a los niños de las escuelas en vastos auditorios para presentarlas en sociedad. Pero el gasto era enorme y fue preciso abatir costos. Continuó el ritual de las presentaciones con asistencia del general Bakuku, pero en vez de editar libros de verdad, el gobierno prefirió exhibir maquetas.

—Y usted se prestó a esa comedia a cambio de una mansión en Villa Xanadú, ¿verdad? —Amélie perforó a Tiécoura con la mirada.

—El maestro ha colaborado desinteresadamente con nuestro gobierno para mantener la paz y el orden —lo defendió Luenda—. Su autoridad moral nos ha dado prestigio y merecía una justa recompensa. Pero pasemos al tema que de verdad nos importa —se dirigió a Amélie—. Usted sabe cosas que mi gobierno quiere mantener en secreto. Su discreción tiene un precio y estamos dispuestos a pagarlo.

—Mi conciencia y mi honestidad no están en venta —se indignó Amélie.

—Por favor, amiga. No me diga que es un dechado de rectitud —sacó un expediente de su portafolios—. Tengo pruebas de que usted le ha tomado el pelo a nuestro gobierno y a las cándidas damas de la ACCT. Según los datos de su currículum, usted vivió aquí de niña, y el Ministerio del Interior me asegura que no es cierto. Tampoco es verdad que usted sea experta en literaturas francófonas. Cuando nos conocimos, le pregunté lo del encuentro en Nimes para tenderle una trampa. En el año 95 el encuentro fue celebrado en Creteil.

Las mejillas de Amélie se arrebolaron y no pudo articular palabra. Luenda la había sacado de balance.

—En el arte de mentir y engañar usted no se queda muy atrás de nosotros —continuó el funcionario—. Pero

174

no le reprocho su falsedad. Al contrario; quiero ofrecerle un trato que puede ser benéfico para ambas partes. En vista de que usted parece haber encontrado la felicidad en Tekendogo —miró de soslayo a Sangoulé—, le propongo que se quede con nosotros. Una escritora talentosa que pasó la infancia aquí puede enriquecer el catálogo de nuestros Tesoros Vivientes. Le daríamos una casa en Villa Xanadú, un salario equivalente al de un alto ejecutivo francés, automóvil del año y una membresía al club deportivo más elegante de la ciudad.

—¿Y si no acepto?

—Entonces tendremos que deportarla y separarla de su querido amigo. Él será nuestro rehén para cerciorarnos de que no publicará ningún libelo contra las instituciones de Tekendogo. Usted decide: una vida feliz en su nación adoptiva o un regreso sin gloria a la triste escuela donde daba clase.

El tono irónico de Luenda la hería en carne viva y su primer impulso fue mandarlo al diablo. La oferta era un insulto a su dignidad. Pero no podía responder tan pronto como se lo mandaban las vísceras, porque estaba en juego su futuro con Sangoulé. Si regresaba a Francia sin él, se condenaba a reptar para siempre en un desierto de ceniza. Conocía demasiado bien la soledad. Y ahora sería más cruda que antes, pues tendría clavado como un aguijón el recuerdo de la dicha fugaz que había conocido. El bienestar y el dinero no le importaban. Pero tal vez Sangoulé, que había padecido todas las privaciones, abrigara la ilusión de ayudar con dinero a su pobre familia y comprar mejores instrumentos para su grupo.

—Necesitamos una decisión rápida —la presionó Luenda—. El Ministerio del Interior quería deportarla esta misma noche. De usted depende que yo rompa esta orden —y le tendió un documento sellado con el escudo nacional.

El dilema era tan arduo que hubiera necesitado meses para elegir la mejor opción. Su conciencia le prohibía entrar en componendas con un gobierno que sojuzgaba sin piedad a un pueblo manipulado y hambriento. Pero sentía vértigo ante la posibilidad de apartarse de Sangoulé. Se había dedicado con tal empeño a la literatura, que aceptar el trato significaría mutilarse, pisotear su vocación, abjurar de una necesidad expresiva tan apremiante como el deseo o el hambre. Pero la renuncia al amor que la había hecho renacer, sería un sacrificio mucho más doloroso. Los segundos pasaban con angustiosa lentitud. Luenda tamborileaba sobre la mesa y veía su reloj con impaciencia, mientras Momo Tiécoura clavaba la vista en el fondo del vaso. Amélie interrogó a Sangoulé con una mirada implorante.

—¿Acepto?

Él asintió con una inclinación de cabeza, la boca contraída en un gesto de picardía que a la vez era un rictus de vergüenza.

—Está bien, me quedo.

Una semana después, el dictador Bakuku la ungió como Tesoro Viviente en una fiesta popular con danzas autóctonas, a la que asistieron cinco mil personas. Salió a escena con la cara embadurnada de rojo y un collar de dientes de cebra, regalo de la poetisa Nadjega Labogu. El escaparate de La Pléiade se engalanó con un ejemplar de *Alto vacío* lujosamente empastado. Para ajustar su libro a las exigencias del régimen sólo tuvo que borrar el aforismo de la primera página.

Publicado en *Crítica*

J. M. Servín
Gatsby de gasolinera

"Mobil Gas Station, Greenwich, Connecticut." El enorme anuncio luminoso sobresalía desde cualquier punto convergente a la estación del tren expreso que pasaba rugiendo por encima del pueblo. Paralela a las vías se extendía a todo lo largo del país la autopista interestatal I-95. Para acceder a esta ruta o para entrar a Greenwich había que cruzar por debajo del puente si no se quería dar un rodeo hasta los pueblos vecinos. En cada puerto un amor, dice la leyenda marinera, y en cada puente una estación de gasolina, podría ser la norma para los suburbios porteños del estado. Subiendo de Nueva York hacia el norte se experimentaba un agradable hormigueo en el estómago al avizorar el frío Atlántico en la curva previa al zambullido en la desviación a Greenwich; o siguiendo el curso elevado de la autopista, de pronto brotaban de entre grietas boscosas filtraciones de mar y cielo. La gasolinera, uno de los símbolos más antiguos del pueblo, representaba el ideal de servicio donde el cliente y el empleado conviven en armonía: gringos rubicundos admirados y respetados por nosotros, su agradecida servidumbre. Norman Rockwell bien podría haberse pasado mucho de su tiempo tomando motivos para el *Saturday Evening Post*.

Yo era el encargado del turno de la noche desde hacía dos años y me había convertido en una herramienta más en ese servicio con taller mecánico. Mi turno empezaba a las cinco de la tarde y terminaba a la media noche. Hasta las diez me auxiliaban algunos de los asistentes que el gerente contrató durante el tiempo que trabajé ahí. Casi siempre desertaban en invierno y huían a sus países a resguardarse del frío y la migra hasta abril, cuando regresaban a los trabajos de temporada. Otras veces simplemente los echaban por cualquier falta. Esto le permitía al gerente renovar la plantilla, a la cual podía ofrecerle de inicio un salario mínimo de cinco dólares con cincuenta la hora bajo la promesa de un aumento progresivo de ocho dólares, siempre y cuando aguantara dos inviernos. En promedio los veteranos terminábamos ganando setenta y cinco centavos o más, pues los otros eran incapaces de cruzar el foso de los cero grados a la intemperie, infranqueable desde mediados de diciembre cuando la nostalgia por el terruño terminaba de arrojar a los desertores en la depresión invernal. Más que asistentes eran mis comparsas, mis cómplices, mis secuaces y mi bilis vespertina. Una vez que dejábamos los formalismos actuábamos en codicioso contubernio para obtener unos dólares extra de los servicios que no estaban controlados por un inventario o tarjeta de crédito. Generalmente parchaduras de llantas, cargas de batería o venta de refacciones menores. Todo a las mitas. Poco antes de que el "asistente" terminara su turno yo checaba su tarjeta para que pudiera irse más temprano y así convertirme en el señor del despoblado. El gerente se iba puntual a las cuatro de la tarde, seguro de la lealtad perruna de los trabajadores diurnos, a quienes encargaba pasar regularmente por la noche a husmear en la estación. Sobre todo dos de ellos, brasileños: Eudis y Josué. Mientras más decían odiar a Mike, el *manager*, más lo imitaban en sus expresiones y maneras de tratar al cliente, nos celaban sin perder detalle pese a que nadie les dirigía la palabra; se metían en la cabina a hablar con los clientes como si fueran los dueños, prestos a ofrecer servicios no solicitados. Lo aprendían de Mike, siempre lambisconeando a los adinerados y a los hijos de Bob, el dueño. Eudis besaba su cruz de plata colgada del cuello cada vez que alguien le daba una propina y cuando recibía el sobre con su pago. Josué gastaba un promedio de 70 dólares a la semana en tarjetas telefónicas compradas en la misma gasolinera, de ahí llamaba a su esposa y a su padre para arreglar un negocio de campos de futbol con el dinero que les enviaba a Brasil.

—Gordazo no gusta de *você* —Josué me advertía refiriéndose a Mike, cada vez que nos cruzábamos al término del turno de aquel y el inicio del mío.

Quienes trabajábamos por la noche robábamos y haraganeábamos cuanto podíamos, no mucho, la verdad y siempre quejándonos de todo. El éxito estaba en no llamar demasiado la atención y en no hacer del otro delator involuntario de errores que provocaran su despido o lo obligaran a reponer el faltante. Sentíamos emoción cada vez que nos embolsábamos el dinero y nos escrutábamos pendientes de descubrir si en la jugada existía una trampa que no pudiéramos tapar.

A veces le pedía a mi compañero de turno que antes de irse a casa me trajera un cuarto de whisky de la vinatería cercana. Me gustaba beber discretamente tras el mostrador mientras miraba la noche absorber el ruido en la autopista. Después de las diez me acompañaba la luz blanca de la cabina y del área de servicio. El ruido del tren a Nueva York o a New Heaven me señalaba las medias horas. De vez en cuando algún jornalero venía por algunos dólares de combustible. Lo indispensable para llegar a casa, en uno de los pueblos vecinos, más accesibles en precios. En cuanto disminuía la clientela, cruzaba la calle para conseguir té o café con mi vecino. Él trabajaba en un Texaco en la modalidad de autoservicio. Las dos gasolineras eran parte de otras cinco de la cadena de Bob, un gringo de comportamiento altivo y distante como para evitar que alguien le pidiera un aumento mayor al dólar anual. Le gustaban los autos de colección y paseaba por los alrededores en su mustang rojo descapotable como si fuera el *marshall* del pueblo. Él y Mike vestían corbata y camisas de manga corta; aun en invierno. Cauteloso, Bob entraba por la enorme cochera de la Mobil y se encerraba en la gerencia para revisar cuentas con aquél. Cuando terminaban nos instruía con respecto al servicio mirándonos de arriba abajo y nos invitaba a aprender todos los días algo nuevo del negocio, luego, cruzaba a la Texaco como si fuera a batirse en un duelo. Bob daba trabajo pero no aumentos, nunca. Eso lo dejaba al criterio de Mike que en su presencia no podía limpiarse con un pañuelo el sudor de las axilas y el que gota a gota escurría por las sienes. Mike daba órdenes a quien estuviera cerca, despectivo y mirando su cuaderno de notas con un cigarrillo enquistado en la boca. Le gustaba exhibirse cruzando la gasolinera de un lado a otro solucionando problemas menores, los clientes le agradecían con una sonrisa y bromas afectuosas que frente a ellos corrigiera implacable a los empleados. ¿Quién si no él tenía consigo las Tablas del Buen Servicio en la gasolinera? Las arengaba una y otra vez con un fraseo impecable, respetuoso por los procedimientos dominados luego de 25 años de llevarlos a la práctica todos los días sin salirse de ellos en un solo inciso, como un predicador que despliega su Biblia y recita de memoria el pasaje que mejor ilustra el pecado y su redención. Bob y Mike, sin haberse tomado la molestia de saber quién era Charles Dickens, podrían convertir Greenwich en un Coketown. Mr. Bounderby y Mr. Grandgrind, rigurosos en el cumplimiento de las normas y los hechos concretos. Tayloristas empíricos, aplicaban lo que el ingeniero Frederick había promovido como ciencia. Nada de improvisaciones en un negocio de mecánica. Si no, ¿para qué las herramientas, para qué los diagramas, las afinaciones y los ajustes, para qué los inventarios, para qué el reloj checador y la tabla de desempeño mensual? Ellos lo sabían mejor que nadie. Estaba de por medio el orgullo de sus raíces obreras. El pueblo de Greenwich los había visto crecer y luchar al igual que a sus padres y abuelos. Eran el mejor ejemplo del "Hágalo usted mismo". Nadie les había regalado nada. Habían subido gracias al trabajo duro, el ahorro y la lealtad. *¿O no, Eudis?*

Mike dejaba mi sobre con la paga junto a las bombas de gasolina, en el panel de cobros en efectivo, y casi todos los días una llamada de atención engrapada a mi control de asistencia. Sabía que al igual que los otros, lo despreciaba, pero no tenía trato directo con él más que algunos minutos los sábados, que entraba una hora más temprano y aún lo encontraba ahí, disponiendo las órdenes de trabajo para que durante el fin de semana nadie hablara a su casa avisándole de algún problema en esa gasolinera abierta todos los días del año. Los feriados los sorteaba para disponer sólo de un trabajador en el turno de la noche. Si yo quería arreglar cuentas con Mike, procuraba hacérselo saber a través de los brasileños. Ellos pretendían cierta influencia en las decisiones de su jefe y en cuanto se prestaba la ocasión, lo ponían al tanto de nuestras quejas. A través de Eudis me enteré que Mike se molestaba porque en mis ratos libres no iba personalmente a reportarle acerca de un turno que dependía de cualquier información sobre conductas que pusieran en entredicho el prestigio del negocio. Ahí tenía otra manera de reventarle el hígado al tripón. Comencé a escribir mensajes detallados de todo lo que no funcionaba: goteos en llaves de agua, manchas de pintura en paredes, cubetas y botes de basura rotos, horas de trabajo acumuladas que no incluía en un último pago, herramientas por renovar, teléfonos de clientes que solicitaban presupuestos por escrito, mensajes de amigos y conocidos, reportes de clientes insatisfechos por cualquier pendejada. Todos los días uno o dos diferentes dentro de los sobres con el dinero que deslizaba por la urna de la caja fuerte, oculta tras el mostrador por un calendario luminoso con el logo de una agencia de refacciones. Poco después, Eudis me informó que Mike rompía mis mensajes sin leerlos. Parte de las tareas del turno de la noche se centraba en no permitir que el efectivo y los pagarés se acumularan en la caja. Había que meterlos en sobres fechados, el dinero ordenado por denominaciones y las caras de un mismo lado. Nada de Franklins de cabeza. El acceso a la caja fuerte quedaba frente al escritorio de Mike y una vez que éste terminaba la contabilidad enviaba al banco a cualquiera de los brasileños con una bolsa de dinero y fichas de depósito.

—Hola, J. M.

—Hola, Mike.

En eso consistía nuestro trato cara a cara los sábados, cuando Mike cruzaba lentamente en su camioneta por las bombas camino a la autopista. A veces se detenía a esperar que Eudis llegara corriendo a llenarle el tanque. Yo ni siquiera los miraba. Mi atención estaba en la avenida, a la espera de un auto indicando con las intermitentes su desviación a la gasolinera. Mi único y más importante beneficio en ese empleo era no sentir cerca de mi cuello el aliento de Mike.

Por momentos envidiaba el puesto de mi vecino en la Texaco. Él veía pasar todas las noches del año dentro de su cabina con vidrio blindado. Desde ahí controlaba todo. No tenía que salir a servir la gasolina ni hablar con nadie. Su trabajo no incluía empaparse en la temporada de lluvias ni congelarse en invierno. Si había un problema en las bombas le bastaba con hacer una llamada al servicio de mantenimiento y se iba a casa. Si el problema era con un cliente, lo arreglaba a través de un micrófono desde donde daba instrucciones con un inglés chirriante que ponía los nervios de punta. En Mobil uno tenía que preguntarse rabioso por qué las bombas nunca fallaban en las tormentas. Cuando la temperatura bajaba hasta 15 bajo cero, las hileras de autos se prolongaban a lo lejos de los dos accesos a la gasolinera, pues nunca faltaban precavidos que salían a abastecerse "por si acaso". Yo tenía que inventar respuestas a las impertinentes preguntas de los clientes sobre fallas mecánicas y remitirlos al leonino servicio que funcionaba en la mañana; había que hacerla de Guía Roji, y eventualmente participar de conversaciones con conductores que probablemente no hablaban con nadie más durante el día. Sobre todo ancianos y veladores. Me encantaba atender jubilados que parecían salidos del Crucero del Amor. Perdidos en la autopista buscando un buen hotel, los enviaba a la salida cinco, algunas millas al norte, en el barrio de los negros, cerca de donde yo vivía.

Los precios variaban muy poco con respecto al resto de las gasolineras del pueblo, pero los clientes ejercían su título a perpetuidad. Todo esto, sumado a nuestros pobres ingresos y nuestra relación con Mike, nos daba a los empleados de ambos turnos un sentimiento de pertenencia a algo. Pretendíamos trabajar en equipo con metas similares y nos quejábamos del trato y la paga de la misma manera en que lo hacíamos del clima cada cambio de estación. El celo del gerente por nuestro rendimiento era proporcional a su zalamería con Bob y a su codicia trucando la contabilidad en las dos gasolineras. En tantos años como gerente había aprendido todas las minucias del negocio, incluidos nuestros pequeños hurtos que pasaba de largo mientras el trabajador con menos tiempo en el turno adquiría suficiente experiencia. Entonces corría al culpable. Yo esperaba mi turno.

Visitar la Texaco por las noches era una rutina que había seguido desde el principio. Las dos gasolineras hacían esquina con la estación del expreso: la única en muchos pueblos cercanos donde no se permitía dormir a nadie en el andén. Esa jornada había sido de lo más tranquila, yo llevaba por lo menos hora y media sin atender a nadie. Greenwich no era lo que se podría decir un pueblo nocturno. Conseguir una taza de té a esas horas significaba darle un pellizco al tedio.

El vecino, un hindú cincuentón, si no estaba sonriendo espasmódicamente, se le podría sorprender dormitando o leyendo sobre sus piernas, de derecha a izquierda, un libro de oraciones con tipografía incomprensible. Empezaba a trabajar a las diez de la noche y terminaba a las siete de la mañana. Hasta las once permitía que los clientes pagaran dentro de la cabina, luego, todos los movimientos se hacían a través de una urna deslizable. Yo me enteraba de lo que vendía a través de su altoparlante. La luz sobresaltaba su rostro cenizo, los anaqueles repletos de dulces, mapas y refacciones; el refrigerador de las bebidas y la sensación de abandono cuidadosamente inventariado. Un taxista se quejaba al pagar el precio de los cigarros y la inactividad. Sus lamentos podrían haberse prolongado indefinidamente, pero no recibió consuelo. El taxista abandonó la cabina y el hindú lo bendijo prendido a su eterna sonrisa de niño harto de portarse bien. Esa mueca le redituaba un trabajo estable y un odio velado de los trabajadores que en ocasiones lo reemplazaban.

—¿Cómo estás? —me saludó sin perder de vista al chofer que desconectaba la pipa de su auto.

—Bien, esperando la medianoche.

El hindú miró el reloj de pared y luego siguió observando a la bomba. Se hizo un silencio como si aquél temiera que el taxista escuchara nuestra plática. Cuando éste encendió el auto dijo:

—Está muy movida la noche. He vendido muchos cigarros, ¿qué te parece?

Pedí el té. Bob nos obsequiaba bebidas calientes durante el invierno. Para la clientela costaba un dólar la taza. Sírvete, me dijo y puso su libro de oraciones a un lado de la caja registradora mientras contaba a murmullos el dinero que había entrado. De pronto, mientras vigilaba la Mobil me entró una sensación de angustia al reparar en el invierno inminente. Las ramas negruzcas y secas de los abetos parecían engarrotadas en un esfuerzo inútil por encontrar luz solar, y el invierno formaba remolinos con las hojas secas. Me gustaba disipar mis temores pensando en la gasolinera como una pequeña isla suspendida en el vacío. La idea me relajaba. El hindú parecía despabilado así que decidí hablar con él un poco más.

—¿Sueñas muy a menudo? —pregunté.

—No siempre. A veces no puedo recordar lo que soñé, es como si no hubiera dormido ni un segundo.

—Me refiero a sueños personales, metas, planes a futuro. Cosas que quisieras hacer, por ejemplo: comprar un auto nuevo, una casa como las que hay aquí, obtener tu *green card*, no sé, hacer algo con tu vida.

—Ah, sí, claro, pero tengo que trabajar muy duro porque mi esposa no habla inglés. Ella quiere ir a mi país y el boleto de avión es muy caro. Pasas muchas horas volando.

—¿Has oído acerca del Sueño Americano?

—No, ¿qué es?

—Tener todo lo que quieres o ser lo que tú quieras.

—¿De veras? No me puedo quejar, tengo un trabajo y mi esposa está muy contenta en este país. Vamos a comprar un coche usado y ella va a aprender a manejar. Eso nos va a facilitar las cosas porque todos los días tengo que llevar a mis hijos a la escuela —abrió los ojos como si lo que me decía viniera inscrito en su libro de salmos, luego reviró:

—¿Cuál es tu sueño?

—Tienes que ahorrar mucho dinero, ¿me entiendes? Aquí va a ser difícil. Llevo varios días sin dormir bien. Creo que ya hasta me gustan las películas de Wes Craven.

—¿Quién?

El hindú sonreía. Pese a todo. No había sueños, sólo hechos y chistes malos para pasar el rato con un tipo más simplón que yo y eso no ayudaba mucho. Tendría que leer de nuevo *The Great Gatsby*. Si existía un mito latente en todos nosotros, funcionaba a la perfección: algo que no es cierto, pero su imagen se materializa todos los días mientras pagamos una hamburguesa u obtenemos un nuevo trabajo con 50 centavos más de aumento.

No venían autos a ninguna de las dos gasolineras. Escuchaba claramente el zumbido de las lámparas gigantes sobre las bombas de Texaco. A la distancia, la Mobil parecía un enorme cuadro como los que cuelgan de las paredes en los *diners* y las recepciones de los servicios mecánicos. Las estaciones de servicio eran una de las nodrizas del progreso del siglo XX, funcionando casi igual que en sus inicios. Ahí se nutría el cronómetro del cambio. Mi té se había enfriado. No se me ocurría otra cosa que rascarme la cabeza y tararear una canción. Aún quedaba una hora más de por medio antes del cierre de la gasolinera. Me faltaba inventariar los aceites, cerrar las cuentas, meter todo en sobres y depositarlos en la caja fuerte, barrer el piso de la cabina, luego podría llevar la basura al depósito, tallar la grasa de mis manos con detergente, apagar las bombas y las luces y marcar mi salida. Parecía como si todo el pueblo durmiera menos nosotros dos. Nada qué decir, pero...

—¿Has oído hablar de *El gran Gatsby*? Es una buena historia —dije mientras abría la puerta para largarme.

—No, ¿de qué trata?

—Es sobre un contrabandista de alcohol que se vuelve millonario, pero nunca logra casarse con la mujer de sus sueños porque ella elige a un hombre que aparte de rico es aristócrata —la gran Recesión como metáfora del arribismo que permitía hacer grandes fortunas a los más osados. Di mi reseña como si fuera uno de esos presentadores de televisión que explican la película antes de la exhibición.

—Ah, qué bien, pero hay muchas mujeres bonitas en este país, ¿no crees? Si trabajas duro y no te metes en problemas podrías obtener una de esas chicas.

El hindú me mostró su enorme sonrisa amarillenta mientras señalaba con la mirada al otro lado de la calle. En las bombas se estacionó un hermoso convertible platinado con dos rubias de tipo aerodinámico. Sonreí al fin.

—De eso me estabas hablando, ¿no? —concluyó.

Regresé corriendo. El hindú con su sonrisa blanda vivía como sonámbulo y yo en un continuo *déjà vu*. El neón de los anuncios en los comercios cercanos parecía intruso en la suave penumbra de la calle. Mobil inmóvil.

Unos autos lujosos cruzaron la avenida conducidos

por Gatsbys pueblerinos rumbo a la autopista. Ninguna Daisy detrás, así que no había riesgo de morir atropellado. Uno de aquellos sonó su claxon para saludar a las rubias. Los exitosos de Greenwich, otro ejemplo concreto de lo que era el Sueño Americano. Bienestar viajando a más de 70 millas por hora en autos del año. En ese reino amurallado por el altísimo valor de las bienes raíces no había lugar para *greasers* insomnes.

Las rubias esperaban platicando animosas. Mecían sus cabelleras con el dorso de las manos gesticulando amaneradas. Al aproximarme, la conductora apagó el auto. La tripulante buscaba en su bolso mientras pedía la gasolina.

—De la más barata —dijo con una sonrisa de Daisy luego de comprometerse en matrimonio con Tom Buchanan, el rival de amores de Jay Gatsby.

Mecánicamente bombeé la gasolina mientras pensaba en las palabras de mi vecino, que no perdía detalle desde su cabina. Trabaja duro y pórtate bien.

Terminé, la Daisy me extendió su American Express. Estaba pagando cinco dólares de la gasolina más cara en varias millas. La calefacción del auto funcionaba a toda su capacidad. Escruté rápidamente el rostro de la chica tratando de encontrar pistas sobre su origen y aquélla me regresó una mirada de fastidio antes de seguir conversando con su amiga, quien sostenía un monedero entre sus piernas cubiertas en ceñidos y aterciopelados pantalones negros. Okey nenas, vámonos. Mis brazos extendidos en el respaldo del asiento trasero de piel. Zapatos de Gucci, traje Calvin Klein, camisa de seda de Armani. Coca, whisky y un poco de violencia antes de la orgía cerca de la alberca. *Less than Zero.* Qué pendejo eres, cabrón. Menos que cero. Atrévete a decirles que bajen a atenderse ellas mismas. De paso les miras el culo. Eeeeh, la llanta está un poco baja, creo que hay un pequeño hoyo por ahí, acérquense, un poco más, ¿no ven nada?, más abajo, ¿oyen? un poco más, ¿no?, bueno, sólo quería ayudar. Cobré la gasolina en la computadora adjunta a las bombas y extendí el recibo firmado a nombre de Anne K. Majors, quien revisó su cuenta antes de romper en pedazos la copia que tiró por la ventana.

El auto arrancó y un suave aroma a perfume se perdió en el de combustible. Vayan y atropellen a alguien. No faltará quien se eche la culpa por ustedes. Prendí un cigarrillo y regresé a mi cabina a esperar. El turno de la noche también servía como retén a todos aquellos que viajaban haciendo escalas entre sus aspiraciones y lo que eran: carpinteros, pintores, cocineros, sirvientas, jardineros, enfermeras, guardias privados, oficinistas de bajo rango, choferes, desempleados, jubilados, negros, orientales, latinoamericanos. Paraban en la gasolinera en su camino a algún lugar con sus autos de segunda mano, llenos de desperdicios de supermercado, niños llorones, ropa, muebles encontrados en la basura, talismanes y poco dinero. Siempre de prisa. Muchos mudándose de un pueblo a otro. Algunos usaban los baños y no pocas veces tapaban el excusado.

Lo de Gatsby me había venido luego de entregar un trabajo de redacción en inglés. La maestra dijo que yo era un *borderliner*, refiriéndose a mis resultados en clase. Me gustó el adjetivo. Significaba mucho. Mexicano. Todos los días gente de todas partes del mundo venía por su pedazo de sueño. Muchos de ellos lo conseguían con un empleo como el mío. A otros "la migra" los despertaba antes de tiempo, como cuando uno se cae de la cama y descubre que ha dejado el televisor prendido. Yo era uno más. Siempre estaba en la frontera de todo. Lo que soy, lo que fui y lo que solía ser. Alguien que estorba el espacio de quienes eligen creer en los mitos. Ser sacudido violentamente era parte del sueño, también. No era un creyente ni un ciego. Jamás sería un Gatsby.

Medianoche. Hora de cerrar la gasolinera. El hindú tendría que seguir trabajando. Yo iba a casa antes que él. Mi consuelo del día. Estaba cansado, se me antojaba un trago. Iría a dormir luego. Ojalá soñara.

Publicado en *Sábado*

Francisco Tario
Jacinto Merengue

Nadie consiguió saber nunca cómo aquel pequeño negrito de diez años llegó, una tarde de octubre, a la helada y lejana ciudad de los hombres blancos.

Pudo ser, en efecto, a través de un largo sueño durante un fuerte empacho de sandías o bananas; o bien a bordo de un viejo barco de carga que por equivocación lo dejó en aquel puerto; o también que algún enorme pájaro de esos que merodean por las selvas lo hubiese transportado hasta la ciudad helada. El hecho es que el negrito, sin más ropas que las que llevaba puestas, se halló, una tarde de tantas, sentado en la escalera de piedra de un inmenso y horrible edificio.

Había nacido en Taón, más allá del Atlántico, del Pacífico y de todos los mares, justo donde podría suponerse que termina el mundo.

Hoy estaba en aquella plaza mirando con profundo asombro a un grupo de niños blancos que correteaban alegremente y otros seres mayores, también blancos, que caminaban en largas filas mirándose los zapatos. Y miraba sin pestañear, por cierto, los automóviles de color frambuesa, los edificios de color ala de mosca, los tranvías de color naranja y aquel piso duro y frío, como la piel de un elefante.

Se sentía abandonado y triste, como si se encontrara en mitad del mar. Se sentía solo, pensativo. Y comenzó a caminar sin rumbo fijo. Eran calles oscuras y estrechas, llenas de blancos, que le producían malestar. Tal vez si Jacinto Merengue encontrase un negrito, un negrito nada más, a la vuelta de una esquina, la vida se le mostraría diferente. ¡Un negrito! —esto era lo que Jacinto Merengue necesitaba hallar a toda costa. Y de momento, le pareció descubrirlo allá, a la puerta de un caserón, mordisqueando una banana. Su corazón saltó de alegría y se dispuso a acercársele. Mas no era ningún negrito, sino un hermoso niño blanco, pero tan sucio que sí parecía negrito, y con unos ojos tan lastimeros que Jacinto Merengue se alejó suspirando. En la esquina se detuvo para contemplarle. Y no era una banana lo que el infeliz niño comía, sino la cáscara de una banana sobre la cual había pasado la rueda de un automóvil, llenándola de lodo. No recordaba en la selva nada que se le pareciera, ni más doloroso y triste, ni más cruel o digno de lástima. Pero continuó caminando sin prisa, mientras se iba haciendo de noche y los faroles se encendían en las esquinas.

Iba ahora por una amplia avenida, donde crecían altos y perfumados árboles y se alzaban infinidad de palacios rosados con las ventanas blancas. ¿Hacia dónde marchaba Jacinto Merengue? Ni él mismo lo sabía. Sentía hambre y frío y necesitaba caminar.

Y he aquí que, de pronto, aparece un niño más, éste sí muy limpio, muy rubio y alegre, con los ojos como dos violetas temblándole entre las pestañas humedecidas. Belleza y esmero iguales no los recordaba el Merengue en su vida. Se detuvo. Ya el niño venía hacia él, se le aproximaba. Nuevamente le saltó el corazón. Le pareció que el desconocido sonreía, que le miraba de un modo extraño y que se daba prisa. "¿Qué querrá preguntarme?", pensó.

Ya estaba allí el de los cabellos rubios y los ojos de color violeta. Se disponía a hablarle. ¡Qué bien! Y, sin embargo, ocurrió todo de un modo diferente, pues el niño se detuvo, lo observo desconfiadamente, hizo ademán como de palparlo y echó a correr alocadamente llamando a su mamá, a su papá y a toda la familia, profiriendo gritos tan espantosos que un policía que dormía en una banca despertó y comenzó a sonar su silbato. En alguna casa se encendieron las luces. Y el viento, por fin, se llevó los gritos del asustado niño, que corría, corría, lo mismo que si hubiera visto al propio diablo.

Jacinto Merengue continuó su camino, tras encogerse de hombros. A cierta hora de la noche se tumbó en el césped a dormir. Y no soñó, por fortuna, pues de haber soñado, su sueño le habría traído una tristeza más grave al trasladarlo a aquel bello rincón de Taón, donde su mamá negra, su papá negro y sus doce hermanos negritos cantaban alegremente un poco antes de dormirse. Hoy estarían sin él.

Cuando despertó, unas voces extrañas hablaban a su lado. Primeramente abrió un ojo —así despiertan los negritos— y después el otro. Se quedó mirando. Era otro niño menor que él, blanco, por supuesto, que le decía a su papá:

—¡Cómpramelo! ¡Cómpramelo!

El papá observaba al negrito y trataba de llevarse a su hijo. Tenía unos finos lentes de oro y llevaba un sombrero redondo de paja.

—¡Cómpramelo! ¿Por qué no me lo compras? ¡Tú nunca me compras nada!

El chicuelo parecía a punto de llorar, pataleaba, sacudía los brazos y hacía unos divertidos gestos, arrugando la nariz.

—¿Me lo compras, eh? ¿Verdad que sí me lo vas a comprar?

Acaso no supiera decir otra cosa. Acaso le compraran todo lo que pedía.

—¡Ya, ya sé que me lo vas a comprar! ¡Anda, ahora! ¡Cómpramelo!

Y su papá se dispuso a obedecerle, preguntándole a Jacinto Merengue cómo se llamaba. Al saberlo, añadió:

—¿Cuánto vales?

Y nuestro negrito que responde:

—Nada.

El niño blanco comenzó a saltar.

—Bien barato, ¿lo ves? ¡Y tan gracioso! Lo pondremos en una jaula.

De hecho, pues, no lo compraron, sino que se lo llevaron a bordo de un elegante automóvil, tan largo como una locomotora. Dieron vueltas y más vueltas, se detuvieron, arrancaron de nuevo. Y el negrito se mareó.

—Tengo asco —suspiró, apretando los dientes.

El papá comenzó a inquietarse.

—¿Ves...? ¡Oh, qué calamidad!

Y ordenó al chofer:

—¡Deténgase!

El automóvil hizo alto y el negrito se apeó, no sin dificultades, y junto a un árbol se dispuso a vomitar. Sentía la muerte.

—¡Vamos! —ordenó severamente el caballero a su chofer.

Pero el chiquillo rubio rompió a llorar. Ciertamente el hombre del sombrero de paja no sabía qué decisión tomar. Jacinto Merengue, entretanto, sentía que un atroz terremoto le sacudía las entrañas y con ellas las casas de enfrente y las que había dejado atrás.

—¡Vamos! —exclamó aquél por segunda vez.

El chofer, entonces, empuñó el volante y el automóvil se puso en marcha. Mas fueron tan escandalosos los chillidos del niño rubio que el carruaje volvió a detenerse. De lejos, el niño llamó al negrito, quien le miró con azoro.

—¡Ven, ven! —le gritaba.

Y obedeció.

—¿Ya terminaste? —le preguntó más tarde.

—Ya —replicó Jacinto, limpiándose con la mano los labios. Y se instaló en su asiento.

Durante todo aquel día el negrito Merengue permaneció en la cama, una cama pequeña y blanda, para él demasiado incómoda, en el cuarto de los criados. Entre tanto, los dueños de la casa discutían acaloradamente acerca de lo que convendría hacer con el negrito.

—Lo pondremos en una jaula en el centro del jardín —propuso el niño—. Pronto será mi cumpleaños y mis amiguitos podrán verle.

A la mamá no le pareció muy elegante aquello y propuso que le enseñaran a servir la mesa y a abrir con gran ceremonia la verja.

—¡La verja no! ¡La verja no! —protestó el pequeño—. Cualquier día se nos puede escapar.

El papá y la mamá se miraron, pensando sin duda alguna que en cuanto se durmiera su hijo convendrían dejar en libertad al Merengue y librarse así de semejante estorbo.

Transcurrió la noche, otro día, y ya tenemos a Jacinto Merengue, bañado y limpio, vestido con uniforme azul con botones dorados a la puerta del lujoso palacio, abriendo y cerrando la verja y mostrando a los visitantes su deslumbrante dentadura blanca. Quienes entraban o salían o simplemente aquellos que pasaban de largo miraban primero al negrito y después al palacio, admirándose de la riqueza de sus dueños, del buen gusto de los mismos y de aquella pequeña nariz del negrito que brillaba como el ojo de una lechuza. Con frecuencia, un grupo de personas se detenía en la cerca y le hacía muecas al negrito, como si se tratara de un mono en la jaula de un zoológico. Muchos niños querían tocarlo; otros le ofrecían caramelos y cáscaras de naranja o le arrojaban canicas y nueces, desternillándose de risa. Casi todos soñaban con él por las noches.

Y cuando caía la tarde, todo el piso del jardín se hallaba cubierto de desperdicios, que el Merengue tenía que barrer. Allí podría vérsele con su escoba, barre que te barre, hasta dejar el jardín reluciente como una bandeja de plata. Los propietarios, entonces, se sentaban bajo una sombrilla y se divertían viéndole barrer. Era un pasatiempo diario y muy novedoso, como no recordaban otro.

—¡Mira, mira!... ¡Ahora va a barrer! ¡Ahora!

Solía gritar el niño:

—¡Mamá, dile que barra! ¡Díselo! ¡Dile que siga barriendo!

También le pedía a su padre:

—¡Papá! ¡Papá! ¡Corre, baja, que ya va a barrer Jacinto Merengue!

Y llegó el cumpleaños del niño y el jardín se llenó de docenas de niños y niñas que saltaban, chillaban, perseguían al perro o bailaban en graciosos grupos, cogidos de la mano. Dos largas hileras de automóviles amarillos, azules y verdes, anunciaban a los transeúntes que una extraordinaria fiesta se llevaba a cabo. A veces estallaba un globo o se perdía entre las doradas nubes. Sonaban los acordes de infinidad de trompetistas y pequeñas flautas que los niños hacían sonar incansablemente. Una gran mesa blanca, en el centro del jardín, aparecía repleta de golosinas y refrescos de frutas, sobre la cual, en hermosa lluvia de colores, caían las serpentinas y el confeti. El festejado, en su flamante trajecito, parecía más rubio y delicioso y caminaba dándose aires de importancia.

Terminando los juegos, la mamá del agasajado reunió a los invitados para anunciarles una gran sorpresa. De entre el gran bullicio que se armó, alcanzó aún a ordenar en tono enérgico:

—¡Pero acomódense todos!

Las tres o cuatro docenas de niños —algunos acompañados por sus mamás o niñeras, se instalaron sobre el césped. Se hizo un impresionante silencio y en el corazón de todos latió una emoción diferente. ¿Qué iría a suceder, era el caso? ¿Qué inaudita sorpresa les prometían? ¿Tal vez un duende de carne y hueso? ¿Un jorobado quizá? ¿Un mago de ojos oblicuos que llenaría el jardín de maravillas? ¿Un grupo de payasos? ¿Cientos de bailarinas enanas?

Y he aquí que, por entre los árboles, apareció primero un músico con una larga flauta plateada; después otro con un enorme tambor oscuro; otro más con un violín al hombro; y otro y otro, hasta diez. Los músicos se agruparon en un claro del jardín y comenzaron a tocar ruidosamente una pieza por demás extraña que hizo pensar a todos que se hallaban en un país desconocido del que ni siquiera habían oído hablar.

Concluida la pieza, se oyeron gritos impacientes reclamando la sorpresa.

—¡La sorpresa! ¡La sorpresa! —vociferaban.

El festejado se reía para sus adentros, notando que lo miraban todos.

—¿Dónde está la sorpresa? ¡Queremos pronto la sorpresa!

Entonces la música volvió a sonar y apareció por entre los árboles la figura de Jacinto Merengue, vestido apenas con una faldita amarilla y totalmente rapada la cabeza. Un murmullo de admiración, seguido del llanto de algún niño, acogió al pequeño bailarín, cuyos saltos y piruetas excitaron pronto al auditorio. Debía ser aquella una danza importante y misteriosa a juzgar por la seriedad con que el Merengue la bailaba: mas nadie lo entendía así, por lo visto, admirándose, en cambio, de aquel excelente payaso que hacía tan ridículos aspavientos. Jamás se habían reído igual, ni los pequeños ni los mayores, incluso algunos interrumpían al bailarín cuando la danza aún no había terminado.

—¡Baila, mono, baila! —le gritaban.

—¡Baila, baila, baila!

Cuando terminó, sudoroso y jadeante, todos pidieron:

—¡Más! ¡Más!

—¡Que baile otra vez el negro! ¡Que baile!

Y bailó una, dos, hasta cinco veces, siempre muy serio y pensativo, sin sospechar ni por un momento que se estaban burlando de él.

Aunque no terminó ahí la cosa, pues contento como se hallaba el negrito, obsequió después a los invitados con una serie de historias de tiburones, serpientes y flores gigantes que hicieron estremecerse de horror a los niños. También quisieron hacerle cantar, pero él se negó. Le ofrecieron un refresco. Un señor con chaleco blanco se le aproximó con su hijita para que ésta le tentara los hombros, las uñas y las orejas. Otro señor, éste sin chaleco, le propuso a Jacinto que bailara un rato con su hijita. Pero la niña rompió a llorar y escapó corriendo por entre los árboles. Alguien anunció en voz alta, y su voz impresionó a los presentes:

—¡Si no es un negro, mentira! ¿O no veis que está pintado? ¡Que se desnude y veremos!

Un coro de voces aprobó con entusiasmo la idea.

—¡Que se desnude, eso es! ¡Que se desnude y veremos!

Jacinto Merengue acaba de conocer a los blancos y no conocía sus caprichos, sus burlas y su poca fe. Era un niño negro simplemente, con su corazón de merengue. Y así fue inmediatamente, sin preocuparse por lo que podía suceder, se soltó la faldita anaranjada y a continuación el calzón. Allí estaba en cueros ahora, perfectamente serio, con sus enormes ojos blancos fijos en la multitud. Sintió frío de pronto y volvió a mirar. Mas un grito general y estruendoso, una carcajada fenomenal le hizo volverse de espaldas y buscar sobre la hierba su ropa. Se cubrió. Seguía todo el mundo riendo, cuando un manotazo inesperado le hizo tambalearse y caer. Le dolió primero la frente, después un ojo y sintió que el piso se hundía. Frente a él distinguió a su dueño que le llamaba estúpido, indecente y otras cosas más. Seguían lejanas las risas, el estrépito de las cornetas y la sirena de un barco que partía. Creyó que empezaba a dormirse; pero se desmayó. Cuando volvió en sí, se halló con una agradable sorpresa: que acababan de perdonarlo y le invitaban a merendar.

Ya estaba allí la mesa, frente a un enorme pastel azul y una gran jarra con jugo de frutas. A su izquierda, un niño de su misma edad se le acercó misteriosamente, procurando que no le oyeran los demás.

—No seas tonto y vete de aquí —le dijo—. ¿O no ves que se están burlando?

Jacinto Merengue no entendió muy bien.

—Se han burlado de ti la tarde entera —añadió.

Y luego, bajando aún más la voz:

—¿Quieres que seamos amigos?

Jacinto Merengue continuaba sin entender. Ser su amigo —se dijo—, ¿y por qué no?

—Anda, seamos amigos. Ven mañana a mi casa. O, si lo prefieres, yo mismo te vendré a buscar. ¡Te vendré a buscar a las seis! Ya verás.

Cuando terminó la fiesta, los automóviles azules, verdes y amarillos comenzaron a desfilar hasta quedar desierta la avenida. Ningún niño quedaba ya en el jardín. Solamente allá, en una ventana entreabierta, destacábase la luz de una lámpara encendida. Algún transeúnte pasaba. Mas el agasajado no se podía dormir, ni Jacinto Merengue tampoco. Aquel pensaba en Jacinto y Jacinto pensaba en Taón. ¿Quién, cómo y por qué lo habían trasladado allí? Y empezó a comprender de un modo extraño que había hecho mal en bailar. Y peor aún en quitarse la faldita anaranjada y después el calzón. Y peor, mucho peor todavía en vestirse con aquel uniforme azul con botones dorados y abrir y cerrar la puerta a los invitados que llegaban. Todo era muy confuso, aunque entendía que había hecho mal.

Al otro extremo de la casa, su pequeño dueño pensaba:

—¡Qué nalguitas tan negras las de este condenado Merengue! Mañana mismo lo venderemos. Se lo diré a mi papá.

Amaneció el día, y ya estaba allí de nuevo Jacinto abriendo y cerrando la puerta, enfundado en su lujoso uniforme. De haberle sido posible, habría estado rojo como una cereza, pero esto nunca le ocurre a un negrito. Vio venir a su pequeño dueño y sin quererlo se puso a temblar. ¿Qué irían a pedirle ahora? ¿Qué iría a sucederle al fin? Oyó:

—Mi papá quiere hablarte, pero antes deberás quitarte el uniforme porque el uniforme es mío.

Jacinto Merengue se cambió de ropa y entró al despacho del hombre blanco. Allí estaba él, sentado ante una gran mesa, con sus finos lentes puestos. Tenía cruzada una pierna y se escarbaba disimuladamente la nariz.

—Has de saber —le dijo— que a partir de hoy ya no te necesitamos; pero somos gente honesta y caritativa y no queremos despedirte así. Responde, ¿adónde te gustaría ir?

El Merengue no sintió tristeza alguna, sino una repentina alegría.

—¡A Taón! ¡A Taón! —confesó ingenuamente. Y el caballero se echó a reír.

—Hablo en serio —añadió—. Te pregunto que adónde quieres ir.

El negrito exclamó, ya con menos entusiasmo:

—A Taón. Allí está mi mamá, mi papá y mis doce hermanitos.

El caballero rió otra vez, después consultó su reloj y pensó que tenía prisa. Enseguida miró a su hijo, quien se echó también estúpidamente a reír. Por lo visto, ni uno ni otro conocían bien la geografía.

—¡Mándalo a Taón —dijo el pequeño—, no es mala idea! No me gustan sus nalguitas y allí podrán limpiárselas.

Se sucedió un largo silencio y el caballero volvió a consultar su reloj. Sentía rabia contra su propio hijo, rabia contra él mismo y un odio mortal hacia el negrito. Tal vez pensara que se estaba poniendo en ridículo. Con ademán nervioso, echó mano a su bolsillo y le entregó a Jacinto un billete.

—¡Ea! —le dijo—, con él sí podrás irte a Taón. Y que tengas muy buen yiaje.

Y todavía añadió:

—¡Ah! También puedes llevarte el uniforme, si gustas. A lo mejor puede servirte.

—¡El uniforme no! ¡El uniforme no! —protestó el pequeño—. ¿Con qué voy a jugar entonces?

—¡El uniforme sí! —rugió el caballero de los lentes, dando un manotazo en la mesa—. ¡Él necesita trabajar y tú no!

Y así ocurrió.

Por allá iba Jacinto Merengue, a lo largo de una oscura calle, con el uniforme azul, moviendo a risa a los transeúntes. Unos pensaban que se trataba del anuncio de un circo; otros del anuncio de una nueva marca de jabones; otros, del botones de un hotel. Caminó largas horas bajo un pálido sol misterioso. ¿Adónde iba? ¿Buscaba a alguien? ¿Y qué clase de prisa era la suya?

¡Ay! Jacinto Merengue sí buscaba a alguien, a alguien sumamente importante y que le hacía muchísima falta. Buscaba a su amigo, al compañero de mesa que le preguntara una tarde si de verdad quería ser su amigo. Y le buscaba con fe, como quien no sabe ni aproximadamente lo que es una gran ciudad; esto es, esperando encontrarle. Porque si Jacinto Merengue hubiese sabido de cuántos miles de calles, de cuántas millones de casas y de cuántos millones de hombres consta una ciudad, se abría puesto a llorar con desconsuelo, abandonando su idea. Pero el negrito Merengue pensaba que detrás de aquella calle habría dos o tres más, a lo sumo, y que en alguna de ellas encontraría a su amigo. Por eso caminaba alegre y confiado, silbando una canción entre dientes bajo el pálido sol de octubre.

Pero transcurrió la mañana, gran parte de la tarde y el Merengue se cansó de caminar. Empezó a llover de pronto, a anochecer y la ciudad quedó triste y oscura. Con la lluvia su uniforme empezó a desteñirse y los botones a perder su brillo. Ya nadie lo miraba. Incluso hasta lo empujaban con los paraguas, obligándole a que se apartara. Sobre su cráneo rapado caían unas gotas pesadas y frías, que le dolían como pedradas. ¿Seguiría caminando?

Así lo hizo. Y cuando era ya bien entrada la noche, tuvo una repentina alegría: allí estaba frente a él, muy bellamente iluminada, la casa donde había vivido esos días. ¡Cómo! Pero eso no era todo. Su compañero de mesa, bajo la implacable lluvia, permanecía sentado en la acera, con los brazos cruzados. Corrió, cayéndose en un charco, y le gritó desde lo lejos. Se abrazaron.

—¡Jacinto!... ¡Cuánto tiempo te he esperado!

El Merengue no podía hablar de emoción, pero pidió disculpas e iba a inventar una gran mentira —la primera en su vida—, aunque no se atrevió. El niño blanco le decía:

—Y lo peor del caso es que ya nunca podré volver a mi casa.

El negrito se puso serio.

—¡No podré! Se ha hecho ya demasiado tarde y mis papás me castigarán. ¡No debo volver jamás a casa!

Los ojos del pequeño Merengue relampaguearon en la oscuridad.

—Pero no te aflijas —continuó aquél—. ¡Qué más da! En cuanto a mí me siento muy contento. ¡Estaremos juntos para siempre! Anda, vamos.

Y echaron silenciosamente a andar. Ya había cesado la lluvia y el niño rubio pasó su brazo por el hombro de Jacinto. Así caminaron gran parte de la noche sin sentir tristeza ni frío.

—¿Adónde vamos? —preguntó más tarde el negrito.

—No lo sé —respondió el otro—. ¿A ti te importa mucho?

—Tengo hambre —suspiró Jacinto,

—¿Hambre? ¡Qué tontería! Yo estoy harto de comer. Como todos los días. Así lo he venido haciendo desde que he nacido y estoy aburrido de comer.

Resultaban extraños los dos vagabundos, blanco el uno, vestido de verde oscuro, y negro el otro, con el uniforme azul. Un reloj dio las doce y después la una; por fin dejó de sonar. Apareció una estrella, dos, y a continuación la luna. La ciudad se hallaba desierta y pronto el cielo quedó sembrado de estrellas.

—Cuéntame algo —pidió el amigo—. Como la otra tarde.

—¿Historias? —preguntó riendo Jacinto—. ¿Son historias lo que quieres? ¿Te gustan de verdad las historias? Pero mejor me cuentas tú una.

—Yo no sé mucho de historias —reconoció el otro—, pero, ¿conoces las brujas? ¿Y los genios?

Jacinto dijo que no.

—¿No? —repitió el otro, abriendo mucho los ojos.

—Te digo que no. Pero sigue. ¿Qué son las brujas? ¿Qué son los genios?

—Las brujas son seres malos que castigan a los niños malos —explicó su amigo haciendo la voz muy ronca.

Mas Jacinto tampoco comprendía ahora.

—¡Ah! Y hay duendes y gigantes y unos diablitos azules que lanzan chispas por la cola ¡Y dragones! Dragones de cien cabezas que se esconden en las cuevas y salen a pasear por la noche.

Aquí el Merengue se echó a reír alegremente rascándose la cabeza.

—Eso es mentira —dijo—. Yo puedo asegurarte que no hay dragones.

—¡Los hay! ¡Los hay! —gritaba el otro—. No sé si los haya donde tú vives, pero yo les he visto una noche.

—Te digo que no los hay —porfiaba el negrito—. ¿Dónde los viste, a ver?

El blanco pareció confundirse.

—Los vi... ¡me parece que en un sueño!

Esto sí convenció a Jacinto —tan crédulo como era— y abrió cuanto pudo los ojos, conteniendo la respiración.

—¿De veras?

—¡Pues claro! —afirmó el otro con malicia.

Resultaba asombroso, desde luego. Y pensar que él en Taón dormía con la puerta de su choza abierta. Pensar que ahora mismo su papá, su mamá y sus doce hermanitos estarían roncando a pierna suelta. ¡Si supieran! ¡Si supieran lo que son los dragones y el terrible peligro que entrañan! Se entristeció y continuó pensativo mientras su amigo seguía hablando, animado por el asombro ajeno.

—Y te digo que tienen las lenguas rojas, las escamas verdes y las cabezas del tamaño de una campana. Se arrastran sin hacer ruido como las serpientes, olfatean debajo de las camas, las levantan hasta el techo y se llevan a los niños a la boca. Yo, una vez, estuve, como te digo, en la boca de un dragón. Pero el dragón había cenado demasiado esa noche y eructó. Al eructar, me lanzó contra la puerta y con el golpe desperté. ¡Solamente así pude salvarme!

Muy pronto amanecería, se sentaron en la acera. Jacinto Merengue sentía frío, mucha hambre y miedo. Miró de reojo a su amigo y después a las espesas tinieblas. Y comenzó a temblar.

—Tengo miedo —dijo—. Quisiera volverme a Taón.

Su amigo pareció preocuparse.

—¿Te asustaste mucho, Jacinto? ¡Bah!, no deberías asustarte tanto porque todo lo que te he venido contando es mentira. ¿O no te dabas cuenta? ¡Si se trataba de un sueño! Es una mentira, entiende.

Pero el Merengue seguía tiritando.

—¡Es mentira, mentira, y creo que deberías alegrarte!

—¿Mentira? —tartamudeó el negrito.

—Claro, claro, ¡mentira! Te hablaba únicamente de un sueño.

—No entiendo —confesó en voz baja. Y se cruzó de brazos.

El niño blanco se impacientaba con aquella testarudez de su amigo. Acaso, después de todo, ni mereciese la pena haber abandonado su casa por un negrito tan tonto.

De pronto tuvo una idea. Dijo:

—¡Jacinto, mira! ¡Ya es de día!

El Merengue levantó los ojos y miró fijamente el cielo. El cielo continuaba oscuro, como boca de lobo, pero su amigo repitió otra vez:

—¡Cómo! ¿No ves el sol? ¡Qué hermoso! —y se echó a reír—. ¿No lo ves, de veras?

El negrito replicó que no; que veía la luna, las estrellas y el firmamento oscuro.

—¡Pues de eso se trata, tonto! ¡Eso es una mentira! Esa es la mentira... como un sueño. ¿Lo entiendes ahora, Jacinto? Así fue lo de los dragones.

Jacinto Merengue quiso sonreír, ver efectivamente el sol, sobre su cabeza y entender lo de los dragones.

—De veras, no entiendo. ¿Por qué me dices entonces que mire el sol?

Su amigo se puso en pie de un salto. Esto era ya demasiado.

—¡Eres tonto! —prorrumpió—. Y tan pronto sea de día volveré a mi casa. Creí que eras mucho más listo y que nos podríamos divertir.

Jacinto Merengue también se puso de pie. Con voz dulce le dijo:

—Está bien. Si tú quieres, te acompañaré.

Volvieron sobre sus pasos, el niño blanco adelante, el negrito detrás. De pronto, apareció a lo lejos la sombra de un enorme edificio con dos ventanas iluminadas que aparecían y desaparecían por entre los árboles.

—¡Mira, mira! —prorrumpió el Merengue, refugiándose contra su amigo—. ¡Mi bien! ¡Es el dragón! —y se desplomó sin sentido.

Se desplomó tal vez de hambre, de frío o de miedo. Nadie pudo saber. Y cuando despertó, se hallaba solo en mitad de una avenida donde ladraban unos perros. Su amigo había desaparecido, el dragón había pasado sobre su cuerpo y un hombre, de uniforme azul también, le preguntaba su nombre. Más tarde se lo preguntarían de nuevo, pero ya en la Inspección de Policía.

Le dieron de comer y de beber, le pusieron a secar sus ropas y antes de permitirle salir le advirtieron:

—Somos gente compasiva y no deseamos retenerte; pero tienes que trabajar. ¡Vaya! Cómprate un cajón de limpiabotas y te admitiremos en la Inspección. ¡Serás el limpiabotas del Cuerpo! —y le entregaron algún dinero.

Cuando salía a la calle el Merengue, le previnieron:

—Te esperamos a las dos. Si faltas o te burlas de nosotros, caerás pronto en nuestras manos, ¿entendido?

Jacinto dijo que sí, y a las dos en punto se presentó con su pequeño cajón verde limón, que apretaba fuertemente contra su pecho. Un cuarto de hora después ya estaba allí sacando brillo a las botas de un policía medio borracho que se apoyaba a la pared. Después vino otro, y otro más, y otro. Toda la tarde de aquel día estuvo Jacinto sacando brillo a las botas de los policías. Ya le dolían los riñones, se le dormían los dedos de tanto frotar y le daba vueltas la cabeza. Y para mucho antes de que se hiciera de noche, se sintió entristecido, agobiada su pequeña alma de merengue por aquella ocupación sucia y horrible que le habían encomendado. El asomarse a sus ojos mientras frotaba y frotaba las botas producía en el ánimo una grave inquietud. ¿En qué pensaba Jacinto Merengue y por qué sonreía? ¿Y por qué otras se le nublaban los ojos y apretaba los dientes? ¿Tal vez soñaba? ¿Qué veía? ¿Veía acaso la soleada playa, el mar, los pájaros azules o una barca deslizándose sobre las aguas? ¡Qué divertido era todo entonces! Recordaba el hipopótamo gigante, ventrudo como una ballena de tierra. Al feroz y pintarrajeado leopardo, como un cielo estrellado.

A la presuntuosa jirafa, tan fina y larga como una pluma. Y los barcos que pasaban. Y la blanca y pesada luna, como un trozo de sandía.

—¡Aprisa, aprisa! —le decían—. ¿En qué diablos estás pensando?

Y Jacinto Merengue frotaba aprisa, muy aprisa, aquellas inmundas botas que apestaban a pescado descompuesto.

Pero una tarde ocurrió lo más increíble de todo, lo que Jacinto ni siquiera había podido imaginar, pues he aquí que vio llegar, entre dos policías gigantescos, al infeliz amigo perdido, desarrapado y lloroso y cubierto de lodo hasta el cuello. Lo traían al parecer por ladrón o algo así por el estilo y se disponían a castigarlo. Un hombre pequeño y blanco, de ojos saltones, venía dando saltos tras de ellos y le confesó al inspector:

—Es él, él mismo. Castíguenlo. ¡Aquí está lo que me ha robado!

Jacinto Merengue miró, desde su secreto escondite, y vio con entusiasmo y sorpresa que lo que había robado su amigo era un gracioso negrito de trapo, con los ojos blancos y espantados.

—¡Pero si soy yo! —prorrumpió lleno de júbilo—. ¡Si soy yo mismo!

—¡Jacinto! —gritó su amigo al oírle y lo abrazó ansiosamente—. ¡Ya ves lo que me ha pasado!

El inspector arrojó de allí al negrito y continuó preguntando otras cosas. El dueño de la juguetería continuaba acusando al pequeño.

—Es él, él mismo. Le vi entrar y me dijo: "Quisiera comprar aquello." Me trepé a la escalera para bajar un carrito de bomberos, y cuando me di cuenta, el ladronzuelo echaba a correr con este muñeco bajo el brazo. ¡Castíguelo, señor inspector! ¡Enciérrelo, para que aprenda!

El niño blanco lloraba, se limpiaba con las manos las narices y buscaba con la mirada a Jacinto.

—¡Enciérrelo, señor inspector, hágame caso. Yo también tengo hijos, caramba, pero haga usted un escarmiento! ¡Estamos infestados de pillos!

Después hablaron en voz baja y Jacinto contuvo la respiración.

—Entiéndame, es un pillo, un redomado holgazán. ¡Lo soltaría usted ahora mismo y mañana volvería a robar! ¡Es un pillo! ¿No se lo ven ustedes en la cara? Un pillo, señor inspector, y de los peores que he visto.

Transcurrió un tiempo y el Merengue oyó por fin:

—Está bien, acepto. Pero a condición de que lo pague.

Hubo un silencio.

—Porque dése cuenta, caballero. El muñeco está estropeado.

Aquí se oyó el llanto del niño y a continuación un puñetazo sobre la mesa. Después un timbre y una tos. Había empezado a llover de nuevo.

Fue entonces cuando Jacinto tuvo una idea repentina y, abriendo de un empujón la puerta, entró resueltamente en la sala, depositó su cajón sobre la mesa y echó mano a su bolsillo.

—Tome —dijo, enderezándose cuanto pudo y gritándole al Inspector—. ¡Aquí está el maldito dinero! —y posó allí sus ahorros, unas cuantas monedas nada más. El propietario de la juguetería miró con rabia al negrito.

—¡Yo no pido limosnas, señor inspector!

El negrito se hurgó en los bolsillos. Hurgó otro poco más y halló una nueva moneda. Tampoco sería suficiente. Ya estaba a punto de echarse a llorar, cuando recordó:

—¡El billete!

Y volviendo de nuevo a la mesa, exclamó:

—¡Vea! Ahora sí será bastante.

Y depositó su billete, aquél que le obsequiaran un día para marcharse a Taón.

Todos se miraron confusos y miraron al tiempo el dinero.

—¿Qué le decía yo, señor inspector? —vociferó el de la juguetería, negándose a aceptar el billete—. ¡Ese dinero también es robado y yo no suelo aceptar nada de un pillo!

Pero el policía repuso:

—No se trata de ningún pillo, me temo. Es solamente el limpiabotas del Cuerpo. Acepte, pues, su dinero o haré que lo detengan a usted por insolente.

Se resolvió el asunto sin contratiempos y el hombrecillo salió. Detrás de él, pero con otro rumbo, salieron también Jacinto Merengue, su amigo y el pequeño Jacinto de trapo. Dieron vuelta a una esquina y se sentaron en la banca del parque, bajo un techo de lámina sobre el cual golpeaba la lluvia.

Jacinto Merengue no podía creer lo que veía. Allí, a su lado, se encontraba su amigo, su único amigo en la ciudad helada, narrándole una historia verdadera que apenas lograba creer. Después de aquella lejana tarde, él no había vuelto más a su casa. Había vagado sin cesar, durmiendo sobre el césped de los parques y rondando las panaderías. No se resolvía a volver a su casa. A cada hora que pasaba, mayor terror sentía de presentarse ante su padre. Pensaba que lo mataría. Por miedo no había vuelto, ni volvería. Mucho menos hoy, que había encontrado a Jacinto. Y al preguntarle el Merengue por qué había robado el muñeco, su amigo le explicó sencillamente:

—Te buscaba a ti y lo encontré a él. Estaba solo, sentía miedo —añadió, estrechando contra sí al muñeco.

Jacinto Merengue sonrió, cruzó en silencio los brazos y se sintió como mecido entre las aguas transparentes de una playa. Se sintió feliz, sin explicarse muy bien por qué. Tenía ganas de correr, de llorar y de reír al mismo tiempo. Dijo:

—Voy a decirte lo que pienso. Reuniré dinero y te comprarás otro cajón como el mío. Entre los dos ahorraremos lo suficiente y nos marcharemos juntos a Taón. ¿No lo sabías? ¡Ven! Acaba de llegar un barco.

Con las mismas, se puso en pie y fueron todos al muelle: Jacinto, su amigo y el Merengue de trapo, cuyos ojos parecían hoy más blancos.

Había allí, en efecto, un barco negro, desvencijado y sucio, con una sola luz encendida. Un marinero, apoyado en la proa, miraba pensativamente la ciudad. Más lejos, sobre las aguas negras, varias lucecitas de colores temblaban. Soplaba un fuerte viento del mar.

—Un día nos iremos. ¡Verás!

Y miraban los tres el barco, que proseguía balanceándose. Lejos, tronó una sirena; después todo quedó en silencio. Y Jacinto, al escuchar las olas golpeando contra el muelle, recordó algo muy querido que le llegó al corazón. Le pareció que en el fondo de aquellas aguas alguien lo reclamaba con prisa. Las olas iban y venían, se alejaban de nuevo ¡pam, pam, pam! y Jacinto Merengue entendía ¡ven, ven, ven!

Se estrechó contra su amigo y dejó un buen rato que le llamaran.

Durante los tres días que siguieron, los dos amigos iban por las tardes al muelle, un poco antes del oscurecer, y se sentaban sobre la misma banca mirando entrar o salir los barcos o volar al ras del agua las gaviotas. Ya algunos marineros los saludaban o les preguntaban por sus familias. Otros niños se les reunían invitándolos a pescar o lanzar piedras al agua.

Hasta que una inolvidable tarde tuvo lugar un suceso que resolvió para siempre sus vidas.

—¡El circo! ¡Mira, el circo! —exclamó de súbito el niño blanco, encaramándose sobre la banca y señalando la comitiva que se acercaba.

Jacinto Merengue le imitó, y tan pálido como puede ponerse un negrito así de pálido se puso.

Dos altas y majestuosas jirafas abrían paso al cortejo, balanceado con aburrimiento sus cuellos. Detrás, un hombre con botas negras de charol y una blusa amarilla de seda, agitaba en el aire su látigo. Le seguía una enorme jaula con ruedas, en cuyo interior se paseaba en leopardo. Un león rugiente detrás; seis caballitos enanos. Y multitud de hombrecillos pintarrajeados, dando saltos y piruetas y haciendo guiños a la multitud que los miraba. Por fin, gris y descomunal, aunque demasiado viejo, del color de las telarañas, el bonachón elefante.

Las mujeres levantaban en alto a sus hijos para que vieran la caravana. Los niños reían o lloraban, aplaudían frenéticamente o se tapaban los oídos para no escuchar el rugido de las fieras. De tarde en tarde un hombretón con levita roja empuñaba una bocina y lanzaba al aire el anuncio:

—¡El circo!... ¡El circooo! ¡Ya llegó el circo, señores! ¡El circo para los niños!

Jacinto Merengue, olvidado de su amigo, echó a correr sin más ni más y se reunió a la comitiva. El niño blanco lo siguió.

—¡El circo! ¡El circooo! ¡Ya está aquí de vuelta el circo! ¡Todo el mundo al circo, señores!

Y allá iba Jacinto Merengue, sin volver atrás la cabeza, pasmado de asombro ante tamaño espectáculo. Le brillaban extrañamente los ojos, tenía seca la boca y llamaba a las fieras por su nombre.

—¡El circo! ¡Vean ustedes el circo! ¡Fieras, payasos, acróbatas! ¡Ya está aquí otra vez el circo!

Por fin cayó la noche, que sorprendió a los dos amigos, sudorosos y exhaustos, sentados en las afueras del circo. La ciudad estaba en silencio y solamente se oía de vez en cuando el rugido del león en su jaula, el resoplar del elefante y el ladrido de algunos perros, que se querían hacer pasar por lobos. Una gran luna redonda dejaba caer su luz clara y misteriosa.

A la tarde siguiente se celebró la primera función de la temporada, pero ni Jacinto ni su amigo, ni mucho menos el Merengue de trapo, lograron reunir suficiente dinero para asistir a ella. Fue poca cosa lo que les faltó, pero no, no lo reunieron. Sin embargo, permanecieron la tarde entera sentados sobre la acera mirando desfilar a la muchedumbre que penetraba ruidosa. Jamás se había visto nunca tanto niño reunido. Allá iban unos y otros riendo y gritando, masticando golosinas del brazo de sus familiares o agitando los brazos y señalando las banderitas multicolores. Entraban cientos, miles, y Jacinto y su amigo no dejaban de asombrarse de cómo la mágica puerta del circo los devoraba.

Cuando empezó la función, les llegó primeramente el estruendo de la música, después la algarabía del público y por fin el sordo y amenazador rugido de las fieras. Más tarde, grandes aplausos, risotadas y gritos de todas especies y de nueva cuenta la música. El niño blanco se sentía malhumorado, pero no así su compañero Merengue, cuyo entusiasmo iba en aumento. ¡Qué le importaba a él permanecer fuera del circo, si algo desde el interior de la tienda le hablaba su propio lenguaje, comunicándole su alegría! Por fin la función terminó y la muchedumbre volvió a desfilar. Parecía un poco abatida, desilusionada o confusa y hasta podría decirse que aburrida. Únicamente el negrito Merengue seguía tan contento y risueño como antés.

Al día siguiente tampoco pudieron entrar, pues sintieron más hambre que de costumbre y se gastaron en comer todos sus ahorros. El niño blanco, entonces, se expresó más o menos así:

—Estoy asqueado de esta vida y mañana mismo regresaré a mi casa. Así podré venir al circo.

Jacinto Merengue lo observó con tristeza, como una persona mayor compasiva.

—Regresaré —repitió el otro— aunque mi padre me mate. Si me conviene, me escaparé otra vez para reunirme contigo.

El negrito replicó tranquilamente:

—En cuanto a mí, voy a hacer algo muy distinto. Si te parece me acompañas y podrás saber de qué se trata —y se levantó.

A los pocos minutos, se hallaba frente a un hombretón enorme, en mangas de camisa y con un puro en la boca, del tamaño de un torpedo. Tenía el vientre de un hipopótamo, la voz de un papagayo y los ojos de un chimpancé. Pestañeó nerviosamente cuando Jacinto Merengue le dijo:

—Deseo trabajar en el circo.

El hombretón soltó una carcajada y le tiró con fuerza de una oreja. Llevaba una sortija de oro y las uñas sucias de estiércol. A poco empezó a escupir, lanzando lejos la saliva.

—¿Y en qué pretende usted trabajar, mocito? Quiero decir, ¿qué desearía hacer su excelencia?

Jacinto Merengue recordó de pronto que había olvidado su cajón en el muelle. El hombretón continuó:

—Ya veo que traes betún en las manos, ¿eres, por casualidad, un limpiabotas?

Y riendo hasta que le lloraron los ojos, agregó:

214

—¡Como no pretenda su excelencia sacarle brillo a las pezuñas de los camellos!

—Sé también contar historias —exclamó muy decidido el negrito.

Parecía que el grandulón iba a tragarse el puro. Así de fuerte era su risa.

—¿Conque historias, eh? ¿Y a quién pretende contárselas su ilustrísima? ¿A mí? Yo te podría contar algunas que no te dejarían dormir más en tu vida. Por ejemplo... ¡Buuuuuuu! —y lanzando un resoplido, hizo que se estremeciera el negrito—. ¿Te gustó esa? ¿Y de ésta, qué dices? ¡Baaa!

Jacinto Merengue no recordaba un animal como aquél. Posiblemente ni lo hubiera.

—También puedo montar una cebra —aventuró.

—Pero el caso es que no tenemos cebras.

—O cabalgar una tortuga.

—Aquí no tenemos sino leopardos hambrientos.

Jacinto alzó la voz, explicando:

—¡Puedo hacerme amigo del leopardo!

Esto sí pareció interesar al hombretón. Cambió de lugar el puro y se puso a toser con fuerza. Miraba ahora con interés a Jacinto y echaba cuentas con los dedos. Probablemente pensara: "No está mal, después de todo. Siempre y cuando no se lo engulla el leopardo, podría ganar muy buen dinero." Confesó:

—Sería un número interesante. Pero, ¿sabes tú lo que es un leopardo? Por ejemplo, ¿sabes lo que podría hacerte un leopardo, mocito? ¡Engullirte, por principio de cuentas!

Jacinto Merengue repuso:

—Ya lo sé. Pero no me engullirá, no señor.

—¿Que no te engullirá estás diciendo? ¿Y quién te ha contado eso?

—Puede usted probar, si gusta; pero sé que no me engullirá.

El hombretón tenía sus dudas. Hizo sonar unas monedas en su bolsillo y recordó que los negocios no marchaban bien últimamente. Comprendió, no obstante, que debería tomar sus precauciones.

—¿Tienes familia? —indagó.

—Sí, señor —aceptó el otro—, pero vive lejos: en Taón.

Al hombretón le brillaron los ojos, pensando que efectivamente aquello debía estar muy lejos. En seguida le puso el negrito una mano en el hombro y dijo:

—Muy bien, te esperaré mañana a las nueve y probaremos si es cierto lo que dices.

Y se despidieron.

A la mañana siguiente tuvo lugar la prueba. Jacinto Merengue se presentó acompañado de su pequeño amiguito y del Jacinto de trapo. Por su parte, el hombretón se hallaba rodeado de toda la corte de artistas, incluyendo al domador. Al parecer, las cosas se hallaban dispuestas y había una profunda emoción en los semblantes de todos. En el centro de la pista aparecía la jaula con el feroz leopardo adentro. Los artistas discutían acaloradamente y el domador parecía el más interesado en que la prueba no se efectuara. Quizá tuviera sus razones; pero el negrito Merengue no sentía miedo. Oyó que le anunciaban:

—Listo. Ya puede su alteza entrar. Pero tenga en cuenta su alteza que el animalito lleva justamente treinta horas sin comer. ¿Se decide, por tanto, su alteza?

Cuando Jacinto Merengue se aproximó a la jaula y el leopardo se abalanzó contra la reja, todos guardaron silencio y sin quererlo se pusieron de pie. El niño blanco apretó al muñeco y quiso llamar a Jacinto, aunque la voz no le salió.

Ya estaba allí el leopardo, mostrando sus dientes como cuchillos y buscando con sus garras al negrito, que se mantenía junto a la jaula. Oíase el viento golpear la lona y gruñir otras fieras más lejos. El domador avanzó unos pasos con el látigo en la mano. Y, todos pensaron a un tiempo: "Sí lo va a devorar de un bocado." El hombretón, en una esquina, seguía haciendo con el mayor cuidado sus cálculos: "Si se lo engulle desaparecerá y como nadie reclamará al negrito, la policía no podrá castigarnos. En cuanto a su amigo, se lo echaremos a los leones y serán dos buenos almuerzos."

Más he aquí que el negrito, abriendo sin el menor temor la jaula, introduce en ella su cabeza rapada, a poco uno de sus brazos, después el otro y por fin el cuerpo. Durante un momento, pareció que la fiera lanzaba una horrible carcajada y que se relamía de gusto. Pero esto fue sólo una ilusión, pese a que alguien lanzó un grito de angustia.

—¡Ahora va a suceder!

—¡Ya, ya se lo va a engullir!

Nada de ello sucedió. Jacinto Merengue, sin perder nunca su sonrisa, tomó el leopardo suavemente por las orejas, jugó un buen rato con ellas y pronunció algo muy misterioso a su oído. Después miró al hombretón y acarició con ternura al leopardo. Allí estaba como si nada, sonriendo no sólo con la boca, sino también con sus blanquísimos ojos. Nadie creía lo que veía y mucho menos cuando el Merengue gritó:

—También pueden abrir la jaula sin miedo. ¡Nada les pasará!

Tras algunos titubeos obedecieron y apareció el negrito Merengue cabalgando alegremente sobre la fiera, como si se tratara de un caballito. La fiera también sonreía y no faltó quien sospechara que el animal se burlaba de ellos. Estalló una ovación cerrada y gritos de ¡bravo! ¡bravo! mientras el hombretón del puro pensó ya muy seriamente en comprarse una nueva sortija.

Según era de esperarse, Jacinto Merengue fue contratado —ropa limpia, cama y comida— y su nombre ocupó el lugar principal en los programas de mano.

No hubo niño en la ciudad que dejara de ir al circo por las tardes para ver a Jacinto Merengue, quien se paseaba impávido cabalgando al reluciente leopardo dando tres vueltas a la pista y saludando a los espectadores. Pronto se hizo el ídolo de la ciudad. Sobre los muros de los edificios más importantes aparecían carteles de mil colores con las cabezas del leopardo y el héroe, a quien comenzaba ya a crecerle el pelo. Un poco más abajo, con letras amarillas y rojas, leíase el nombre del negrito, seguido de los más brillantes adjetivos. "Jacinto Merengue, el mago de Taón", decían. O "Jacinto Merengue, el hermano de las fieras." O incluso: "Jacinto Merengue, el más valiente caballero." Y todos los días, en las funciones de tarde y noche, su amiguito blanco ocupaba la mejor localidad del circo, abrazado a su Merengue de trapo. Y siempre que pasaba ante él el negrito lo saludaba muy especialmente y los demás niños se fijaban en él envidiándolo secretamente. A veces incluso le acercaba el leopardo para que lo admirara de cerca y lo tocara. Pero nunca se resolvió.

Así transcurrió un mes, hasta que la ciudad entera conoció al Mago de Taón. Trapecistas y payasos, malabaristas y pulsadores, equilibristas y fieras salvajes, pasaron todos a segundo término, ante aquel negrito Merengue que con tal elegancia y maestría desafiaba a la muerte. Los periódicos se ocupaban de él y otros empresarios más poderosos pretendieron llevárselo consigo ofreciéndole mejores sueldos. Pero Jacinto tenía su plan.

Ya se disponía a partir el circo rumbo a otra ciudad vecina. Las fieras se hallaban enjauladas, el equipaje listo y acababan de desmontar las lonas. El hombretón del puro tenía encasquetado ya su amplio sombrero de fieltro, daba órdenes y más órdenes y escupía sin cesar las paredes. Jacinto Merengue se le acercó.

—Quiero que sepa usted —le dijo, pues ya era persona importante— que si mi amiguito no viene con nosotros, Jacinto Merengue se queda. ¡Elija pronto de una vez porque tengo muchas ocupaciones!

Comenzaban a desfilar las jaulas, rodando a lo largo de una polvorienta carretera. Los músicos iban detrás y más atrás el resto de los artistas apiñonados en grandes carros; el hombretón mordía su puro, sin saber si consentir o no y mirando con rabia al negrito. Un carro se detuvo ante ellos, esperando que trepara el Merengue.

—¡Vamos! ¿Qué esperas? Sube y más tarde hablaremos.

—No subo —expresó el negrito—, y si mi amigo no sube, mucho menos subiré yo. Eso está decidido.

—¡Sube te digo o!... —y lo amenazó con el puro.

Pero Jacinto no subía. Le había vuelto la espalda, mientras los caballos resoplaban.

—¡Sube, maldito negro! ¡Sube o te cortaré la lengua!

Y el Merengue sin subir.

—¡Obedece o te haré astillas los huesos! —y arrojó el puro al suelo.

Entonces Jacinto Merengue se acercó con toda calma a su amigo, que aguardaba, y cogiéndolo de un brazo, le dijo:

—Creo que es preferible volver al muelle. Tal vez haya llegado algún barco.

Y dieron juntos unos pasos. El hombretón titubeó, se mordió con rabia la sortija, escupió dos o tres veces y se lanzó a alcanzar al negrito.

—Está bien, vuelve, vuelve —consintió echando espuma por la boca—. ¡Te saliste con la tuya! Puedes llevarte, si gustas, a ese cochino perro. ¡Pero le darás de comer tú, maldito!

Y subieron ambos al carro, siempre con el Merengue de trapo que había perdido, por cierto, un ojo.

Fue un viaje largo, aburrido y cansado, bajo una lluvia constante que penetraba en el carro, mojando a los viajeros. En el fondo de aquel armatoste dormitaban varios artistas, amontonados como cerdos. Unos roncaban o gruñían, se revolvían como ciempiés entre la paja o sentándose, con cara estúpida, se ponían sin más ni más a cantar. Ya se iba haciendo de noche cuando Jacinto Merengue y su amigo se durmieron también. Mas nadie supo qué sueños o qué pensamientos pudo haber tenido el niño blanco, que al despertar tenía el rostro bañado en llanto.

Esto preocupó al negrito, quien le preguntó en voz muy baja:

—¿Por qué lloras? ¿Te duele algo?

Su amigo respondió que no.

—¿Te arrepientes de haber venido?

También aseguró que no.

—¿Soñaste con los dragones?

Dijo que no, que no había soñado.

—¿Por qué lloras entonces? ¿No te parece bonito esto?

Contestó que sí, que le parecía de lo más encantador.

Mas, de pronto, sin contenerse que se arroja en brazos del negrito y rompe en ahogados sollozos. ¡Qué lágrimas las suyas! Redondas y pesadas como bolas de billar. Jacinto Merengue no sabía qué pensar de aquello y exclamó sonriendo, aunque también con lágrimas en los ojos:

—¡Ya! ¡Ya sé muy bien por qué lloras!

Pero el otro continuó llorando, hasta que uno de los que dormían lo sacudió por un brazo, gritándole:

220

—¡Cállate, animal!

Más de media hora lloró el infeliz niño blanco y al cabo se durmió. El carromato saltaba sobre las piedras y se veía a lo lejos un río. Grandes nubes oscuras se alejaban hacía la montaña. Detrás, trotaban unos caballos. En su coche especial, con almohadones y cortinas en las ventanillas, viajaba el hombretón del puro. Se había dormido con la corbata puesta y una mosca verde le rondaba la nariz. Comenzaba a hacer frío.

Anocheció y volvió a amanecer. De pronto, se detuvo el cortejo. ¿Habrían llegado por fin? Jacinto asomó la cabeza, comprobando que no era así. Estaban en un despoblado. Se oyeron protestas, malas palabras y algo como el motor de un automóvil que se aproximaba a toda velocidad.

—¡La policía! —se oyó una voz a lo lejos.

Jacinto Merengue se sobresaltó. Su amigo continuaba dormido.

—¡La policía! —volvió alguien a gritar.

La comitiva hizo alto y un mozalbete azorado, con los cabellos revueltos, se asomó al carro de Jacinto y despertó bruscamente al que dormía.

—¡A ti, es a ti al que buscan! —dijo.

Despertó el niño blanco, temblando.

—¿A mí? —dijo. Y casi ni se oyó su voz.

—¡Claro, a ti! ¡Date prisa... o te atraparán! —y echó a correr en la oscuridad.

La policía venía inspeccionando los carros y hasta el interior de las jaulas, revolviendo incluso la paja y abriendo y cerrando los baúles. El hombretón se había apeado y con ojos todavía adormilados presenciaba en silencio la escena. Jamás le había ocurrido nada semejante y de pronto empezó a vociferar:

—Si lo que buscan es a algún ladrón, les aseguro que

no lo encontrarán entre nosotros. ¡Aquí no hay más que gente honrada que trabaja para vivir!

Mas los policías seguían su trabajo y Jacinto no le quitaba ojo a su amigo, quien seguía quieto como una estatua, aunque temblando de miedo. Entonces un oficial, con su uniforme empapado, asomó el rostro al carromato y alumbrando al niño con una lámpara le mostró un misterioso retrato. Solamente dijo:

—Eres tú, ¿verdad?

El niño miró el retrato, dudó, volvió a mirar y su rostro inesperadamente se llenó de júbilo. ¡Ya lo creo que era él! ¡Y aquél era su papá, y aquella otra era su mamá, y sus dos pequeños hermanos! Era el retrato de su cumpleaños. Y aquellas dos orejas que asomaban eran de su perro. Se llamaba Chocolate. Y su casa. Que se fijaran bien qué espléndido jardín tenía. Y aquella era su ventana, la ventana de su cuarto.

Podría saltar de gusto, abrazar y besar a todo el mundo, máxime cuando los policías le dijeron:

—Tus papás te están esperando.

De pronto se puso serio y preguntó:

—¿Sabe usted si me castigarán?

Jacinto Merengue repuso riendo:

—Por supuesto que no —pero se sentía triste y desconsolado, sin acertar a saber por qué.

El niño blanco descendió del carro y le dio la mano a un policía.

—¡Toma eh! —prorrumpió desde arriba el negrito—. ¡Olvidabas a Jacinto!

Pero el niño parecía un borracho, pues dijo:

—¡Te lo regalo! Ya para nada me sirve.

Aquí Jacinto Merengue se puso todavía más triste y vio que su amigo se alejaba, sin poner atención al negrito, que se despedía de él con la mano.

—¡Adiós, adiós! —le decía. Pero el niño blanco siguió su camino y se perdió por fin en las sombras.

Partió de nuevo la comitiva y llegó al día siguiente a su destino. Primero fue una ciudad muy grande; luego otra más pequeña; y otra más, parecida a la anterior. Diríase que todos los niños del mundo deberían admirar y vitorear al valiente Merengue cabalgando su leopardo. Transcurrían los días, las semanas, los meses. Pronto se cumpliría un año. Una ciudad, otra; algún pequeño poblado. Y siempre los mismos anuncios en las paredes, la misma música todas las tardes, el mismo uniforme azul, pero ya nuevo, con los botones dorados.

—¡El circo! ¡El circooo! ¡Ya llegó el circo, señores! ¡Todo el mundo al circo!

Y un día Jacinto Merengue, más pensativo que de costumbre, le habló seriamente al hombretón:

—Bueno, ¿y cuándo llegaremos a Taón?

El hombretón fingió que hacía sus cuentas, sacó incluso papel y lápiz y exclamó:

—Pues... como dentro de unos diez o doce años —y rompió a reír.

Esta fue la burla que más le dolió al Merengue en su vida, porque el hombretón le había prometido al firmar con él el contrato:

—Iremos por todo el mundo y, por supuesto, a Taón.

Y el negrito había pensado entonces: "En Taón me quedaré ya para siempre."

Y resultaba ahora que, por lo visto, nunca llegarían a Taón. ¡Diez años! —pensaba. Y aunque fuese cierto, qué largo le parecía hoy ese plazo. Para entonces él ya no sería niño y de qué podría servirle Taón. Dios sabe lo que fuera eso de no ser ya niño. Le sobrecogía un poco, preocupándole. ¿Cómo podría correr, entonces, gritar, trepar a los árboles y saltar bajo el sol o la lluvia? ¡Diez años!

Para entonces cumpliría veinte; le crecería el bigote. ¿Y cómo jugar con bigote? Todos sus hermanitos se reirían de él. Bueno sería, en cambio, que aquella misma mañana llegaran por sorpresa a Taón. Pero esto no sería posible, estaba visto.

Otra ciudad, otra. Y se cumplió el año.

Pero una tarde ocurrió algo sencillamente extraordinario en la función de la tarde. El hombretón le llamó.

—¿Sabes hacer piruetas? —dijo.

Sin demasiada alegría, el Merengue replicó que sí.

—¿Pero buenas, buenas piruetas... como Absalón?

Absalón era el primer acróbata del elenco y acababa de enfermarse de anginas.

—Tan buenas como las de Absalón —admitió Jacinto.

—Pues vístete pronto esta ropa y sal cuanto antes a hacer piruetas. ¡Aunque, espera, demuéstrame, por lo pronto, que sabes dar el salto mortal!

Jacinto Merengue juntó los pies, y se mantuvo firme un buen rato, tomó aire dos veces y saltó. Dio una vuelta de campana y muy apuradamente consiguió caer de pie.

—¡Otra vez! —rugió el hombretón—. ¡Hasta que te salga mejor!

Y esta vez sí le salió muy bien.

—Bueno, vístete cuanto antes y sal allá.

El circo se hallaba atestado de público y en aquellos precisos momentos cabalgaban los caballos enanos, dirigidos por una joven rubia enfundada en una malla rosa. Todos los niños gritaban, aplaudían, se incorporaban en sus asientos y animaban con sus gritos a los caballos. Jamás recordaba el Merengue un estruendo semejante. Como el mismo mar; o el huracán. Por fin los caballos desaparecieron y volvió a sonar la música. Era el número extra de Jacinto. Y cuando apareció en la pista con su taparrabos dorado, los aplausos se redoblaron y quienes estaban aún sentados se pusieron de pie. A su alrededor, cientos de ojitos brillantes le miraban evolucionar, en tanto él daba saltos y cabriolas, se lanzaba a rodar por el suelo o fingía ser un excelente bailarín. Era un negrito gracioso, un comediante consumado y un acróbata de primera fila. A poco, hizo una pausa y pareció que tomaba un descanso.

—¡Más! ¡Más! —le gritaron impacientes los niños.

Y se oyó de lejos al hombretón:

—¡Vamos, ya es hora! ¡Da pronto el salto mortal!

Jacinto Merengue subió al trampolín y allí afirmó bien sus plantas. Seguidamente juntó las manos, como si se dispusiera a volar. Se hizo un profundo silencio en el circo y ya no se oyó más al hombretón. Ya estaba dispuesto al salto. Contó: una, dos, tres, y se lanzó al vacío. Voló un buen trecho en el aire y aún desde el propio aire escuchó la voz del hombretón:

—¡Bravo! ¡Así se hace! Ése es el salto mortal.

Mas he aquí que al dar la vuelta de campana y sentir que el corazón se le salía por la boca, cayó. Pero no cayó ya en el circo —ya nunca más ocurriría así—, sino que cayó en Taón, al pie del viejo árbol conocido, justo frente a la choza de paja, de la que salía en aquel momento su papá.

—¿Pero dónde te habías metido? —le preguntó curiosamente.

Y luego, echando un vistazo al árbol agregó:

—¿O te tiraste desde allí?

Jacinto Merengue dijo, sacudiéndose el polvo de las manos:

—¡Papá! ¡Papá! ¡Mira qué verde se ha puesto esta mañana el mar!

Y sin que nadie pudiera explicárselo, ni la mamá ni sus doce hermanos negritos que habían salido a recibirle, el Merengue rompió ahogadamente a llorar. De verdad que el mar se había puesto bonito.

Pero en tanto fue niño Jacinto Merengue no volvió nunca, ni en los días festivos siquiera, a trepar a aquel extraño, misterioso y endiablado árbol, frente al cual pasaba corriendo y haciendo la señal de la cruz.

Publicado en *Crónica Dominical*

Juan Villoro
La isla entera

El director del presidio leyó los documentos, incapaz de entender los trabajos de tierra firme. No conocía la cabecera municipal de la que dependía la justicia en la isla ni sabía a ciencia cierta cómo procedían los tribunales. El expediente modificaba una sentencia: después de treinta años de cárcel, un hombre era condenado a la pena de muerte. El director se sirvió un café en una taza de zinc y leyó sin encontrar el sentido que buscaba. No había nuevas evidencias. El preso aceptó desde el principio haber estrangulado a un hombre. Lo enervante no era la condena (apegada a las disposiciones de la remota judicatura), sino el retraso con que llegaba. Los papeles combados por la humedad citaban cláusulas plomizas que el director leyó de cualquier forma, abanicándose con una solicitud de jabones que no le habían cumplido.

En esos años (28, de acuerdo con el expediente recién leído), no había cobrado ningún afecto por el preso. Aquel hombre no le iba ni le venía. Pero cerró la carpeta con hartazgo y no le importó dejar en ella un aro de café. La retrasada orden de fusilamiento parecía una superstición inútil, equivalente a mutilar un cadáver para que sus nocivas extremidades no vuelvan a reunirse.

Por las tardes, el preso cepillaba muebles con absoluta concentración, como si careciera de otra experiencia interior que la madera. No recibía visitas en la isla ni había mostrado que algo le gustara o molestara.

Escuchó la noticia sin alterarse. Sopló con un silbido asmático en sus dedos amarilleados de aserrín, y manifestó su última voluntad: quería ir a la costa. Lo dijo con la tranquila indiferencia con que pulía sillas y bancos.

En la isla, los fusilados morían sin otros lujos que respirar un pañuelo empapado en agua de colonia, descalzarse para sentir la tierra durante la metralla o fumar un cigarrillo despacioso.

La petición era tan absurda como las órdenes que llegaban del municipio. ¿Qué buscaba el preso en la orilla? Por instinto, el director pensó en la posibilidad de una fuga, pero los años habían vencido a aquel hombre como una sentencia más definitiva. La solicitud respondía a un capricho, el único que el preso había mostrado. ¿Qué significaba eso en una mente cautiva, con menos estímulos de los que recibía un perro? ¿Qué figuración del mundo se había hecho en su concentrada carpintería? El director decidió complacerlo y viajar con él.

No hablaron en el trayecto. Al llegar a la costa, el preso señaló rumbo al faro.

Subieron una escalera oxidada. El túnel vertical olía a salitre y meados de gatos. Arriba, el viento les refrescó las ropas empapadas de sudor. El condenado se aferró al barandal, en dirección a la isla. Sus ojos se humedecieron, irritados por el aire, y sus facciones adquirieron el gesto imbécil, dichoso, de quien contempla una revelación.

Antes de zarpar de regreso, sonrió por primera vez:

—Nunca había visto la isla entera.

Durante 28 años había anhelado ver la cárcel desde lejos.

Murió a las seis de la mañana, sin que lo abandonara la sonrisa.

Publicado en *El Ángel*

Verónica Volkow
La piedra

¡Un punto blanco en la placa de rayos X! Todos visten de blanco, los médicos, uniformados en su lenguaje, su voz, sus actitudes: cambian la vida rota por un procedimiento. Hay que ser militares ante la muerte, implementar fórmulas y eficacias. Entrar con la escafandra del logro al fondo del abismo, que sean el abismo, la impotencia, la muerte del otro, siempre del otro.

Con una mecanización paródica Lizbet acompaña la noticia del diagnóstico que me da por teléfono. Desde la muerte de Ricardo, mi amiga vive lo que me ha parecido la escalación de un abismo. Esa naturaleza suya tan humorística y ágil para enfrentar obstáculos, sigue jugando aún a punto de desbaratarse.

—Cuando un punto aparece, así, ya saben lo que significa, tiene un nombre científico, un protocolo técnico para abordarlo. Pero yo no conozco para ello ningún procedimiento. Nada en mi vida me había preparado. No alego la injusticia de la queja, su indignada ajenidad. Estas circunstancias son mías. Asumo. La aceptación se me ha vuelto una forma de vida, lo único ante el desastre que realmente tengo. No me despoja de mi propio ser, al menos. De una extraña forma lo afirma. Esta conciencia del desastre quizá me permita —tengo la esperanza, al menos— cambiar de piel, demarcar con lucidez mi nueva

229

forma. Es como propiciar un nuevo nacimiento, sí, aun dentro del desastre, en el domicilio adverso de esta tierra baldía. Debo buscar no la puerta de escape, lo sé, sino virme en este inevitable territorio. Huir sería extraviarme, perderme por completo.

*

Despierto sobresaltada por la alarma, busco debajo de las almohadas algo que no sé qué es y siento perdido. No, no es mi reloj pulsera, que avanza puntual sobre la mesa. Quedé de llevar a Lizbet al Hospital de Cancerología temprano y tengo que apurarme.

Se ha puesto su hermoso vestido verde, y sus ojos color miel, parecen sostener obsesivos, a pesar del peso del augurio, una enfebrecida voluntad de salir adelante. No parece aceptar ninguna cercanía que no sea la de una absoluta esperanza. Esta casa suya tan amontonada de colores y macetas de flores y mil mascarillas de soles es como Lizbet misma, pienso, tan entusiasmada por tantos momentos de alegría que atesora.

—No te preocupes, no va a pasar nada —me dice, con una voz en la que siento una fuerza femenina suave y límpida. Parece como si fuera yo misma la que debiera ser reconfortada.

Atravesamos en mi carcacha roja Ciudad Universitaria, el Centro Escultórico y más adelante el caracol de Cuicuilco con la fábrica de papel al fondo. Como una extraña oreja de piedra, se levanta Cuicuilco. "¡Una edificación concebida para ensortijarse hilos e hilos de viento, un ovillo de piedra en el que éste se va enredando. Con sus vueltas lentas se lo va envolviendo, apropiando", me decía Alan. "¡Es una espiral que encierra finalmente todo el impulso, la energía del aire!"

Los ojos de Alan brillan con esa pasión que siente por lo oculto, dibuja una viruta en el aire, hace un gesto como de agarrarla y apropiársela en el pecho.

—Sobre estos pedregales áridos, el único dios era el viento, él le da su respiración a las espigas y una danza permanente a yucas y pirules pone a volar el polvo y hace girar a las pequeñas piedras. Para hablar con el dios se construyó la pirámide, querían tenerlo de cuerpo presente. Era su casa ese sitio y se podía ir a visitarlo. Se pensaba que al entrar aquí se manifestaba pero como se manifiestan los dioses, uno entrando en ellos y ya perteneciéndoles, o ellos, más sosegadamente hablando mediante un sueño adentro de nosotros. Pues los dioses y el hombre comparten la misma esencia.

—Estas grietas resecas y figuras craqueladas le duelen a la tierra, son ateridos gritos de la piedra, pero el viento los acaricia y se les vuelve aliento. Quizás ese aire que pasa es palabra doliente de estas rocas.

—Quetzalcóatl era el Dios de ese pueblo, un dios del páramo y el árido peñasco, del terruño duro e infértil. Suave y temblorosa la vida entre estos pedregales se ve obligada a que un dios se le aparezca, un espíritu esforzado y hablante que la anime.

—Trinos, aromas, vuelos, palabras trae el viento y anda entre las faldas femeninas que bailan. Y también circula entre las sombras.

—Porque las sombras pertenecen no a la tierra, ni a los cuerpos, las sombras son del viento. En la partida última, el viento sopla, las arranca de los cuerpos y las vuelve suyas, es decir, voladoras, invisibles, súbitas. En los ululares sibilantes, cuando el viento enfila como una

231

cuchilla por estrechos, estas sombras se quejan, hablan. Hay quien podía escuharlas. Cuicuilco significa el lugar de los cantos.

En la base de la pirámide, un mosaico de filosas rocas, pienso en un mar construido de brillos ariscos y mojones bastos.

—Escamas de la gran sierpe —advierte Alan—, ¡cuidado, que estás pisándole la cola!

*

—*Cierra la ventana, por favor, me molesta esa ráfaga, Lizbet.*

Ya me tiró los lentes. Mi amiga da vuelta a la perilla y sus ojos se clavan unos momentos en el pétreo montículo enroscado.

—*Murió Ricardo y fue como un gran viento —me dice— un gran viento poderoso y que surgía como desde el interior de las cosas, un viento cual si se hubiese acelerado el tiempo. Y esa velocidad me arrastraba, sentía el empuje de esa enorme energía adentro, como una vitalísima propulsión, una mortal prisa.*

—*Se arrancó del mundo y me llamaba, quería que lo siguiera. ¡Qué poderoso era, qué potente y vertiginoso su llamado! Fue como un nuevo astro que se arrancara de la tierra con un campo de gravitación exagerado. ¡Vamos, acompáñame!, proponía. La luz y la energía que sentí de pronto en mí eran tan grandes que me aterraron, fascinaron, tal vez. Ese impulso del astro que partía era también el mío.*

—*Todo alrededor de mí se transformaba. Rugían las fauces del calentador terribles y sentía cómo todo, de pronto, volaba y volaba. Ricardo me jalaba.*

—*El edificio de la derecha es Cancerología —inter-*

pelo— pensando encarar lo práctico al toparme con una
Lizbet completamente perdida adentro de sí misma.

—Ya olvídate de Ricardo, por favor, tienes que ocu-
parte de ti misma.

*

Alan había decidido, en un orden misteriosamente siste-
mático, encaminarme en los misterios que creyó descubrir sobre el México prehispánico. Es una tradición
vigente, alegaba, con sabios y artistas que conservan ce-
losamente sus saberes.

Mi primera visita fue al Centro Escultórico. Camina-
mos al círculo de piedra volcánica al que rodea un anillo
de geométricos eslabones. Alan me obligó a cerrar los
ojos en el centro y luego a avanzar y a avanzar dando
vueltas y vueltas. Súbitamente me ordenó detenerme,
abrí los párpados: el pedregal era un mar de piedra ondu-
losa, la petrificada masa volcánica se movía, danzaba
impulsada como una música grávida. Es como si el tiempo se acelerara y moviera las piedras, pensé, las extiende
y condensa como una palpitante plastilina viviente o una
masa de inesperada iniciativa. Es, se me ocurrió, el
transcurrir de miles o millones de años que de pronto
aquí se hacen visibles, como filmados adentro de estas
piedras.

*

Lizbet deja su credencial de elector y entrego mi licencia
de conducir en el registro de entrada. Viramos, un poco
desconcentradas, por los pasillos de este hospital que
parece enterrado en su propia entraña, construido como
un alborotado laberinto, creciendo en anexos y anexos

de la forma más extraña. Tengo la impresión de un déjà
vú *es este escenario que sólo deseo caminar como flotando, sin reparar en lo que me rodea, como si sólo des-
pegada me animara a visitar un infierno. La voz de la
doctora Torres, la canceróloga, nos ataja.*

*—Buenos días, Lizbet —a mí brevemente me salu-
da—. Quería avisarle que envié la biopsia con el doctor
Julián Arista, amigo personal y uno de los mejores pa-
tólogos de México. Nos confirmó por desgracia la ma-
lignidad que arrojó el primer examen de laboratorio.*

*La doctora Torres es delgada y frágil y parece sobre-
vivir a esta escalofriante charla con un tono ejecutivo y
elegante.*

*—Yo le aconsejaría, Lizbet, que no posponga la ope-
ración demasiado y que termine hoy con todos los trámites. El Instituto va a pedirle que alguno de sus familiares
o amigos sea donador de sangre. ¿No sé si la amiga que
la acompaña, pudiera? —se dirige a mi persona—: quizá se sienta un poco mareada eso es todo.*

*Me atrevo a mirar el escenario. Son decenas las muje-
res sentadas con coloridas mascadas en la cabeza, pacientes de quimioterapia seguramente, algunas lloran
solas, otras abrazadas se dejan sostener por un marido.
En otra de las secciones, ante una asamblea de pacientes polvosos una enfermera da lecciones con láminas y
bastón marcador de cómo sobrellevar una vida tras una
intervención mutilante del colon. En una camilla me
topo con un niño delgadísimo, su mirada es casi translú-
cida, unas pupilas que podrían estar presenciando cualquier cosa, quizá lo más insoportable, quizá Dios. ¿Cómo
saberlo?*

*

234

Debo someterme a la mirada acuciosa de la entrevista-
dora para ser la donadora de sangre.

—*¿No ha sufrido hepatitis, sida, infecciones graves?*
¿Cuánto pesa? ¿Qué come?

Soy aceptada. La enfermera morenita, con sus caire-
les rubios parece de mal humor, y levanta la aguja sobre
mi brazo. Siento la ácida punzada del pincho buscando
inútilmente la vena.

—*Ay, perdón, es que tiene las venas muy delgadas.*

Lizbet me toma la otra mano.

—*Si te duele puedo encontrar otro donador, no te*
preocupes.

—*Con el nuevo reglamento todos los pacientes están*
obligados a conseguir sus propios donadores —argu-
menta la enfermera sentenciosa—. Podría retrasarse
más la operación si se espera usted más tiempo.

—*Está bien, replico, parece que, por fortuna, la Srita.*
enfermera ya localizó la vena.

*

Estoy sola. Intento subir el montículo de los cantos por
el sendero envolvente, me acompaña a lo lejos la circulación del periférico, órbitas de interminables puntos de
colores zumbantes. Es como una galaxia de insectos esta
ciudad que fluye con sus propios circuitos y traslaciones,
pero que se reconcentra girando hacia la pétrea espiral
envolvente.

Una avidez de dominio se me revela en esta pirámide
que concentra y atornilla abarcando en su totalidad el gi-
ratorio valle. En la cima se extiende, como una profusa,
interminable y azulada rosa, todo el paisaje. Los montes
en el horizonte se dirían olas que desde la lejanía del cielo van llegando, y una degradación —que pasa del plúm-

bago al gris de los montes más cercanos, atraviesa los olivas profundos y se deposita en los verdes tiernos— nos va acercando el espacio. Una alborotada emoción me embarga frente a este círculo en que el mundo entero me parece otorgado. Pienso unos momentos en la rosa paradisíaca de Dante y en su atisbo de Dios como un centro inmóvil pero también inagotable.

En lo alto me doy cuenta de que el monumento es como una copa, de todo el cielo por supuesto, pero también encierra una cavidad física. Una espiral descendente orada el cono, lo va socavando al encajar su voluta. El cráter circulatorio concluye en una plataforma propiciatoria al centro. Podía imaginarme, en ese momento, al aire velocísimo allí entrando por uno de los escarpados desfiladeros y girando revolucionado por el circuito interno, un viento atrapado y quien sabe si redirigido por un oculto acceso interno. "Estas pirámides tienen imprevistos túneles y pasadizos de acceso", me había dicho Alan.

Prosigo explorando los circuitos. Hay dos espirales, una asciende y lleva a la cima en la que se oficiaban ceremonias y depositaban las ofrendas. Pero en cierta espiral de la cónica montaña, otra espiral se engarza, no sé muy bien cómo, y la evolución de las vueltas desciende paulatinamente y desemboca hacia una gruta adentro de la tierra. Unos barrotes metálicos imposibilitan la entrada. Veo tan sólo cómo la pendiente gira suavemente y baja más y más hacia el interior de la tierra, se pierde auscultando la sombra. Me pregunto entonces si el caracol que ascendí y que impone su masiva viruta sobre el valle, no ha sido tan sólo el pináculo de un iceberg. Y si la pirámide no continúa y continúa enterrada, si la verdadera construcción no está en el fondo, sumergida bajo tierra en esos pasillos que descienden y se pierden no sabemos dónde.

*

Debo sostener el algodón con el brazo doblado y tratar de vestirme. Intento torpemente sacar el peine. Frente al espejo, Lizbet se retoca los labios.

—Esa piedra en la placa es la muerte —dice contactando en el espejo mis ojos—. Las piedras nos permanecen ajenas. El acto de morirse es el acto de irse quedando fuera, aislado de todo. Esa piedra es mía y vive hermética y sumergida dentro de mí misma. En ella estoy muerta. Debo intentar sumergirme en ella, habitarla en su calidad de objeto arisco e imposible, buscar abrirla, mirarla, vivir en esa parte de mí en la que soy de piedra.

Es siempre tan exigente Lizbet consigo misma. Yo no sé sinceramente si todos los caminos en la vida son como prueba, pero ella parece creerlo así, se halla convencida. El enfrentar este miedo ha sido para Lizbet como resolver un enigma, armar un rompecabezas. Su mirada agradece mi presencia, pero me dice que en el fondo se halla completamente sola.

—¡Es tan grande el miedo, de pronto! Es como un grito de piedra dentro de mí que explota y me expulsa de mí misma. Vivo cortada en mil fragmentos. Ya no sé ni cuántas partes de mí están perdidas.

—Llévate un día a la vez —me escucho decir sonsamente. En realidad, no tengo palabras para esto. Le ofrezco mi brazo en un gesto de unión frente al abismo. No sé si la alcanzo.

—Vamos a desayunar a Plaza Cuicuilco —le propongo, pensando quizá reencontrar la belleza y la fascinación del sitio arqueológico que nos permita a ambas distraernos un poco.

237

*

—*La pirámide del viento, tendrás que descubrirla por ti misma, y no te voy a llevar de la manita —me dice Alan—. Y el camino no es mediante la lógica, te advierto, a la que eres tan afecta.* —Me mira desafiante, un pedazo de jade le brilla casi feroz sobre el pecho.

—El chalchihuitl de don Emilio —me confiesa, sin poder ocultar un cierto orgullo.

—¿Te regaló esa piedra, el viejo? —pregunto.

—*No, cuando murió el sabio, tuve el tino de colocárselo en los labios, para absorber el último aliento, como lo hacían los antiguos. Está el espíritu de don Emilio sumergido en la piedra, y la llevo contra el pecho. Puedo saber así en cualquier situación lo que él siente.*

Es tan amante de lo profundo, Alan, pero a la vez un ser tan caprichoso y lleno de imprevisibles sesgos.

—*Si la colocas al oído cuando duermes te contesta preguntas o te resuelve dudas.*

—¿Me la prestarías? —me aventuro, suplicante—. *Sólo por unos días. Te la regreso.*

*

Frente a la taza de café, Lizbet se sumerge en una gran nostalgia. Me da la impresión que contra el enorme miedo que siente a lo desconocido quiere inerme asirse del recuerdo.

—Era como una entrega absoluta de sí mismo, era su forma de vertirse, entrar en mi cuerpo y llover; llover y llover y allí quedarse. Desde su corazón se desprendía en lluvia, era el deseo de una entrega absoluta de sí mismo. Quería darse y darse y caía en mi ser como una lluvia.

238

—Era un entregarse como morir, venir a derrumbarse, un acto de arrojarse y decir, "en tu carne y tu ser me deposito. Allí en tu carne y tu ser me deposito. Allí en tus huesos me quedo hundido para siempre. Unido a tu ser quiero morirme". Y en esa lluvia era una nueva forma de ser él mismo, ya completamente adentro de mi cuerpo, como si quisiera envolverse, revestirse completamente, y hundirse hasta en mis dientes y mis huesos.

—Vamos —le digo a Lizbet— mejor te llevó tu casa.

*

Me siento aliviada de que en el retrovisor, a lo lejos, la pirámide de los cantos se va borrando. Encuentro enojo en mí, no sé contra quién, ni la causa. El automóvil contra el viento. Decido poner mi furia en salir de ese sitio corriendo.

—Hay un amar al extremo —me dice Lizbet— que es como un querer morirse. Pero también un querer amar y morir que es como pedir nacer de nuevo.

Llegamos a casa de Lizbet y estoy rendida, agobiada. La nostalgia de mi amiga me irrita, de pronto, indescriptiblemente. No soporto el encontrarla inerme y de alguna manera resignada. Preferiría oírla gritar de ira, escucharla los peores improperios contra esa muerte paulatina tan absurda.

—Crees que amas tanto a Ricardo, Lizbet, que quieres seguirlo hasta la tumba. Tú te estás provocando esta muerte, esta enfermedad maligna. Y lo añoras no por amor, amiga, porque no sabes hacer otra cosa. No tienes la valentía para despedirte, caminar de pronto sola.

—Te arrogas para hablar una autoridad espuria y estúpida. —Liz frenética me azota la puerta—. No te metas en lo que no te importa, lo que no puedes sentir y no entiendes. Se cierra contundentemente con sonora chapa en casa. Y yo me siento aliviada de escuchar, al menos, su ira.

*

Alan se halla esta vez jovial, casi festivo. Bajo sus ojos brillosos me da la impresión de que en realidad no le importa mucho que lo entienda.

—Mira —me dice y su mano dibuja el humo de un cigarrillo—, es una gigantesca máquina esta pirámide, pero no sabes de qué cosa.

Nos atrapa polvoriento un travieso torbellino. Se lleva mis gafas y el sombrero. La pirámide los fabrica, pienso. Son los caireles de esta gigantesca piedra ensortijada. Y como aspirando la tierra suben y de pronto a los visitantes logran robarnos cosas.

—Te falta imaginación, amiga —su voz se torna susurrante—. Estás en el umbral por el que parten las almas. Como un inmenso oído la pirámide capta las almas de los que están por morirse y los encamina.

—Pero estoy hablando de más, bonita. ¿Usaste esta noche la piedra, verdad? Eres muy curiosa. Se me había olvidado decirte, por cierto, que todo esto tiene un precio. ¿No te lo había mencionado, verdad? La piedra se cobra sus secretos.

Su risa de pronto me parece enloquecida. Sólo hasta ese momento se me ocurre que Alan se encuentra en realidad completamente borracho y no sé qué estoy haciendo aquí en la pirámide siguiendo los meandros absurdos de un delirio.

—Vamos a la cueva, no seas miedosa. ¿Estás molesta porque me eché una copita? ¿No me digas? ¿Ya te vol-

240

viste cobarde, tú que siempre fuiste tan curiosa?, una de tus mejores cualidades, por cierto.

—¡Mira, por aquí viajaba caminando el señor del viento Quetzalcóatl, cuando deseaba sumergirse por estas pendientes hacia el subsuelo y recolectar los huesos y animar a los muertos! No más les soplaba y ya estaba. Recobraban aliento. Pero no te estoy albureando, no temas, aunque tampoco estaría mal, eh. Todo soplo es más que aire. El fuego invisible de todos los impulsos.

Mi guía, completamente posesionado por su papel de sacerdote, Quetzalcóatl, se ríe del miedo que me adivina, grazna, en realidad como una gorda cacatúa maligna. Se adelanta hacia la entrada de la gruta.

—Cómo vas a pasar si está cerrado —grito.

Alan sin detenerse se sumerge en la cueva, no impiden su acceso los barrotes de fierro que como si fueran haces de luz atraviesa. Esos fierros quizá son sólo luces, y es un nuevo sistema de alarma, pienso.

—¿Cargas la piedra de Don Emilio?—pregunta—. Tú también puedes seguirme.

Aprieto la piedra y entro. Cruzo los visibles, pero inexistentes fierros.

—Se me olvidaba decirte, no te asustes, sólo lo que está en tu interior se te manifestará en esta cueva. Nada que no te haya sucedido o esté por acontecerte. ¡Aférrate a la piedra, no la sueltes!

En la indescifrable penumbra pierdo la imagen de mi Quetzalcóatl borracho. Sigo a tientas y, de pronto, me parece adivinar una encrucijada de pasillos. Descifro una atmósfera hospitalaria. La voz de la doctora Torres me ataja.

—Primero que nada no se asuste porque los nuevos descubrimientos médicos ofrecen para su caso mucha esperanza. Pero es importante que lo sepa. Cuando apa-

rece una piedra de este tipo en la placa de mastografía, nos está arrojando una sospecha de que hay un alta probabilidad de lesión maligna.

—No pierdas la piedra, por nada de este mundo —me grita Alan desde la oscuridad de la cueva. Y ya no sé si es la voz de mi guía o la alarma del reloj quien me despierta. No debo soltar la piedra, pienso. La busco ansiosa, inútilmente debajo de la almohada. Se me hace tarde ya, debo llevar a Lizbet al hospital muy temprano.

Publicado en *Crónica Dominical*

Gabriel Wolfson
Invitación a cenar

A Eva

Jesús Carbajal camina por el centro de Puebla y yo comienzo a intranquilizarme. Apenas se irá aproximando al centro, ciertas calles que aún se confunden con los primeros barrios periféricos y tal vez él vaya pensando algo similar sobre las distintas regiones de la ciudad (porque en veintitrés años, y con esa tenacidad nacida de la angustia, su cerebro debe albergar una imagen de la ciudad parecida a un plano de batalla) o bien —sí, mucho mejor—, o bien se ha detenido a contemplar una esquina que nunca observó con tanto detalle. ¿Pero hay motivos de verdad para estos nervios? Después de todo, está en mis manos que algo decisivo ocurra o no, basta con que no pronuncie las palabras reveladoras y no pasa nada; más tarde podré dormir satisfecho al haber evitado un reconocimiento perturbador. Pero los nervios siguen, ahora Guillermo voltea a verme de lleno, sonríe, me palmea un hombro, salud, compadre, me dice, y yo comprendo que debo llevar ya varios minutos con una expresión perdida, tal vez Guillermo preguntó algo y no lo escuché. Pido que me sirvan otro whisky y Guillermo lo celebra con un gesto reconciliador que, me imagino, será como lo que llevó a Carlos Barral a hablar de una hermandad profunda entre los bebedores, según recuerdo. De mis dos hermanas, una también sonríe y da un trago a su copa, la otra evita nuestras miradas, busca en cambio a su marido (pero él bebe con nosotros) y luego al fin se voltea para reprimir, creo, algún comentario sobre dejar de beber que en este momento tendría cuatro opositores. Yo sigo nervioso, o cómo llamarlo, distraído, preocupado, distante, y se me ocurre incluso ir a buscar algo de Carbajal al estudio, caray, no sé si tenga algo de él en casa, y para qué, como si debiera introducir poco a poco su figura, su presencia próxima, es el colmo. Lo cité a las ocho, estará en el Zócalo, decidiendo por qué calle enfilar hacia acá. Faltan cuarenta minutos, pero es muy probable que Carbajal ande por ahí, salió quizá dos horas antes o tres o desde el mediodía, un libro bajo el brazo y muchas monedas en los bolsillos, dispuesto a dejarse sorprender por otra fachada desconocida, débil para resistirse al llamado de un café solitario donde lea de cabo a rabo el periódico pese a haber desplegado sobre la mesa libros y libretas y una pluma y varias marcas de tabaco, entonces puros elementos decorativos todos ellos. Me traen mi whisky y pesco al vuelo la voz de Guillermo, está contando una historia de homosexuales, un viejo conocido de la secundaria, ven a beber una copa para celebrar el reencuentro (Guillermo no dice celebrar sino palabras sueltas, más bien interjecciones y manoteos), toda la tarde platicando, ninguna sospecha, y en eso el amigo, se llama Adalberto y veo que mis hermanas lo recuerdan bien, claro, todos se conocían en esa época, en eso Adalberto le dice: "Guillermo, tú siempre me gustaste", y lo toma del brazo. Yo le dije, dice Guillermo, mira, Adalberto, estamos echándonos un trago a gusto, pero si sigues con eso voy a tener que romperte la madre. Este es el clímax de la historia, mis hermanas ríen a carcajadas, exageran para burlarse de Guillermo y él acepta las bromas. Aún

244

cuenta que Adalberto se calmó, bebieron una o dos copas más y él, Guillermo, se largó. Llegó tarde a su casa y Laura, mi ex mujer, dice, en vez de molestarse con la historia se estuvo riendo toda la noche. Carbajal apreciaría este relato, creo yo, no sé si compartan puntos de vista, pero Guillermo sabe contar sus anécdotas, al menos mantiene un tono agradable, en ascenso, que invita a escucharlo, un tono de experiencia, de viejo lobo de mar, eso es, como llamaban a Long John Silver. Suena el timbre. No se levanten, pienso decir, pero ni mis hermanas tenían intención de hacerlo. No puede ser Jesús Carbajal, no, él no llega nunca antes de tiempo. Es Toño, el hijo de Guillermo: me abraza y me regala una caja de puros (no son muy buenos, pienso, aunque sí aparatosos y caros). Viste un traje impecable y me sorprende un poco su presencia, pero me reconforta suponer que haya venido aun cuando a mí no se me ocurrió avisarle. Guillermo lo observa saludar a los demás y después, sin preguntar, le sirve un whisky.

Por esos años la universidad es muy pequeña aún; salvo Medicina, todo está en el centro. Debo haberlo visto por ahí seguramente, aunque bien a bien lo conoceré en su propia casa, invitado por su padre. El viejo maestro, lo recuerdo, respetado hasta el final, muy elegante siempre y yo, digamos, soy su alumno favorito. Al principio este privilegio se reduce a acompañarlo de camino a su coche. Después me invita a comer a su casa y ahí está Guillermo, nos hablamos con total naturalidad, ya nos conocíamos, decimos ambos cuando el padre nos presenta. Tenemos la misma edad, y esta cercanía nos mueve a llevarnos bien de inmediato, ya hay una mínima complicidad secreta —tal vez habremos intuido algo así—. Pero se dará otra casualidad, puedo llamarla de ese modo, que me será reprochada años después, como si yo la hubiera propiciado. Por tu culpa, me dirá Laura en los peores momentos, por tu culpa, tú sabías cómo era Guillermo, para qué dejaste que se me acercara. Lo adivino: de permitirle continuar, sacaría el exceso de alcohol en el carácter de Guillermo, las otras mujeres o lo peor, diría ella, su inutilidad para el dinero. Pero yo sé, y ella también, supongo, que difícilmente con algún otro se habría divertido tanto. Decía, pues: conozco a Guillermo, empezamos a frecuentarnos. Al principio todo le sale bien. Alumno brillante sin esfuerzos, confianza infinita, parrandas de antología, empleo magnífico y boda con una mujer hermosa, hija de libaneses, alegre y ágil. Pero también es capaz de sentarse conmigo a hablar de libros, por ejemplo, en su caso con más pasión que conocimiento, palabras de lúcida vehemencia que convencen a mis condiscípulos de entonces, tres o cuatro perdidos de la mejor bohemia. La cima de esta trayectoria: Toño, un hijo celebrado por todos, una fiesta de bautizo que ahora recuerdo como una borrachera de cercanías y fidelidades; todos reunidos como para compartir y acrecentar la felicidad de Guillermo. ¿Sería así en verdad? No importa. Después permanece lo esencial, cambia el entorno. Un día llega Guillermo a mi casa. Renuncié, me dice, tengo ahorrado algo, poco. Son veinte años de trabajar en la empresa, y son cuarenta y cinco los suyos. Por qué. Escucho una historia indignante: un nuevo jefe pretende involucrarlo en negocios alternos (eso dijo el cabrón, dice Guillermo), él se niega y comienza a ponerle trabas, tenderle pequeñas trampas, achacarle torpezas ajenas, hasta que renuncia. Viven un rato así, Guillermo con sus ahorros y Laura y su hijo con el dinero inagotable de su familia. Consigue otro buen empleo con un conocido de la preparatoria y entonces inician, vuelven los problemas. Laura me dice que en el fondo Guillermo fue siempre igual. Tal vez tiene razón, porque entonces Guillermo revive las peores, ¿las mejores?, épocas estudiantiles: borracheras largas, la improvisación pura. No sé, supongo que estaba aburrido, harto. No trato de justificarlo, sólo que hay espíritus más móviles que otros, más inestables si se quiere. En algún sitio leí este lema: *el honor, por la estabilidad*, por qué no. Se separan, Guillermo y Laura, no en muy buenos términos. Toño, quince años por esas fechas, vivía desde antes con su abuela materna. Guillermo se muda a casa de su madre mientras pasa la tormenta, quizá sin saber (por esa confianza infinita, una fe ciega, más bien, y sorda y muda, en su buena estrella y en sus principios) que la tormenta lo había elegido a él.

A Jesús Carbajal lo conozco en un café del centro. Me ha llevado alguien hasta ahí, no recuerdo quién, y estoy a punto de irme porque no soporto las antárticas sobremesas de los intelectuales del portal. Me detiene el aspecto de Carbajal, difícil que encaje en estos círculos: flaco, piel oscura como el color de la madera barnizada y prendas que denotan descuido, aunque no mal gusto. Habla sin aspavientos, sin gesticular; una mano sujeta firme un paraguas largo, impropio para la ocasión. Ha hecho una pausa mientras nos sentamos. Después continúa, echado hacia atrás sobre la silla:

—La cosa es que a los veintisiete, veintiocho, conozco al hombre éste, Pastor se llamaba o se hacía llamar, o se hace llamar, pues, no lo sé; conozco también algo de su historia, es decir, apenitas unos rasgos, lo poco que puedo sacar de contemplarlo y de escucharle dos o cuatro frases, no tanto incoherentes las frases, como psalmos más bien (recalca la pe, Carbajal, de psalmos) y entonces, vamos: yo, veintiocho años ponle, vago en las playas de Oaxaca, sin idea de qué andaría buscando por ahí, pero se me graba una imagen, en ese momento no lo sé, sólo sé que me estremece pero no sabré que es una imagen que se me fijará como lapa, como pez piedra sobre una roca, la imagen de este Pastor cuando imita el rostro de un ahogado. Pero qué, así le pasó a Faulkner, ¿no?, sólo una imagen (Carbajal ríe un poco, los demás lo siguen sin muchos ánimos). Y unas horas después, cuando voy de regreso en un autobús, me doy cuenta de que mi trabajo estará en reconstruir toda la historia previa, todo lo que debió ocurrir, las casualidades, carajo; los embrujos, que entonces no sé que tal vez provengan de varias generaciones atrás, todo lo necesario para que en ese momento esté aquel hombre ahí, Pastor, imitando la expresión de un ahogado. Pastor el muerto, casi un oxímoron (dice Carbajal, y en los demás veo rostros de falsa comprensión). ¿Sabes qué gana este Pastor sacando a los ahogados de las playas de Oaxaca? Eso le pregunta alguien al principio de la novela, un turista, claro, alguien ajeno, con toda la idiota inocencia en su cara bronceada, y alguien, ahora algún nativo, un pescador, que no logra adivinar lo que en verdad quiere escuchar el turista de tan natural que le ha sido siempre la historia de Pastor, este pescador de lenguaje parco le responde con tres palabras llenas de desprecio: "Nada. Nadie le paga. Le pagan los muertos. Gana lo que pesca, como cualquiera", y el otro, aún ávido de exotismos fáciles, ya estará imaginando escenas de canibalismo, aunque escucha después una frase aclaratoria, si bien más inquietante: "Pastor se gana lo que llevan los muertos. Un reloj, una cadena. Se han ahogado jovencitas, niñas, europeas o canadienses, cadáveres que nadie reclama y nadie vuelve a ver." El caso es que Pastor a veces parece estar huyendo, se esconde de todos para que nadie lo vea desempeñando su trabajo, y otras veces se muestra de frente, orgulloso al imaginarse encargado de una misión imprescindible para la buena marcha del pueblo. Está loco, claro (baja el tono, Carbajal, sugiriendo que está por concluir su intervención), pero el nudo, el asunto, como te decía, es descubrir qué clase de locura, qué hay antes de esa angustia cuando imita, como nadie en verdad y sólo cuando narra con presunción las virtudes de su trabajo, cuando imita el rostro de un ahogado, o el rostro arquetípico de El Ahogado, figura de lotería casi. La idea es que, por debajo de todo, el pueblo ese de la playa es una reunión de caracteres esenciales, atemporales, es decir: Pastor, para seguir con él, se fija, quién sabe por qué, un motivo minúsculo y terrible para su vida, y sabe cuando toma esa decisión, pero un saber natural, como por otra parte le ocurre a cada habitante del pueblo, sabe que ese motivo, con todas sus implicaciones, le acompañará siempre. Pero te decía, atrás de él hay muchos elementos; una orfandad milenaria, si puede decirse, y también una especie de maestro o guía, que es un pescador enfermo de hace años, en fin. Una soledad demasiado ruidosa, dijera Hrabal (concluye Carbajal y no dirá casi nada más el resto de la tarde).

Esto lo imagino. He cruzado palabras, muchas, con Carbajal durante los últimos ocho años. He llegado a verlo caminando sin que él lo sepa, irremediablemente caminando, me ha visitado en mi casa, me ha confiado —no hay otro verbo en tal caso— algunas páginas suyas. Esto lo imagino, a base de tales certezas y pocas, muy pocas conjeturas; un día como cualquiera Carbajal sale a la calle a las once de la mañana, dos libros y una libreta bajo el brazo y una chamarra que él prefiere sólo porque sus múltiples bolsas dan para albergar cigarrillos, llaves, algunos caramelos. Se despertó una hora antes y a punto estuvo de tomar unas revistas viejas y quedarse acostado el resto del día, pero un mínimo sentido de idiota responsabilidad lo llevó a levantarse para cumplir hoy, justo hoy, una tarea pendiente, cualquiera. Digamos; sacar dinero del banco y entregarlo a Lucino, el encargado, para que éste a su vez vaya a buscar al contador. Lo repasa una vez más: ¿me convino, piensa quizá no en estos términos, heredar tan joven y tan favorablemente la fábrica de mi padre? Mucho le ha dado vueltas. No podría ser vida una vida sin responsabilidades, se ha dicho Carbajal entre pregunta y afirmación, sin una tarea diaria que cumplir, aun pequeña o insignificante, es decir, y aquí ya es una interrogante descarada la de Carbajal, ¿soportaría en verdad una vida sin nada que hacer, con todos los minutos libres para mí, sin ningún deber, sin labores pendientes en la agenda o el calendario? Hay antecedentes, claro, para estas dudas de Carbajal; se ha pasado toda su vida, su vida consciente para no abusar de la metáfora, deseando no cargar con preocupaciones ni encargos, al menos no con encargos demasiado mundanos ("Me gustan los encargos", le recordé cierta vez a Carbajal que escribió Proust, y sonrió con un gesto de condescendencia casi paternal) para así disponer de su tiempo con absoluta libertad, y un día, muy joven él, Carbajal, veinticuatro años, amanece con la noticia de que ha muerto su padre y por lo tanto él es dueño de una fábrica de talavera, si bien no un emporio sí una empresa que trabaja sola y reporta ganancias reales. Creo que la gente sueña con la intuición de que sus sueños son justo eso; territorios inalcanzables. Imaginemos, con toda la sinceridad posible, que un sueño nuestro se cumple; no dejará de provocarnos cierto estremecimiento, miedo, incluso asco, el resultado de tales maquinaciones. Por lo pronto, Carbajal abandona la escuela (que no el estudio, dirá él), toma nota de las tareas que exige la fábrica (mínimas en verdad, y que de inmediato encomienda a Lucino) y se marcha a recorrer el país, sin itinerario fijo y sin más objetivos que grabar en su memoria dos o tres paisajes excepcionales y convertirse en erudito de la cocina de cada región. Cerca de cuatro años viaja Carbajal por todo México hasta que un día, afincado en las playas de Oaxaca, decide regresar debido en especial a dos impulsos: una historia, todavía confusa, que se ha vuelto huésped de sus pensamientos y que desea escribir, y un sentimiento de culpa que empieza a incomodarlo (lo incomoda más tener conciencia de la culpa) cuando recuerda la ciudad donde ha vivido y donde está su fábrica, de las que se ha desentendido por completo, recuerdo que coincide con la lectura de un libro francés en el que lee esta frase que lo perseguirá durante algunos días: "Nunca se había tomado por una inteligencia más cultivada y penetrante que la de otras personas. Por eso era que hacía suya esa idea vieja como la humanidad de que toda felicidad se paga con sufrimiento. Y de que la deuda nunca se liquida." Así que vuelve Jesús Carbajal y renta un departamento céntrico en una casa vieja, con patio interior y macetas en los barandales. Le toma no más de cuatro días a Carbajal aclimatarse nuevamente a esta ciudad: sus gestos, el modo en que se sienta o pide un café o compra el periódico son de hastío, de continuidad, propios de quien no tiene nada nuevo que contar. Puede que no le sea muy consciente, pero a Carbajal este retorno se le impone como el término de una actitud errática, el fin de la infancia si por ésta entendemos una libertad a la que no le place tomar en cuenta lo que ocurrirá en el futuro más inmediato ("Cuando era feliz e indocumentado", será una frase recurrente en él años después). Pero también es cierto que las responsabilidades con que ahora sueña Carbajal pronto dan muestra de su escasez. Su trabajo como dueño de la fábrica consiste en dar órdenes que de cualquier modo ya se habían contemplado; Lucino, un hombre de su edad que aprendió el oficio como él nunca quiso, le hace la vida fácil a Carbajal sin sospechar que su patrón querría sentirse indispensable. Las tareas de Carbajal son, pues, las que hábilmente puede diseminar a cuentagotas en la agenda de la semana: ir al banco un día, otro pasearse por la fábrica o ir, más que a hacer negocios, a jugar dominó con el señor que les vende la pintura. De este modo, la vida de Carbajal navega unas semanas sobre el río más lento y pacífico del mundo, hasta que otro objetivo se le impone, uno que implica más horas de dedicación. Alguna tarde Carbajal me contó cómo, a los catorce años, la ciudad desapareció para él, o bien se convirtió en un castigo que a toda costa querría evitar. A él le llevó muchos minutos relatarlo: a mí, no más de tres frases: camina de prisa con su madre de una tienda a otra, es de noche y están a punto de cerrar. Hay una puerta de la que asoma un hombre; algo le dice a su madre que él no puede oír, sólo alcanza a notar que el rostro de ella cambia para siempre, no dice nada, sólo espérame aquí, le dice a su hijo de catorce años, y entra. Él espera, espera más de una hora, luego toma un taxi y va a su casa. Después regresa con su padre, aunque le será imposible fijar la puerta por donde desapareció su madre. Lo que sigue son averiguaciones inútiles, cientos de preguntas que a Jesús Carbajal, catorce años, cada vez le resultará más difícil responder. No volvimos a saber de ella, una frase lapidaria la de Carbajal, quien se ha demorado en esta historia, le cuesta mucho trabajo decirme que aun ahora no puede explicarse qué ocurrió ahí adentro, no puede impedir que la historia se le torne cada vez más confusa, o peor: decirme que a veces nota que lleva vaios minutos intentando imaginar las palabras exactas de aquel hombre. Así que Jesús Carbajal se asigna otra tarea, más imprecisa y más duradera, cuando a las pocas semanas de haber vuelto de Oaxaca descubre que su vida no ha dejado de ser la misma, vacía de obligaciones; recuperar la ciudad, deambular por sus atajos y escondrijos, recuperar esa sensación perdida de dominio sobre ella, conocerla (en el sentido sexual del verbo, ha bromeado Carbajal cuando me lo platica), conocer sus calles, sus escalinatas, sus claves (la enumeración es suya), sus mensajes secretos, o saber de los mejores sitios para comer, saber por dónde moverse, incluso cómo hablar en cada zona específica. Para mí es demasiado, muchas, vanas posibilidades en tan poco espacio, pero a él, insisto, la ciudad se le ha convertido en el más complejo plano de batalla. Podríamos imaginar que la meta de este plano, la enorme cruz negra en este mapa del tesoro, sería justamente dar un día con aquella puerta en la que desapareció su madre. Demasiado cruel, claro, demasiado insensato aun en la peor angustia, y Carbajal no es un enfermo, antes bien, es un tipo tranquilo, siempre una expresión entre contemplativa y apática. Hay que volver a la primera escena, la que imagino a base de algunas certezas y muy pocas conjeturas, porque se ha levantado por fin Carbajal, un día como cualquiera, ha salido de su casa para ir al banco, lleva dos libros y una libreta bajo el brazo y no sabe que uno de los objetivos más claros, si no el principal, de ese plano de batalla, no es algo tan impreciso, tan etéreo diría él, como recuperar la ciudad, sino que se le presentará tangible aunque fantasmagórico en unos minutos. Adelante; camina Carbajal hacia el banco, entre tanto compra el periódico, uno grande, doblado a la mitad caben sus libros dentro. En la sucursal más vieja, un enorme edificio cercano al Zócalo; Carbajal va hacia el fondo, atención personalizada, don Jesús, le dice la señorita, cómo le va, y Carbajal comienza a hablar con ese tono que, según él, les encanta a las señoritas del banco, el tono de alguien que, más que revisar sus cuentas, va en busca de charla matutina. Nada más que hacer, piensa al salir, el dinero entre las hojas de un libro, nada, Carbajal se pierde en ese centro de la ciudad que le fascina, va al portal a bolearse los zapatos y después deambula, quiere pensar Carbajal que sin rumbo fijo. Se sienta en una banca a hojear el periódico, que tirará más tarde sin haberlo leído, y extravía algunos minutos pensando nada, la vista hacia arriba, los ojos semicerrados recibiendo el sol de lleno. Decide caminar un rato por una calle conocida, casi memorizada diría yo, que lo he escuchado relatar historias de cada negocio y cada casa mientras la recorremos. Va pues, Carbajal, la vista hacia las baldosas o hacia las fachadas de los edificios, una mano jugueteando con el periódico, la otra suelta al ritmo de los pasos. ¿En qué piensa Carbajal? Piensa en su novela, en Pastor, el muertero, pero no más como un personaje; Carbajal lo imagina como alguien que acabara de cruzarse en su camino, hace suposiciones sobre él como quien intuye las preocupaciones de un hermano, de un hijo. Jesús Carbajal perdido en la multitud: calles trazadas como un perfecto crucigrama, y qué sino esa sensación de multitud lo lleva a doblar en una esquina ya lejana del centro que desemboca en una calle amplia, algunos árboles en las banquetas, refaccionarias, cristalerías, locales poco aptos para un paseo contemplativo, Carbajal los mira y los recuerda, los engancha más bien a cualquier referencia mínima que los identifique, los haga propios. En eso, una casa grande, vieja, austera, dos pisos altos, descuidada pero no en ruinas, que no da signos de evidenciar qué es, qué hay dentro. Se sienta Carbajal en la acera de enfrente a observarla con calma; Pastor el muertero parece interponerse entre él y la casa de tan claro que se le presenta en la cabeza, Carbajal lo sigue, intenta llevarlo de la mano algunos años atrás, qué hay contigo, Pastor, casi le dice Carbajal, quién te ha enseñado a bucear, le dice, sobre todo si sabías qué harías después tú con eso, una postura inquisitiva la de Carbajal pero no deja tampoco de sentir una cierta ternura al pensar en Pastor, desearía guiarlo hasta su primera adolescencia y sentarse a platicar con él, que entonces no sería Pastor el muertero, sólo Pastor, destinado lo más seguro a pescador, como todos. Hey, se interrumpe Carbajal, Pastor desaparece de su vista, qué hay en esta casa, se pregunta, estoy frente a ella y no puedo verla, tal vez piense, y entonces, con esa oscura felicidad que lo visita cuando ha caminado por muchas horas sin darse cuenta, cuando se ha extraviado en una charla o en la contemplación de cualquier cosa, con esa oscura felicidad que le hace soltar una sonrisa amarga. Carbajal descubre la verdad, apoya la cabeza sobre sus manos y también entiende o descubre que esta noticia vivirá con él por un buen tiempo, claro, se dice, y lo ve tan nítidamente como si alguien se hubiera acercado a explicárselo, claro, dice, quién te enseñó a nadar, Pastor, a aguantar la respiración hasta dar con los muertos bajo el agua, claro, piensa Carbajal mientras se pone de pie, en esta casa grande, dos pisos altos, descuidada, habita el viejo maestro de Pastor, se dice y emprende la marcha, Carbajal, no sin antes fijar muy bien las coordenadas del hallazgo, sabemos ya que tiende a olvidar lo decisivo. Después Carbajal irá con Lucino a entregarle el dinero, irá caminando con una ligereza especial, la de quien sabe que, si bien lejana, me dirá él tiempo después, la salida del laberinto existe y no es inalcanzable.

¿Cuándo cambia la gente? Mejor: ¿cuándo cambia nuestra percepción de la gente, en qué momento se altera nuestro orden de cualidades y rechazos para que quien nos era agradable se torne molesto, quien parecía distante y gris sea luego decisivo en nuestras vidas? Esto, desde luego, lo puedo escribir ahora, y en parte ahí está la respuesta, en esa lejanía del ahora que brinda una frialdad de visión panorámica. Porque nadie puede notar cuándo cambia la gente en el momento de transición, en ese instante en que nosotros mismos somos parte de la escena y no percibimos ninguna modificación porque todo se está moviendo al parejo, desde nuestros gestos hasta una ligera ráfaga de viento van incluidos en la cerrazón de ese cuadro dramático. Algo similar ocurre con los sueños. Uno sueña y en ese momento está la vida en juego; después despertamos (increíblemente cuerdos, diría Groussac, pese a habernos desplazado por una agonía nocturna de sombras y apariciones) y sólo entonces nos es dado recapitular, medianamente comprender la trama del sueño luego de que el angustioso presente de los acontecimientos se ha desvanecido entre las sábanas.

Pienso celebrar mi cumpleaños con una comida, irán mis hermanas, algunos amigos. A Guillermo y a mí nos gustan las largas sobremesas, horas de charla prolongada con cigarrillos y copas, todo lo necesario sobre el mantel; el alcohol, muy distinto que en nuestra juventud, va diluyendo el ánimo de Guillermo hasta convertirlo en una figura estática que sólo gira los ojos para seguir a sus interlocutores. Comienza con anécdotas desaforadas, en estado puro, y después, mientras la tarde desciende sobre los rostros, va llenándose de duras reflexiones, a veces tristes, o narra argumentos cercanos a la crueldad. Pero hay ocasiones, pocas, es cierto, en que se marcha temprano, me están esperando, dice entonces con una sonrisa de años y una premura adolescente que quiere aún sugerir citas maravillosas, mujeres impensables para cualquier otro. He invitado también a Jesús Carbajal, no lo pienso mucho en el momento aunque llevo ya algún tiempo postergando el encuentro, lo he citado en la noche porque pienso, con una inocencia fácil y desagradable, que aunque escasa, existe la posibilidad de que Guillermo se marche antes de que Carbajal llegue, y entonces sería el azar y no yo quien hubiera tomado la decisión. Ha sonado el timbre, imposible Carbajal antes de la hora asignada, es Toño, decía yo, la caja de puros espectaculares y una alegría absurda que me invade, me siento un viejo y querido tío a quien sus sobrinos no pueden dejar de visitar, absurda y tonta alegría, digo, porque entonces no sé que Toño ha venido no precisamente convocado por mi recuerdo sino cargando una noticia más importante que su caja de puros. Pero debo continuar la recapitulación, esta divagación artificial —¿como todas?— a la que me ha llevado el deseo de encontrar una causa a los movimientos y las razones últimas. Así que llega Toño, nos saluda y Guillermo le sirve un whisky.

Toño está entre hablar y no hablar, en su gesto rígido se nota la indecisión, la impaciencia, también la posibilidad de callarse, de salir con cualquier otra cosa. Mis hermanas se han pescado del último nudo de la conversación para rumiar una lista de personajes del pasado, gente de la preparatoria, bailes, maestros, pleitos famosos. Guillermo participa poco pese a haber propiciado el tema con su historia del maricón Adalberto, sólo afirma o niega cuando mis hermanas preguntan si recuerda. Yo me levanto, vuelvo en un momento, les aviso, y voy a buscar algo de Carbajal, su primer libro, el único en realidad, qué tal las primeras, tentativas primeras páginas de su novela, no, por supuesto, sería demasiado y para qué, pienso en las escaleras enfilado ya rumbo al estudio, para qué anticipar la presencia de Carbajal, hubiera sido bueno al revés en todo caso: anticipar a Carbajal la presencia de Guillermo, no sé, contándole de nuestros años estudiantiles, algunas fotos quizá. Regreso y tomo asiento a la mitad de una historia de Guillermo que ya conozco, se la escuché en las peores condiciones hace varios años y no se me olvida, tal vez por la fría lentitud con que entonces la narró. Puedo percibir una ligerísima expresión de fastidio en mis hermanas, en mi cuñado, ahora que Guillermo les ha cortado el tema de la fascinante preparatoria y sus mitos, y en Toño más bien se irá notando un pausado hastío, quizá rechazo, mientras Guillermo extiende le tela de su argumento. Ocurre en Perote, me imagino que les habrá aclarado Guillermo, y ocurre cuando él es casi un niño. El primo Benjamín, sobre un caballo, está intentando lazar a otro caballo para llevarlo al establo. Entonces aparece el tío Ciro en la historia, un desgraciado, dirá enfático Guillermo, un tipo maldito, un infeliz con quien se tenía que convivir, uno aprendía desde niño que no había otra que convivir, platicar, incluso salir a pasear con ese desgraciado, el tío Ciro, dice Guillermo. Lo sustancial es la conclusión de su relato; para llegar a eso, Guillermo desarrolla, insisto, con gélida minuciosidad, la muerte de Benjamín: dieciséis años, va a lazar un caballo y muere ahorcado porque el tío Ciro, impulsivo, secreto, da un chicotazo al caballo de Benjamín: arranca, el joven jinete cae con la mala fortuna, la soga, alrededor del cuello y el otro extremo atado a la silla de montar, el caballo lo arrastra por todo el pueblo y se detiene, cuenta Guillermo, se detiene espantado cuando se topa con un cura que justo en ese momento abría su paraguas, lo cual es una información gratuita para la historia, pienso, aunque sé que Guillermo silenciosamente disfruta con esos recursos adicionales. Años después, dice Guillermo, fuimos al entierro de mi tía Clara, la mamá de Benjamín. Abrieron la fosa familiar y entonces pude ver, dice Guillermo con las manos sobre la cabeza, pude ver, dice, el esqueleto de Benjamín, pequeño, inmóvil, perfectamente formado, como para museo. Y justo ese momento, una ráfaga de viento y el esqueleto se hace polvo absoluto frente a mis ojos, dice Guillermo y se queda en silencio, nadie agrega nada, Guillermo alza su copa y brinda intentando contagiar una sonrisa imposible, nadie lo sigue, sólo Toño alza su vaso aunque no bebe ni beberá nada el resto de la noche. Vengo de una boda, papá, dice por fin Toño, y hasta entonces caemos en la cuenta de su traje, viste impecable, mancuernillas, doble nudo en la corbata. Guillermo hace como si no hubiera escuchado, y se me ocurre ahora, aunque es absurdo, desde luego, se me ocurre que Guillermo desea evitar la frase de Toño como si ya intuyera algo de aquella boda, como si temiera ese conocimiento desde mucho antes. Vengo de una boda, papá, le ha dicho Toño y todos, pese a no ser sus interlocutores directos, esperamos, la vista fija en él, a que continúe ahora que al fin tiene la palabra.

—He descubierto —me dice Carbajal una tarde, a un año de ocurrido lo que me va a narrar—, he descubierto algo. Es un poco raro. Bueno, no es nada raro en realidad, por qué habría de llamarlo así. Te he hablado de Pastor, lo recuerdas.

—Lo recuerdo, claro, cómo no iba a hacerlo, tanto que me has hablado. Vamos: comimos juntos el otro día —le contesto ensayando una modulación humorística que él no acepta. Retomará el diálogo con cierta pesadez nerviosa atípica en su registro.

—Mira, he descubierto una casa, una casa grande, austera, descuidada, dos pisos altos (ahora veo que me apropié de aquella escueta descripción de Carbajal para mis propias semblanzas); al momento de verla fue, digamos, incognoscible para mí. Y ahí está el truco, el chispazo, la revelación, bueno, lo llamarás como prefieras.

—¿Qué tal la epifanía?

—No, no me agrada. En fin. La casa es incognoscible para mí, pero en cambio me es dado, y conste que nunca tuvo este sintagma verbal una función más estricta, me es dado atisbar que en ella vive uno de los personajes importantes de mi novela, el maestro de Pastor,

—A ver, Carbajal, no te sigo muy bien. Es una metáfora, ¿cierto?

—No, no lo es, o sí, qué más da, llamémosle metáfora. Es decir: tu pregunta lo que intenta es delimitar dos niveles de expresión de lo percibido, uno metafórico y otro, no sé, objetivo, realista, o sensato, si lo quieres poner en términos casi psiquiátricos.

—¿Y a dónde llegamos con todo esto?

—A nada, porque lo metafórico se confunde con lo real hasta sintetizarse, por un lado, y por otro, todo es una mera cuestión de perspectivas del interlocutor, tú en este caso.

—Pues entonces qué, es decir, esto que me platicas forma o formará parte de la trama de tu novela.

—Eso me agrada más, aunque tampoco sé si sea lo decisivo. Bien, pues no lo sé, ahora estará en mí cargar todo esto un poquito hacia el lado de las nobles neuronas, y qué tal, estaría yo hablando de introducir un elemento sterniano, toques de un elemento sterniano o diderotiano o lo que te suene menos cacofónico. Pero de lo que te hablo es de algo, de principio, mucho más simple, a lo mejor más condenadamente estúpido en realidad. ¿A ti no te ha ocurrido? Estoy hablándote de la revelación de una certeza, pues ser algo que a primeras suene absurdo, incompatible con lo real palpable del momento, pero aun en ese caso el poder de la revelación es tan fuerte, o sea, esa seguridad que tienes de saber que nada moviste en tu cerebro para que arribara a él de pronto esa conclusión decisiva, hablo de que nada, absolutamente nada ha dependido de ti para que de pronto sepas algo, y ese algo sea esto, esto que te platico. No he querido pensar más al respecto, porque buena parte del poder de esta revelación, sí, me gustó el término, aunque quizás es demasiado pretencioso, parte del poder de revelaciones como ésta estriba en que un día sabes algo y no hay necesidad de cuestionarlo o reflexionarlo posteriormente porque aparece como si lo supieras desde siempre, como hábil información que hubiera sabido colarse en tus cromosomas. Okey, exagero, pero es necesario para que comprendas la clase de saber de la que te hablo.

El diálogo se detiene por un momento, en lo que asimilo el poderoso discurso de Carbajal. Después continuará durante un par de horas; me hablará de Pastor, desplegará el carácter de Pastor con un registro que combina perfecto los tonos de caso clínico y añoranza por un amigo lejano, me hablará también del viejo pescador enfermo, guía o maestro o sólo figura esporádica aunque tutelar. Y siempre estará oscilando Carbajal, sin poderlo controlar, es más: sin ni siquiera darse cuenta de ese movimiento pendular de sus palabras, entre una racionalidad distante, fría, hablar del hallazgo de la casa como un perito en cuestiones de técnica literaria, y por otro lado seguir necio en hablar de esa fantasía, que entonces no lo es, esa fantasía de la revelación de una certeza en términos, férreos y brutalmente convencidos, que podrían aplicarse a quien observa algo al microscopio. Sólo al final el diálogo cobrará un giro imprevisto, un desenlace forzado de hecho, cuando Carbajal me dé las coordenadas del hallazgo.

¿Será cierto que todos conocemos en la vida a una persona decisiva, una persona como el ancla de un barco a quien, pese a los años, pese a los errores o las disputas, siempre volvemos? Me cuesta responder, porque no sé si esto haya ocurrido ya conmigo. Pero hay historias, hay biografías que toleran muy bien la hipótesis. Al principio pensé que la tal persona decisiva con Guillermo sería en todo caso, fantasmal, intermitente, la figura de su padre muerto. Con Guillermo, es curioso, he platicado poco; lo suyo ha sido más bien compartirme descubrimientos, invitarme a sus noches veloces, involucrarme, aquí sí, en su movimiento perpetuo. Pero una tarde, claro, me habla de su padre; una tarde Guillermo sabe pon fin hacer a un lado invitaciones, citas, compromisos reales o a punto de inventarse, y me habla de su padre. Un hombre extraño, me dice, grande, complejo. Una figura dual, el viejo, dice, por un lado lo admiro, es mi gran amigo, mi cómplice y todo eso, por otro es un monstruo, algo intocable, lejano. Como el de Kafka, le digo, pensando que el arquetipo vuelve a funcionar. Guillermo conoce poco la historia de Kafka, se la narro a grandes rasgos pero no, dice, no hay mucho parecido. Mira, me dice, mi padre es por una parte toda la diversión, conciertos, restaurantes, lo más disfrutable, viajes, cajas y cajas de whisky en la cocina, regalos magníficos siempre, libros, sombreros, abonos para una temporada de teatro, y todos sus amigos, eso es importante, una lista interminable de amigos y conocidos y viejos y nuevos compañeros que desfilan por la casa toda mi infancia. Pero por otra parte, por eso te digo que no es como Kafka, me dice, no es exactamente un ogro, mi padre, no es un viejo iracundo, de hecho no recuerdo haberlo visto furioso, haberlo escuchado gritar, en todo caso era mi madre quien nos castigaba, no es una autoridad enorme y dura, pues, no escucharás aquí, dice Guillermo, la vieja historia del hombre a quien le basta alzar una ceja para poner quieta a toda su familia. Lo otro con mi padre es más bien eso, lejanía, desapego. Guillermo se interrumpe, da vueltas por la habitación, ensaya temas impares y luego me mira, resignado a que no se ha concluido con el asunto de mi viejo maestro. No sé, me dice, de pronto me ha dado por pensar que mi padre tenía su vida hecha, sus gustos y sus placeres bien definidos, alejados sus odios, y que si se casó y tuvo hijos fue porque el matrimonio, la familia, eran paradas ineludibles. Creo que no me entiendes, dice Guillermo, mira, mi padre sabía vivir, no he conocido a nadie que disfrutara tanto, dice, que apreciara y le exigiera tanto a la vida, todos alrededor de él, siempre sus amigos, siempre reuniones, platicando, comiendo, pero entonces vuelve mi padre digamos de una fiesta, cualquier noche, y es una sombra que se desliza hábilmente por los pasillos, una figura inapresable el viejo. El problema es que lo admiro, me dice, fue un gran amigo y lo admiro como a nadie más, pero en el fondo me ha quedado la idea, que no se me ha borrado en todos estos años que lleva muerto, me ha quedado la impresión de que en realidad nunca llegué a saber quién era él.

Una tarde, rondamos los veinte años, Guillermo me llama por teléfono. Acompáñame, dice. Lo han llamado unos policías para pedirle, temerosos, un gran favor: su jefe, el comandante Lozano, se ha quedado dormido dentro de la patrulla, ebrio, con el revólver en las manos bien sujeto. Y temen, dice Guillermo, que al despertarlo se ponga loco y les dispare. Gran espectáculo, dice Guillermo, me acompañas, ¿no? Le respondo que sí, sin saber todavía qué hace Guillermo dentro de esa historia pero impulsado entonces por una euforia que me mueve a aceptar, ansiar de hecho como llenando un expediente que se antojaba enorme, aceptar cualquier invitación insulsa o cualquier propuesta desaforada. En el camino Guillermo me proporciona los datos necesarios. Se trata de un policía, el comandante Lozano, joven, un rostro de ingenuo todavía, con quien Guillermo ha platicado en una cantina. En esa ocasión Lozano decide admirarlo, hacerse menos frente a ese joven prometedor, estudiante de administración, buena familia, todo el futuro en sus manos. Y Guillermo decide aceptar el papel, escuchar el rezo autocompasivo de Lozano, asumirse con esa educación y esos valores y principios que el otro, de buena ley, dice, hasta le envidia. El comandante se queja, sufre por su mujer; Guillermo llega a aconsejarlo, brindarle una hipotética ayuda en caso que se necesite. Después vuelven a toparse, felices parroquianos de la misma cantina, conversan, se invitan los tragos, el comandante le da el número de patrulla para lo que se ofrezca y Guillermo saca una de sus novedosas tarjetas de la cartera. De ahí al día en que lo buscan los subordinados no pasa mucho tiempo. Les hablaría mucho de mí, se ríe Guillermo en el coche, impaciente ya, donde me llamaron para ir al rescate. Cuando llegamos la situación no ha cambiado nada, aunque en vivo se ve más riesgosa: Lozano sujeta el arma con un dedo en el gatillo y hay en su cara un gesto de alerta enfadada, de mal sueño. Los otros policías serán de nuestra edad y están realmente alterados. Guillermo, en cambio, toma todo con ligereza, casi con frivolidad. Con mucho tacto abre la puerta contraria y baja la ventanilla. Después se va. Yo me quedo ahí, sin saber qué decir, aunque de hecho no podemos hacer ningún ruido. Regresa Guillermo a los pocos minutos, lo acompaña un mariachi, todos caminan de puntitas, los músicos riéndose, sobreactuando. Los mariachis se ubican atrás del coche, Guillermo con ellos, y el resto nos alejamos. Se arrancan, claro, el verbo es impostergable en esta ocasión, se arrancan con el "Son de la negra". El comandante Lozano se despierta súbitamente, suelta un disparo que estrella el parabrisas y después se queda quieto, pálido, intentando reconocer dónde está. Lo importante de la anécdota termina con esta imagen, innecesaria por lo demás, como preparada por un director de escena. Después iremos a su casa, Guillermo le servirá un trago a su padre y creo que el orden en que le cuenta la historia no difiere mucho de éste que yo he usado. La reacción, sin embargo, es inesperada. Guillermo le cuenta la historia, los mismos antecedentes que a mí, el policía en la cantina, el obsesivo tacto al abrir la ventanilla, los mariachis, el disparo, y su padre va modulando un rostro serio, grave, más bien inexpresivo. Guillermo duda por momentos, pero ya no puede detenerse. Cuando llega al final queda muy poco de heroísmo en su rostro; yo me he puesto de pie con el pretexto de ir a buscar algo a la cocina, un vaso, hielos, lo que sea que enfríe en mí la contrariedad que produce el diálogo entre Guillermo y su padre. Sin embargo he vuelto a tiempo, a destiempo en este caso, para escuchar, recargado en el marco de la puerta, presenciar un desenlace que con gusto habría evitado. Siento un poco de incomodidad por Guillermo tan ingenuo que ahora veo, y hay desazón, ansias por escapar de ahí antes de escuchar a su padre, mi maestro hace poco más de un año, que termina de un plumazo, unas cuantas frases bien construidas, como meditadas desde antes, terminada de tajo con la vitalidad que nos guiaba cuando llegamos. ¿Consideras gracioso todo esto?, comienza el padre de Guillermo y de ahí en adelante va hilando palabras duras, no tanto duras por sí mismas, más bien por el entorno, los gestos, por la lentitud con que las va dejando caer sobre la mesa. Más que un regaño parece una lección para Guillermo, quien la escucha con una incertidumbre animal, una lección, pienso, quizás excesiva, vejatoria por lo imprevista, por la contundencia en el tono del padre, un tono apático, insisto, que no aguarda respuestas o matices. Al fin termina, el rostro más apretado que nunca, llena su vaso y se va. Guillermo me mira atónito, sin moverse, hasta que un brillo pálido recorre sus pupilas. Vámonos, me dice, cuando ha reencontrado la voz y la templanza e incluso algo de aquella suficiencia que lo acompañaba hasta hace unos minutos. Subimos al auto, arranca Guillermo, no habla, va juntando fuerzas para borrar la desmejoría de su rostro. Llegamos a un sitio no muy lejano del punto de encuentro con los policías. Un hombre se acerca a la ventanilla. Guillermo musita una dirección y arreglan un precio. Vamos, dice y deja una pausa antes de continuar, ¿a dónde crees que vamos? No sé, por supuesto, no lo imagino entonces aunque después pudiera llegar a parecerme obvio, sólo percibo un ánimo helado en sus palabras, en sus movimientos. Observo por el retrovisor, los mismos mariachis guardan sus instrumentos en la cajuela de un coche viejísimo, destartalado. A quién, le pregunto. Ah, me dice, muy guapa, pinche vieja, hermosa, dice, una chamaquita la verdad, medio pendeja, más bien, intrascendente la vieja esa, ¿y entonces?, vuelvo a preguntarle, qué, me dice, entonces a qué tanto mariachi y todo esto, está guapísima te digo, dice Guillermo, casi grita, incontenible ya como un niño ante la inminencia de una travesura inolvidable. Sólo cuando unas horas después Guillermo me lleve a casa —una serenata exitosa podría ser el diagnóstico, y una mala borrachera posterior— sólo entonces, en el trayecto de vuelta, me preguntaré si Guillermo no recordó, o no quiso recordar, que fui yo quien le presentó a esa mujer hermosa pero intrascendente, pendeja, opaca, como le haya llamado, no importa, a esa niña intrascendente, Laura, en el patio de la universidad unas semanas antes. La madrugada es dura, entumece nuestros gestos y yo me hundo, silencioso y de verdad solitario, en el repaso de un día para olvidarse.

Este es mi hijo, pudo haber dicho Guillermo sin atender a la frase de Toño, sólo unas palabras como ésas que denotaran el orgullo melancólico propio y hasta necesario en cualquier padre a las siete cuarenta de la noche, después podría haberlo abrazado, obligándolo con la presión y la sinceridad de su brazo a bajar la cabeza y permanecer así, inmovilizado, escuchando los sollozos que todo padre veterano y triste soltaría en una ocasión como ésa, y la escena, aunque incómoda, nos hubiera parecido lógica, producto de una fluidez natural de la tarde. Guillermo, sin embargo, prefiere responder que a él desde hace muchos años ya no le interesan las bodas, con lo que da pie a que el tema siga desdoblándose. Yo no puedo pensar en reprochárselo, echarle en cara esa respuesta en vez de la otra posible, porque entonces desconozco el futuro inmediato tanto como él. Pero Toño viene más bien a referirnos una tarde de fiesta, y se ha detenido a comprar puros, por supuesto, para aparentar que no viene sólo a notificarnos de la boda. Vengo de la boda de mi madre, se volvió a casar, hoy, hace un rato, dice Toño y en sus palabras se deja adivinar una inocencia infinita. Ya dije que no me interesan las bodas, dice Guillermo pero su frase es engañosa; es, y mi observación es cierta aunque exagerada, es su frase una respuesta involuntaria, la de quien había ya decidido qué contestar antes de escuchar el último parlamento, una frase que Guillermo no habría dicho de haber reflexionado mínimamente, y sí, mi observación es exagerada y maniática pero tan cierta como que después se hace un silencio pesado, un vacío que nada sabe llenar hasta que el mismo Guillermo, reconcentrado en su pequeñez, pregunta. ¿Ah, sí?, dice, curioso, más bien desafiante, sí, dice Toño, cargado de un ilusorio valor que ya cree necesario, se casó con un árabe, un señor grande, soltero igual, bueno, él viudo, dice Toño y se dispone a extenderse en detalles porque una de mis hermanas le ha preguntado dónde fue la fiesta cuando Guillermo se levanta y dice, grita, que a él, carajo, no lo han oído, a él hace mucho que dejaron de importarle las bodas, pero antes de decirlo, ahora sí se ha tomado el tiempo para meditar sus palabras, las mismas y ahora distintas palabras, y no sé si también meditó, no sé si fue algo pensado con absoluta conciencia el haber dicho eso con su cara frente a la de su hijo, su frente tocando y golpeando casi la de su hijo y sus manos tomando y despeinando y sacudiendo casi violentamente la cabeza de Toño y en ese casi se me escapa el instante para decidir, no atino a reaccionar porque no sé, no puedo definir si la escena es desquiciada o sólo fuerte pero soportable. Los demás parecen no inmutarse; según el resto de mis hermanas, de cansancio más bien, es como si no fuera del todo imprevisible la respuesta de Guillermo. Toño se levanta y se aleja, Guillermo vuelve a sentarse, yo le pongo una mano sobre el hombro, tranquilizadora, y tiernamente pienso que así no podrá volver a levantarse. Con la mirada sugiero a Toño que sería mejor que se marchara. Sin embargo, mi mano sigue en los hombros de Guillermo, el reconfortante; podré empezar a odiarlo hasta poco después. Cuando Toño azota la puerta al salir, justo en ese momento Guillermo comienza a hablar, como si no le hubiera importado o no hubiera escuchado que alguien abría la puerta para irse, justo entonces Guillermo comienza otra de sus historias, ensaña una sonrisa de suficiencia, de quien sabe sobreponerse, una sonrisa idiota, pienso, y decido no escuchar, pienso mientras Guillermo toma nuevos ánimos que mejor se hubiera ido él y no su hijo, descubro también el peso de la noticia de la boda, el peso de Laura desde siempre, imborrable, que jamás había imaginado. Pero ya no importa. Después de todo, para ellos no ocurrirá mucho más en esa noche. Mis hermanas volverían a los temas de su pasado, las épocas de la preparatoria, y a mí me parecerá increíble que insistan en permanecer en mi casa, pese a todo, escuchando a Guillermo nueva y voluntariamente humorístico. La noche, insisto, será la misma para ellos, una continuidad de ajustes y desajustes que seguro olvidarán con el inmediato sueño, para mí, que he intentado ahora pescarle un hilo de sentido, para mí la noche ofrece un sendero alterno cuando suena el olvidado timbre cerca de las ocho y media. No se levanten, les digo. En la calle, Carbajal espera friolento, indeciso. No me cuesta trabajo inventar una historia que justifique no invitarlo a pasar. Algo le platico sobre una tonta discusión familiar que acabó con la reunión casi de inmediato, lo que menos quiero es estar en mi casa, le digo, mejor te invito a cenar, vamos al centro, y sé que Carbajal no podrá negarse, especialista como es en pláticas uno a uno, lentas y llenas de silencios. Cierro la puerta y emprendemos la marcha. Me limito a seguirlo, dejo que él me guíe porque yo voy pensando en lo inmejorable de mi decisión. Tal vez han cambiado las razones, no lo sé: quizá todo ha sido por mi parte un exagerar las cosas, establecer fuertes nexos entre historias que no se tocan ni se aproximan. ¿Para qué presentar a Carbajal con Guillermo, para qué ponerle frente al personaje, guía o maestro o viejo pescador, que ha fraguado para acompañar a su solitario muertero? En principio, la semejanza o diferencia la imagino yo, y desconozco si Carbajal la habría percibido. ¿Qué te parece?, me pregunta Carbajal, sí tienes razón, le respondo categórico, porque no escuché lo que ha venido diciendo. Él lo nota y sonríe. Poco después, en el restaurante, comenzará de nuevo su conversación. Ayer estuve en la casa, me dice, la casa grande, etcétera, sabes cuál, la estuve contemplando poco más de dos horas, era de noche. Yo no hablo, pero mi atención en las palabras de Carbajal se ha reconcentrado como si estuviera a punto de terminar la lectura de una novela enorme. Había una luz roja en una de las habitaciones, dice, no sé si una luz roja en verdad, no lo creo, quizás era una lámpara común y corriente pero algo habrá en todo caso dentro de esa habitación que reflejaba un indudable tono rojo. Intenté situar ahí dentro al viejo pescador, verlo moverse por el cuarto, decir alguna frase, hojear algún libro, dice Carbajal y luego se interrumpe unos minutos. Enciende un cigarrillo con demasiada pausa, lo gira entre los dedos. Y luego pensé en mi madre, dice, no sé por qué, y la imaginé viva, o muerta, en una ciudad increíble al otro lado del mundo. La casa, sin embargo, dice por último Carbajal antes de que nos sirvan la cena, la casa ya no me dijo más, y ahora temo que me entren ganas de comenzar de nuevo mi novela, romper lo ya hecho y comenzarla de nuevo. ¿Por qué?, le pregunto. Yo qué sé, me dice y alza las manos concluyente, sólo que después de media hora la luz roja se apagó y ya no volvió a encenderse, no hubo más ruido, nada.

Publicado en *Crítica*

Epílogo

Los 23 cuentos que el lector tiene ahora en sus manos fueron llegando previamente a las de Bárbara Jacobs y de quien esto escribe de igual forma que en años anteriores: llamándonos desde los foros que habitualmente leemos y desde la oscuridad de esas revistas cuya mejor forma de circulación es de mano en mano, accesibles para nosotros sólo por la invitación que hace un año hizo la editorial. En esta ocasión la cosecha aumentó ostensiblemente. Las reglas del juego fueron las mismas de los dos años anteriores: cuentos inéditos, en español, y de autores mexicanos aparecidos en revistas y suplementos durante el 2000.

Ya sea mediante la reducción mínima del hecho, como "La isla entera", de Juan Villoro, y "La educación del perro", de Gerardo de la Torre, o el cuento sin ficción que relata cómo se cuenta una historia, como "Yo diría: Elisa", de José de la Colina, o el trazo de un instante que nos remite a muchos otros instantes pasados sin perder el núcleo en tiempo real del relato, como "Invitación a cenar", de Gabriel Wolfson, todos los aquí reunidos apuntan hacia un fin único: conmover. Al señalar las diferencias de cuento y novela, José Revueltas nos recuerda la clave para que un cuento lo consiga y así alcance la condición de memorable: "Como en fotografía, la novela es un gran angular, mientras que el cuento es mirar el objeto a través de una lente menor, a veces sumamente pequeña, como miniatura..."

Resulta difícil apreciar esa lente menor en "Jacinto Merengue", de Francisco Tario, o en "Tesoro Viviente", de Enrique Serna; ficciones de largo aliento, la primera posee su centro en la exacerbación del personaje y la segunda en la intriga que rodea al suceso. Ninguna es un fragmento de novela y en ambas se ha reducido la ventana por la que sus autores decidieron invitarnos a meter la cabeza a través de la acumulación de detalles que finalmente se olvidan frente a la sorpresa que causan los respectivos desenlaces.

La mayor sorpresa de la pesquisa que precedió a *Los mejores cuentos mexicanos. Edición 2001* es precisamente el cuento de Tario. Fue publicado por primera vez en *Crónica Dominical* y acaso sea uno de los más tristes de su autor. Como un eco de lo realizado en la primera reunión de cuentos ("Entonces y hoy", de la escritora decimonónica Josefa Murillo, fue rescatado de las entrañas de la hemeroteca antes de su publicación en *Universidad de México* y por ello publicado posteriormente en la antología), el hallazgo de "Jacinto Merengue" recuerda que los suplementos culturales y las revistas en México sirven para encontrar tesoros, además de animar el encuentro con generaciones heterogéneas de cuentistas.

En *El cuento: lince y topo*, José Balza proporciona 57 consejos para reconocer un cuento perfecto. El número 38 dice lo siguiente: "Mejor mientras menos muestra al autor; mejor mientras más permite reconocer a su autor." Los nombres de Eduardo Boné, Jaime Ortiz, Ricardo Pandal, Laura Quintana Crelis o María José Gómez Castillo acaso no digan mucho al lector habitual de libros de cuentos. El encanto de sus historias radica precisamente en el misterio que los rodea. Durante la preselección sabíamos que no debíamos preguntarnos sobre el origen de los autores y recordábamos algún experimento sugerido por el editor y ensayista Julio Aguilar, que consistía en tapar con plumón negro el nombre del autor antes de la lectura de los cuentos. Si bien no podemos conocer la vida de, por ejemplo, Mauricio Molina, mediante la lectura de "Un refugio entre las rocas", sí podemos reconocerlo, el cuento ya está firmado internamente porque sólo Molina (y no Blanco, de la Colina, Fadanelli o Lavín) puede hablar de esa forma del temor y de lo venturoso que es el hombre cuando teme. Aunque todavía con una caligrafía que denota una mano temblorosa y cercanos levemente al balbuceo, los cuentos de Pandal, Boné, Ortiz, Gómez Castillo y Quintana Crelis poseen esa firma interna que ocasiona el pase automático de la prueba del plumón.

El lector sabrá disfrutar entonces el sabor amargo, la nostalgia y el juego que deparan estos 23 cuentos. La invitación que Editorial Planeta dirigió a editores y escritores desde 1998 sigue en pie.

Alberto Arriaga

Sobre los autores

José Joaquín Blanco (México, D.F., 1951). Narrador, crítico literario, cronista y poeta. Autor de *La siesta en el parque, Función de medianoche, La vida es larga y además no importa, Calles como incendios, Crónica literaria. Un siglo de escritores mexicanos* y *Pastor y ninfa. Ensayos de literatura mexicana.*

Eduardo Boné (México, D.F., 1978). Estudiante de ingeniería industrial en el ITAM. Ha publicado sus cuentos en las revistas *Pandecta* y *Opción.*

Noé Cárdenas (México, D.F., 1964). Narrador, crítico literario y periodista. Ha editado y colaborado en diversas publicaciones, tales como *El semanario cultural* de *Novedades, Crónica Dominical, Viceversa, Textual* y *Sábado.*

Alberto Chimal (Toluca, 1970). Narrador. De entre sus libros de cuentos vale la pena mencionar: *La luna y 37 000 000 de libros, Yyz, El rey bajo el árbol florido* y *Bang Boom.*

José de la Colina (Santander, España, 1934). Narrador. Entre sus libros destacan *Viajes narrados, La tumba india, Tren de historias* y *Álbum de Lilith.*

Gerardo de la Torre (Oaxaca, 1938). Narrador, guionista y periodista. Autor de las novelas *Ensayo general, Muertes de Aurora, Hijos del Águila* y *Morderán el polvo.*

Guillermo Fadanelli (México, D.F., 1960). Narrador, ensayista y editor. De entre su abundante producción vale la pena mencionar *El día que la vea la voy a matar, La otra cara de Rock Hudson, Para ella todo suena a Frank Pourcel* y *¿Te veré en el desayuno?*

ANA GARCÍA BERGUA (México, D.F., 1960). Autora de los libros de cuentos *El imaginador* y *Portales desde el puerto* y de las novelas *El umbral* (*travels and adventures*) y *Púrpura*.

MARÍA JOSÉ GÓMEZ CASTILLO (México, D.F., 1976). Licenciada en Letras Hispánicas (UNAM), actualmente cursa el diplomado en traducción en el Colegio de México.

LUIS IGNACIO HELGUERA (México, D.F., 1962). Cuentista, poeta, ensayista y melómano. Autor de *Traspatios, Murciélago al mediodía, El cara de niño y otros relatos* y *¿Por qué la gente tose en los conciertos?*

MÓNICA LAVÍN (México, D.F., 1955). Narradora. De entre su variada producción cabe mencionar: *Cuentos de desencuentro y otros, Nicolasa y los encajes, Retazos, La más faulera* y *La isla blanca*.

MAURICIO MOLINA (México, D.F., 1959). Autor de la novela *Tiempo lunar*, del ensayo *Años luz*, y del libro de poemas *Mantis Religiosa*.

JAIME ORTIZ (México, D.F., 1966). Estudió biología en la UNAM. Es director de la revista *Natura* y coordinador de comercialización de la revista *Voces de la primera imprenta*, de la que también es colaborador.

RICARDO PANDAL O. (México, D.F., 1972). Estudió administración en el ITAM y fue empleado en la Casa de Bolsa. Tiene una página cultural en internet: www.ulalupa.com

LAURA QUINTANA CRELIS (Montevideo, Uruguay, 1970). Mexicana por naturalización desde 1991. Obtuvo la beca de creación literaria, otorgada por el INBA y el FONCA en 1994, y la beca de jóvenes creadores del Estado de México en 1995. En 1998 el Instituto Mexiquense de Cultura publicó su libro *Estampas de un pañuelo*.

CRISTINA RIVERA-GARZA (Tamaulipas, 1964). Historiadora. Ha publicado los libros *Nadie me verá llorar, La más mía* y *La guerra no importa* (premio de primera novela INBA, 1991).

Juan Antonio Rosado (México, d.f., 1964). Investigador y profesor de literatura. Autor de los ensayos *Bandidos, héroes y corruptos*; *El Presidente y el Caudillo* y *En busca de lo absoluto (Argentina, Ernesto Sabato y El túnel)*.

Enrique Serna (México, d.f., 1959). Entre sus libros destacan: *Uno soñaba que era rey, Señorita México, Amores de segunda mano, El miedo a los animales* y *El seductor de la patria* (Premio Mazatlán de novela 1999).

J.M. Servín (México, d.f.). Narrador y periodista. Durante varios años trabajó como indocumentado en Estados Unidos, Francia e Irlanda. Es autor de *Cuartos para gente sola*.

Francisco Tario (1911-1977). Nació en la ciudad de México bajo el nombre de Francisco Peláez. De inspiración fantástica y lúdica, además de ser uno de los maestros mexicanos del cuento, escribió aforismo y novela. Autor entre otros de *La noche, Tapioca inn: mansión para fantasmas, Una violeta de más, Equinoccio* y *La noche del féretro y otros cuentos de noche*. Murió en España.

Juan Villoro (México, d.f., 1956). De entre sus libros cabe mencionar: *La noche navegable, Albercas, La alcoba dormida, Tiempo transcurrido, La casa pierde* (Premio Xavier Villaurrutia), *El disparo de Argón* y *Materia dispuesta*.

Verónica Volkow (México, d.f., 1955). Poeta y ensayista. Autora de *Litoral de tinta, El inicio, Los caminos, La noche del pez* y *Arcanos*.

Gabriel Wolfson (Puebla, 1976). Licenciado en literatura por la Universidad de las Américas. Ha publicado cuentos en diversos medios periódicos del país. Actualmente tiene en prensa un estudio sobre la poesía de José Gorostiza en la Universidad Veracruzana.

Listas de revistas
y suplementos consultados

A quien corresponda

Río San Marcos y Río Tamesís 104, Fraccionamiento Zozaya, C. P. 87070, Ciudad Victoria, Tamaulipas. Tel.: (131) 232 33. Correo electrónico: jluisvelarde@hotmail.com y joseluisvelarde@altavista.net.

Directores: Guillermo Lavín y José Luis Velarde. Consejo editorial: Héctor Carreto, Roberto Arizmendi y Arturo Castillo Alva.

Astillero

Micrós 60, 2ª colonia del periodista, C. P. 03620, México, D.F. Tel.: 5674 1966. Publicación bimestral. Correo electrónico: astillero2000@hotmail.com. Director: Cosme Álvarez. Subdirector: Guillermo Samperio. Jefe de redacción: Mauricio Carrera.

Biblioteca de México

Plaza de la Ciudadela 4, Centro Histórico de la ciudad de México. Tel.: 5709 1107. Fax: 5709 1173.

Director: Eduardo Lizalde. Editor: Jaime Moreno Villarreal. Editor asociado: Rafael Vargas. Secretario de redacción: Mauricio Montiel Figueiras.

Brechas. Órgano de difusión cultural de la región del Évora.

Apartado postal 13, Guamúchil, Sinaloa. Tels.: (673) 204 65 y 204 67.

Editor responsable: Arturo Avendaño Gutiérrez.

Cantera Verde

Biblioteca Pública Central de Oaxaca. Macedonio Alcalá 200, C. P. 68000, Oaxaca, Oaxaca. Tel.: (9) 516 474. Fax: (9) 516 547.

Director: Julio Ramírez.

Casa del Tiempo

Medellín 28, colonia Roma, C. P. 06700, México, D. F. Tels.: 5511 6192 y 5511 0809.

Director: Luis Ignacio Sáinz. Editor: Gilberto Alvide. Correo electrónico: editor@correo.uam.mx.

Crítica. Revista cultural de la Universidad Autónoma de Puebla.

> *Cedro 40, Fraccionamiento Arboledas de Guadalupe, C. P. 72260, Puebla, Puebla. Apartado postal 1430. Tel. y fax: 01(2)236 2177. Correo electrónico: critica@siu.buap.mx.*
>
> *Director: Armando Pinto. Subdirector: Julio Eutiquio Sarabia. Redacción: Gregorio Cervantes Mejía.*

Crónica Dominical. Suplemento cultural de *Crónica*

> *Balderas 33, 6° piso, colonia Centro, C. P. 06040, México, D. F. Tel.: 5512 4412, exts. 107 y 132. Fax: 5512 3429. Http: www.cronica.com.mx. Correo electrónico: cronica @cronica.com.mx.*
>
> *Director: Rafael Pérez Gay. Editor: Juan Manuel Gómez. Asistentes editoriales: Claudia Posadas y Héctor de Mauleón.*

El Ángel. Revista cultural del periódico *Reforma*

> *Av. México Coyoacán 40, colonia Santa Cruz Atoyac, C. P. 03310, México, D.F. Coordinadora general: Rosa María Villarreal. Editora: Beatriz de León Lugo. Http: www.refoma.com/cultura. Correo electrónico: elangel @reforma.com.mx.*

El semanario cultural de *Novedades*

> *Morelos 16, 3er piso, colonia Centro, México, D.F. Tels.: 5512 6587 y 5518 5481 al 92, ext. 239.*
>
> *Director: José de la Colina. Jefa de redacción: Moramay Herrera Kuri. Secretarios de redacción: Ernesto Herrera y María Teresa Meneses.*

Equis. Cultura y sociedad

> *Insurgentes Sur 470-303, colonia Roma Sur, C. P. 06760, México, D.F. Tel.: 5564 65 36. Fax: 5564 2103. Correo electrónico: covergencia@ infosel.net.mx.*
>
> *Director: Braulio Peralta. Coordinación editorial: Guillermo Sánchez Arreola.*

Estepa del Nazas

> *Galeana 73 Sur, Centro, C. P. 27000, Torreón, Coahuila. Tels.: (17)16 6261.*
>
> *Director: Saúl Rosales Carrillo.*

Fractal

> *Nuevo León 124-4, colonia Condesa, C. P. 06140, México, D. F. Tel.: 5286 9136, fax: 5286 9136.*
>
> *Director: Ilán Semo. Consejo editorial: Jorge G. Castañeda, Claudio Lomnitz, Lorenzo Meyer, Julio Moguel, Carlos Monsiváis, Car-*

los Montemayor y Enrique
Semo.

Imprenta (libros, ciencia, tecnología, arte, imaginación y TV)

Tresguerras 27, colonia Centro, C. P. 06040, México, D.F. Tels.: 5709 4807 y 5729 6300, exts. 5163. Correo electrónico: cbenitez@redipn.ipn.mx.

Director: César Benítez Torres. Coordinadora editorial: Elizabeth Salgado Corona.

La Casa Grande. Revista cultural iberoamericana.

Choapan 44-20, colonia Condesa, C. P. 06140, México, D.F. Tel. y fax: 5272 3098.

Director: Mario Rey. Redacción: Jimena Rey

La cultura en México, suplemento de *Siempre!*

Vallarta 20, colonia Tabacalera, C. P. 06030, México, D. F. Http: www.siempre.com.mx. Director: Ignacio Solares. Jefe de redacción: José Gordon. Redacción: Ricardo Muñoz Munguía

La Gaceta del Fondo de Cultura Económica

Carretera Picacho-Ajusco 227, colonia Bosques del Pedregal, México, D.F.

Editor responsable: David Medina Portillo.

La Jornada Semanal

Francisco Petrarca 118, colonia Chapultepec Morales,

C. P. 11570, México, D.F. Tel.: 5262 4393. Fax: 5262 4335. Correo electrónico: jsemanal @jornada.com.mx.

Director: Hugo Gutiérrez Vega. Jefe de redacción: Luis Tovar. Edición: Francisco Torres Córdova.

La tempestad

Río San Joaquín 719, Valle Norte, San Pedro Garza García, Nuevo León. Tels.: (8) 356 8419 y (8)356 1889. Http: www.geocities.com/athens /dephi/1243. Correo electrónico: josechaurand@go.com.

Editor: José Antonio Chaurand. Secretario de redacción: Nicolás Cabral.

Letra

Publicación bimestral de la facultad de Ciencias de la Comunicación de la Universidad Autónoma de Nuevo León. [Sin domicilio.] Correo electrónico: fanzine_letra@hotmail.com.

Editor responsable: Raymundo Pérez Arellano Valles.

Letras Libres

Presidente Carranza 210, Coyoacán, C. P. 04000, México, D.F. Tel.: 5554 8810. Fax: 5658 0074. Http: www. letraslibres.com.mx. Correo electrónico: cartas@letraslibres.com.mx.

Director: Enrique Krauze.

Subdirector: Fernando García Ramírez. Jefe de redacción: Ricardo Cayuela Gally. Redacción: Julio Patán Tobío, Juan José Reyes y Julio Trujillo.

Mala Vida. Mester de juglaría

Piñanonas 20, colonia Jacarandas, C. P. 62420, Cuernavaca, Morelos. Correo electrónico: ricardovenegas_2000 @yahoo.com y picazojp@ yahoo.com.

Direccción: Ricardo Venegas. Edición: Pablo Picazo y Paulo Hevia.

Milenio Diario

Ignacio Mariscala 23, colonia Tabacalera. C.P. 06030, México, D.F. Tel.: 5546 47 80. Editor cultura: Jorge Cisneros.

Nexos

Mazatlán 119, colonia Condesa, C. P. 06140, México, D.F. Tels.: 5553 1374 y 5211 5886. Http:www.nexos.com.mx/ index/html. Correo electrónico: nexos@spin.com.mx.

Director: Luis Miguel Aguilar. Subdirector general: Rafael Pérez Gay. Jefe de redacción: Roberto Pliego.

Opción. Revista del alumnado del ITAM

Río Hondo 1, colonia Tizapán, C. P. 01100, México, D.F. Tel.: 5616 3879. Http:www. itam.mx/opcion. Correo elec-

trónico: opcion@alumnos. itam.mx.

Director responsable: Darío Martínez G.

Paréntesis

Campeche 429-3, colonia Condesa, C. P. 06140, México, D.F. Tel.: 5211 6004. Fax: 5256 29 20. Director: Aurelio Asiain. Jefe de redacción: Luigi Amara. Redacción: Horacio Heredia.

Sábado

Primer retorno de Correggio 12, colonia Noche Buena, C. P. 03720, México, D. F. Tel.: 5482 1000, exts. 1579 y 1787. Fax: 5482 1002. Correo electrónico: sabado@ unomasuno.com.mx.

Director: Noé Cárdenas. Asesor: Huberto Batis. Jefe de redacción: Alberto Arriaga.

Talleres

Casa Jesús Terán. Rivero y Gutiérrez 110, C. P. 20000, Aguascalientes, Aguascalientes. Editor: Roberto Quevedo Hernández.

Tierra adentro

Av. Revolución 1877, 8° piso, C. P. 01000, México, D.F. Tel.: (5)490 9895. Fax: (5) 490 9898. Correo electrónico: beatriz@conaculta.gob.mx. Director: Víctor Manuel Cárdenas. Jefe de redacción: Carlos Miranda.

Tinta seca

Privada Cholula, depto. 491, carretera federal Cuernava-ca-Cuautla km 14.5, Residencial Acolapa, Cuernavaca, Morelos.

Director: Miguel Ángel Mu-ñoz. Asesor: David Siller.

Universidad de México

Los Ángeles 1932-11, colonia Olímpica, C. P. 04710, México, D.F., apartado postal: 70288. Tels.: 5606 1391 y 5606 6936. Http:www.unam.mx/univ-mex. Correo electrónico: reuni-mex@servidor.unam.mx.

Director: Alberto Dallal. Coordinador editorial: Octavio Ortiz Gómez.

Ventana interior. Centro Occidente

Avenida Revolución 1877, 9° piso, C. P. 01000, México, D.F. Tel.: 5490 9868.

Editor responsable: Orlando Ortiz.

Viceversa

Rodolfo Gaona 86, colonia Lomas de Sotelo, C. P. 11200, México, D.F. Tel.: 5283 5133.

Fax: 5283 5136. Http:www. viceversa.com.mx. Correo electrónico: vicevers@infosel. net. mx.

Director general: Fernando Fernández. Coordinadora editorial: Claudia Muzzi. Jefe de redacción: Gerardo de la Cruz.

Voces de la primera imprenta

Plutarco Elías Calles 660, K 301, colonia Barrio Zapotla, C. P. 08610, México, D.F. Tels.: 5590 8031 y 5741 4517. Correo electrónico: vocesprimeraim-prenta@elfoco.com.

Director honorario: Arturo Arredondo. Consejo editorial: Enrique Escalona, Julio Morales, Guadalupe Bucio, Jaime Ortiz, Esteban González, Luis Flores, Sergio Vicario.

Yubai

UABC-Rectoría, Obregón y Julián Carrillo s/n, C. P. 21100, Mexicali, Baja California. Tel.: (65) 51 8263. Correo electrónico: revista@info.rec.uabc. Editor responsable: Humberto Félix Berumen.

Fichas bibliográficas

José Joaquín Blanco, "Las increíbles aventuras de la China Poblana". En: *Crónica Dominical*. Año 4, número 193, 10 de septiembre de 2000.

Eduardo Boné, "Viajeros". En: *Opción. Revista del alumnado del ITAM*. Año XX, número 105, noviembre de 2000.

Noé Cárdenas, "Planta baja". En: *Tinta seca. Revista de arte y literatura*. Número 45, octubre-noviembre de 2000.

Alberto Chimal, "Se ha perdido una niña" (premio Kalpa 1999). En: *Casa del tiempo*. Vol. II, época III, número 17, junio de 2000.

José de la Colina, "Yo diría Elisa". En: *Milenio Diario,* 8 de octubre de 2000.

Gerardo de la Torre, "La educación del perro". En: *El semanario cultural* de *Novedades*. Año XVIII, volumen XVIII, número 926, 16 de enero de 2000.

Guillermo Fadanelli, "Interroguen a Samantha". En: *Sábado* (suplemento cultural de *Unomásuno*). Nueva época, número 1182, 27 de mayo de 2000.

Ana García Bergua, "Trágame tierra". En: *El semanario cultural* de *Novedades*. Año XVIII, volumen XVIII, número 926, 16 de enero de 2000.

María José Gómez Castillo, "El celo". En: *Opción. Revista del alumnado del ITAM*. Año XX, número 101, marzo de 2000.

Luis Ignacio Helguera, "Galería de monstruos". En: *El semanario cultural* de *Novedades*. Año XVIII, vol. XVIII, número 926, 16 de enero de 2000.

Mónica Lavín, "Los hombres de mar". En: *La Jornada Semanal,* número 275, 11 de junio de 2000.

Mauricio Molina, "Un refugio entre las rocas". En: *Letras Libres*. Año II, número 21, septiembre de 2000.

Jaime Ortiz, "Cosas de la evolución". En: *Voces de la primera imprenta. Revista mexicana de literatura (taller literario de la Casa de la Primera Imprenta)*. Año I, número 0, diciembre de 2000.

Ricardo Pandal O., "Visitas dominicales". En: *Opción. Revista del alumnado del itam*. Año XX, número 101, marzo de 2000.

Laura Quintana Crelis, "El actor". En: *La Gaceta* del *Fondo de Cultura Económica*. Nueva Época, número 325, abril de 2000.

Cristina Rivera-Garza, "El último verano de Pascal". En: *Nagara Literatura*, número 36, de *Viceversa. Medios, cultura, fotografía, ideas y estilo*, número 89, octubre de 2000.

Juan Antonio Rosado, "Prótesis". En: *La Gaceta* del *Fondo de Cultura Económica*. Nueva época, número 353, mayo de 2000.

Enrique Serna, "Tesoro Viviente". En: *Crítica. Revista cultural de la Universidad Autónoma de Puebla*. Nueva época, número 82, junio-julio de 2000.

J. M. Servín, "Gatsby de gasolinera". En: *Sábado* (suplemento cultural de *Unomásuno*). Nueva época, número 1209, 2 de diciembre de 2000.

Francisco Tario, "Jacinto Merengue". En: *Crónica Dominical*. Año 4, número 160, 23 de enero de 2000.

Juan Villoro, "La isla entera". En: *El Ángel*, revista cultural del periódico *Reforma*, 13 de agosto de 2000.

Verónica Volkow, "La piedra". En: *Crónica Dominical*. Año 4, número 183, 2 de julio de 2000.

Gabriel Wolfson, "Invitación a cenar". En: *Crítica. Revista cultural de la Universidad Autónoma de Puebla*. Nueva época, número 83, agosto-septiembre de 2000.

Índice

Los mejores cuentos mexicanos. Edición 2001.
Impreso en los talleres de:
Arte y Ediciones Terra, S.A. de C.V.
Oculistas núm. 43, colonia Sifón
México, D.F.

Impreso y hecho en México
Printed and made in Mexico